高等职业教育学前教育新业态系列教材

总主编◎赵　刚　于冬青

Xueqian Ertong
Yishu Jiaoyu Huodong
Sheji Yu Zhidao

# 学前儿童艺术教育活动设计与指导

教学课件
附教学资源
活动案例

主　编◎周宇飞

同濟大學出版社
TONGJI UNIVERSITY PRESS
·上海·

## 内容提要

本书是“高等职业教育学前教育新业态系列教材”中的一本，集理论与实践于一体，以就业为导向，以岗位技能为标准，立足于专业技能教学、就业岗位需求和专业资格认证三位一体理念进行编写。

本书共四篇，分别为绪论、学前儿童美术教育、学前儿童音乐教育和学前儿童综合艺术活动，介绍了美术、音乐和戏剧的概念与审美特征，成人艺术活动与学前儿童艺术活动的区别，学前儿童艺术教育的功能、目标和内容，将理论知识与实践案例相结合，阐述了学前儿童美术教育活动、音乐教育活动、戏剧教育活动的设计与实施指导方法。

本书附有丰富的学习资源，可供教学使用。

本书可作为普通高等院校和职业院校学前教育专业学生的教材，也可作为幼儿教师职前培训或职后继续进修的学习用书，亦可作为幼儿教师开展幼儿园艺术教育活动的参考用书。

**图书在版编目(CIP)数据**

学前儿童艺术教育活动设计与指导 / 周宇飞主编. 上海：同济大学出版社，2024.8

高等职业教育学前教育新业态系列教材 / 赵刚，于冬青主编

ISBN 978-7-5765-1180-2

Ⅰ. ①学… Ⅱ. ①周… Ⅲ. ①艺术教育－教学设计－学前教育－高等职业教育－教材 Ⅳ. ①G613.5

中国国家版本馆CIP数据核字(2024)第106032号

**学前儿童艺术教育活动设计与指导**

**主　编** 周宇飞

**责任编辑** 屈斯诗　**助理编辑** 夏晗丹　**责任校对** 徐春莲　**封面设计** 渲彩轩

**出版发行** 同济大学出版社　www.tongjipress.com.cn
(地址：上海市四平路1239号　邮编：200092　电话：021-65985622)

**经　销** 全国各地新华书店、网络书店

**排版制作** 南京展望文化发展有限公司

**印　刷** 上海颛辉印刷厂有限公司

**开　本** 787mm × 1092mm　1/16

**印　张** 15.25

**字　数** 352 000

**版　次** 2024年8月第1版

**印　次** 2024年8月第1次印刷

**书　号** ISBN 978-7-5765-1180-2

**定　价** 69.80元

# 序

在家校社协同育人的教育体系里，幼儿进入小学之前的教育对其人生质量具有初始性、奠基性的重要作用。我国有“三岁看大，七岁看老”之说，德国多纳塔·艾申波茜（Donata Elschenbroich）博士的《小脑袋，大世界》一书中有两句话风靡全球：1～7岁也许不到人生的10%，却决定了人生的70%；只有发掘好人生的前8年，才能过好人生的80年。这些都是对幼儿园教育、家庭教育重要作用的形象表述。随着我国“十四五”规划的全面布局，学前教育进入新发展阶段，发展的重点将从资源供给逐步转向内涵提升。要办好让人民满意的学前教育，配齐配强教师队伍是关键。近年来在学前教育专任教师中，获得专科以上学历的教师已占绝大部分，教师专业水平明显提升。其中，高职院校培养和输送了大量高素质技能型专业人才，为我国学前教育事业发展提供了强大的智力支撑，发挥了职业教育中学前教育专业独特的优势与作用。

社会发展、科技进步与教育改革，使幼儿教育事业面临少子化、市场化、信息化等多重挑战。随着广大家庭对子女教育质量要求的不断提升，幼儿教育事业出现了前所未有的行业发展新形态，这既是挑战，又是机遇。我们深刻感到，要走好教育强国建设的历史新征程，为社会培养更多适应这种变化的优秀幼师仍是学前教育专业工作者的重大课题。为此，我们进行了一项既意义重大又极具挑战性的实践：编写一套适应职业院校学前教育专业教学的系列教材，为新发展格局下我国职业教育学前教育专业的教学改革提供有效支持。

教材应体现党和国家的意志，学前教育专业教材更应站稳中国立场，讲好中国故事，传递中国声音。为了编好本套教材，我们前后进行了一年多的调研，聚集了一批优秀的教育实践工作者和教育理论研究者，深入贯彻落实《3～6岁儿童学习与发展指南》《幼儿园教育指导纲要》等文件精神，探讨学前教育领域的新形势、新理念，凝聚共识，落实要点。编写者们拥有丰富的教学经验和先进的教学理念，具备深厚的教材编写功底，更重要的是，他们对教育事业怀有巨大的热忱，无私地分享自己的教学经验，引领更多的教师教出更好的学生。

这套“高等职业教育学前教育新业态系列教材”的编写，遵循“德技并修，理实一体，重构转化，创新探索”的融通育人原则，展示了学前教育专业的课程体系，涵盖本专业的基础课、核心课和选修课，利于学生构建全面牢固的知识体系；突出了教育专业学生的职业道德要求，提炼思政要素，整理思政教学案例，明确德育目标，引导学生锤炼高尚品格；适应了技能型人才培养的职业教育导向，按照新形态体例编写，对准幼儿园教师岗位需求，以实用技能培训为引领，帮助学生及早适应真实工作环境；强化了理论知识的学习要点，在职业教育层次应掌握的理论水平上更进一步，提供更丰富的学习内容，满足高职学生精进学业、提升学历的现实需求；运用了多样的教学手段，顺应融媒体、数字化赋能教育的潮流，配备丰富教学资源，将教学内容以多种形式呈现给学生，促进学生高效学习。

这套力图适应新形态、新业态的教材，需要学前教育工作者在教学实践中不断发现问题、改进问题，从而日臻完善，成为学生、读者的良师益友，为我国学前教育事业的高质量发展添砖加瓦。

东北师范大学家庭教育研究院院长

国务院妇女儿童工作委员会儿童工作智库专家

教育部幼儿园园长培训中心讲座教授

中国教育学会学术委员会委员与家庭教育专业委员会副理事长

# 前言

党的二十大报告指出，要办好人民满意的教育，“全面贯彻党的教育方针，落实立德树人根本任务，培养德智体美劳全面发展的社会主义建设者和接班人”。为此，要“加快建设高质量教育体系，发展素质教育，促进教育公平”。这充分体现了党和国家对人才全面发展和公民素质教育的重视。艺术是人类文明的一项重要标志，艺术教育是丰富人们的物质生活和精神世界的重要手段，能够促进整个社会文化环境的发展，形成良好的社会文化氛围，净化社会风气，引导良好的道德风尚，从而铸牢文化凝聚力和民族之魂。学前教育阶段是人生的艺术启蒙阶段，如何科学地帮助幼儿建立起通往艺术世界的桥梁是学前教育工作者们研究的重要课题。

近年来，国家陆续出台了一系列有关幼儿教育、职业教育和教师教育的政策、标准，包括《教师教育课程标准（试行）》《幼儿园教师专业标准（试行）》《中小学和幼儿园教师资格考试标准（试行）》《高等职业学校专业教学标准》《3～6岁儿童学习与发展指南》等指导性文件。为了契合我国学前教育改革的发展方向，加强对学生艺术教育实践的指导，编者结合多年来的实践教学经验，认真研读我国最新出台的相关政策与标准，贴近职业教育需要，以国家培养学前教育师资的标准为指导，以有效培养学前教育专业学生的职业能力为目的，编写了本书。本书以培养学前儿童艺术创造力为主线，注重学前儿童艺术活动设计的综合化，全书共四篇：绪论介绍了学前儿童艺术教育的功能、目标和内容；上篇包括美术与学前儿童美术，绘画活动、手工活动和美术欣赏活动的开展；中篇介绍了学前儿童在各音乐活动中的能力特征及歌唱活动、韵律活动、打击乐活动和音乐欣赏活动设计与实施的方法；下篇介绍了综合性极强的戏剧教育活动设计与实施的方法。

本书有以下三个亮点：

第一，编写体例新颖实用。本书兼顾学科体系的理论性、实训实操的实践性和新形态教材的工具性，倡导任务式教学，利用知识地图呈现知识要点，设置具体的实践活动，根据幼儿园实际发生的事例创设情境，让学生能够更有针对性地开展实践练习。

第二，育人功能突出鲜明。本书紧紧围绕立德树人根本任务，选取展现中华优秀传统文化和外国优秀文化的艺术作品，以提升学生的审美素养；并且精选大量典型实用的幼儿园活动案例，以便学生更直观地了解掌握教学活动方案撰写和流程设计的方法。

第三，学习指导全面丰富。本书结合具体篇章内容给出学习指导，包括学习建议、提升书目推荐以及相关艺术教育资源导引，更好地帮助师生开展教学活动；还配有教学课件，方便课堂教学使用。

本书在编写过程中参考借鉴了国内外艺术领域和学前儿童艺术教育领域最新的研究成果、相关文献及图片资料，在此向这些文献、图片的作者表示真挚的感谢！

由于编者水平有限，书中难免存在疏漏之处，敬请广大师生多提宝贵意见，以便不断修订完善。

编　者

2023年12月

# 目录

## 中篇 学前儿童音乐教育



## 下篇 学前儿童综合艺术活动

绪论

# 学前儿童艺术教育概述

## 内容导读

在幼儿园教育的五大领域之中，艺术领域有其独特的价值和魅力。艺术不仅是独立的领域，更是开展其他领域教育活动的重要途径。想要开展艺术教育，首先要了解美育与艺术教育的含义与功能，梳理艺术教育与学前儿童艺术教育之间的关系，从而更好地理解和掌握学前儿童艺术教育的概念，充分认识学前儿童艺术教育的重要性。

## 核心知识地图

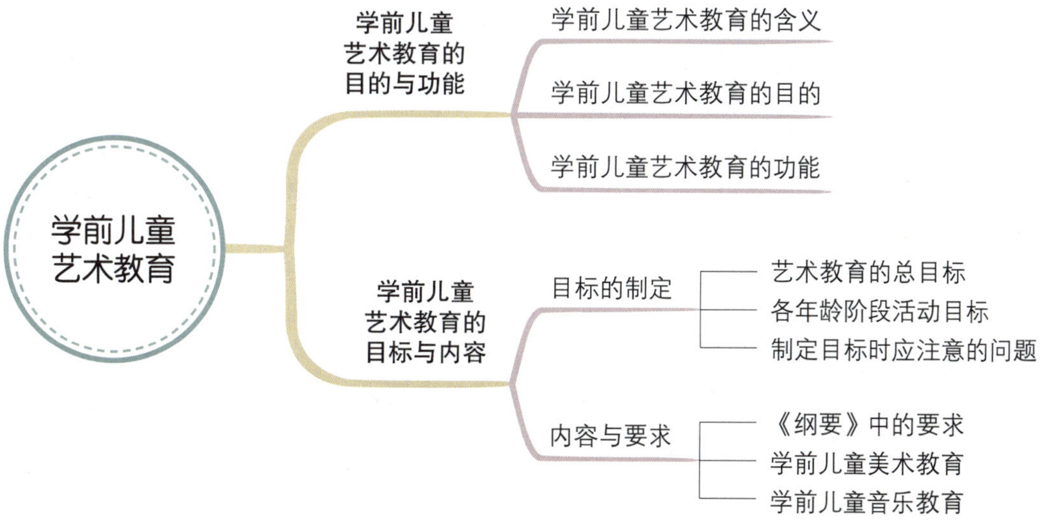

## 学习目标

1. 能够解释学前儿童艺术教育的概念，能够阐述学前儿童艺术教育对幼儿发展的价值；

2. 能够复述《幼儿园教育指导纲要（试行）》和《3～6岁儿童学习与发展指南》中的学前儿童艺术教育目标，能够阐述学前儿童艺术教育目标制定和内容选择时应注意的问题；

3. 能够列举学前儿童艺术教育的具体内容；

4. 建立科学的艺术教育观和幼儿观，在实施学前儿童艺术教育时能够有效促进幼儿的全面发展。

## 基本知识

# 第一节　学前儿童艺术教育的目的与功能

近年来，随着社会的发展与人民生活水平的不断提高，人们对美好生活的向往尤其是对精神生活的追求日益强烈。艺术作为人类文明一项重要的文化标志，对于丰富人们的物质生活和精神世界具有重要意义。艺术不仅能够陶冶性情，丰富文化生活，更是人类交流与沟通的一种语言。开展艺术教育是实施美育最直接的形式和手段，是我国全面发展教育的重要组成部分，不仅对幼儿自身的成长与发展有重要价值，更是提升国民审美素质的基石。

## 一、学前儿童艺术教育的含义

学前儿童艺术教育是教育者遵循学前教育的总体要求，根据幼儿身心发展的规律，有目的、有计划地通过艺术欣赏和艺术表现活动感染幼儿，并培养幼儿的审美能力和艺术表现能力，最终促进幼儿人格和谐发展的一种审美教育。

艺术是人类文明与文化的重要标志之一，艺术作品记录着人类文明与文化的发生和发展过程，凝聚着先人对世界的认识与思考。艺术也是生活中不可或缺的重要元素，影响着如服装、饮食、居住环境乃至心灵、道德和思想等诸多方面。当艺术作为一种教育幼儿的重要途径时，艺术教育就成为幼儿感受美、欣赏美、表现美的重要方式。在艺术活动中，幼儿拓展了想象空间，产生更多的艺术创造灵感，并学会用艺术的眼光观察生活，用艺术的形式表现生活。

艺术教育不仅是幼儿全面发展的重要组成部分，同时也是幼儿园教育五大领域之一。艺术领域主要由音乐和美术构成，学前儿童艺术活动有歌唱、韵律、绘画、手工等诸多形式。

学前儿童艺术教育和美育有着紧密的联系，是美育的重要形式。幼儿对美的追求是一种本能的表现。胎儿尚在母亲的腹中时，就能对听到的音乐有所反应；幼儿刚能握住笔时，就开始到处留下自己的“杰作”。但无论有多大的艺术潜能，幼儿仍然不具备接受系统艺术知识教育和艺术技能训练的能力基础，生活的经验还比较贫乏。因此，这一时期的美育主要是以审美为核心的艺术启蒙教育，其实质是完成艺术教育中感受美、表现美和创造美的任务。

学前儿童艺术教育必须与美育相结合，从而更好地对幼儿进行情感教育和审美教育。艺术教育活动能够帮助幼儿更好地体验人类丰富的情感与思想，陶冶情操，净化心灵，培养积极的人生态度，在增强社会性的同时提高多元智能以及自身的创造力和实践能力。

## 二、学前儿童艺术教育的目的

关于学前儿童艺术教育的目的，古今中外有很多论述。虽然人们普遍承认艺术教育对幼儿发展有重要的作用，但在具体的艺术教育实施过程中，两大艺术教育价值理论流派——“工具论”和“本质论”还是产生了一些分歧和争论。立足于幼儿发展的“工具论”主张将艺术教育视为发展的手段，即强调通过艺术做教育；立足于艺术学科发展（以学科为基础的艺术教育）的“本质论”主张将艺术教育视为发展的目的，即强调通过教育学艺术。

### （一）工具论视野下的学前儿童艺术教育

工具论的思想基础是卢梭的自然主义教育观和杜威（John Dewey）的进步主义教育观。工具论视野下的学前儿童艺术教育强调艺术的教育价值，即以教育为本位，以艺术为手段，通过涂涂画画、唱唱跳跳等艺术实践活动培养幼儿的审美情趣，促进幼儿身心的健康成长，引导幼儿良好个性和创造力的发展。

在这种观点的影响下，教育者会充分尊重和信任幼儿及其天性，围绕幼儿的兴趣选择活动内容，采用顺应幼儿自然发展规律的教学方法和手段，并依据幼儿成长和艺术活动过程中的成长特征进行评价。开展活动时，教师会为幼儿创造艺术表现条件，不会对幼儿创造力的表达进行过多的干预和指导，幼儿可以自由地进行艺术表达。虽然这种教育强调幼儿在艺术活动中的主体地位，符合幼儿发展的规律和学前儿童艺术教育的本质，但这种理论也有局限性。该教育模式由于过分强调幼儿的主体地位和个性化的感受与表达，不免会忽视教师在教育过程中的引导、支持和促进作用。幼儿对于艺术的表达缺少了基本的知识技能积累会导致幼儿在艺术活动中不知所措。幼儿的自由创造反而难以实现。

### （二）本质论视野下的学前儿童艺术教育

本质论以布鲁纳（J. S. Bruner）的学科基本结构为框架，强调以学科为中心，主张实现学科自身的价值。这一流派认为艺术教育的目的是艺术本身，因此强调艺术教育是以艺术能力获得为主要教育动力的社会实践活动，人们接受艺术教育的最终目的是能够进行表演和表现活动，体验自我表达和创造的快感。

本质论视野下的学前儿童艺术教育，强调艺术教育的学科价值，即以艺术为本位，以教育为手段，对幼儿进行早期的艺术启蒙教育，让幼儿学习各种艺术知识技能，挖掘幼儿的艺术潜能，培养未来的艺术人才。

在这种观点的影响下，学前儿童艺术教育以学科为中心，强调艺术学科的整体和幼儿对艺术整体的了解。教师通常会将某种艺术技艺的习得作为教育目标。在这样的教育模式下，幼儿的艺术表现和内心的情感体验是脱节的，久而久之会导致幼儿对艺术活动失去兴趣，甚至产生逆反心理。过分强调艺术学科的系统性，势必限制艺术活动中幼儿在创造力和自由个性表现方面的发展，这是本质论的不足之处。

上述两种不同的教育观点各有利弊，反映了对学前儿童艺术教育价值这一问题认识上的不同侧重点。在学前儿童艺术教育方面，工具论更加适配，但两种观点均有其合理的部分，因此在学习与理解时，应该将二者结合起来考虑，这样才能获得更好的教育效果。如开展中国画活动时，教师可以先引导幼儿观赏作品，再鼓励幼儿自由地创作，并在过程中给予适时指导。总之，在学前教育阶段，艺术活动最重要的是促进幼儿人格和心智的健康发展，不应过多地强调专业知识和技艺的习得，保护幼儿的艺术天性，让幼儿愿意用艺术大胆地表达自己的所见所想，促进幼儿的全面发展。

## 三、学前儿童艺术教育的功能

### （一）学前儿童艺术教育的社会功能

马克思曾经说过："如果你想得到艺术的享受，那你就必须是一个有艺术修养的人。""人的本质并不是单个人所固有的抽象物，在其现实性上，它是一切社会关系的总和。"人是作为社会的人而存在于这个世界的。艺术是人类文化的重要组成部分，能够传承和发展本民族优秀的文化传统并兼容与吸收外来文化中优秀的部分。幼儿作为社会成员，其接受艺术教育的最终目的是在享受艺术美的过程中得到教益，为成长为具有高雅艺术品位和艺术修养的人奠定基础。艺术教育不仅能激发幼儿的爱国主义精神、培养幼儿文明的行为，而且艺术带来的情绪上的感染、思想上的影响会促进整个社会文化环境的发展，形成良好的社会文化氛围和道德风尚，从而影响和改变我们的生存环境。例如，教师在开展艺术活动时，可以选择油画《开国大典》、歌曲《祖国祖国我们爱你》等优秀作品带领幼儿赏析和学习，培养幼儿的爱国主义精神，也可选择内容趣味性强、主旨积极向上的绘本、歌舞剧等形式优美、思想高尚的艺术作品，让幼儿感受和体验艺术作品中蕴含的文化观念和思想内涵，从而完善其人格品质，进而对社会的精神文明、社会文化等方面产生潜移默化的影响，以推进良好的社会道德风尚的形成。

### （二）学前儿童艺术教育的个体功能

1. 促进幼儿大脑潜能的开发

学龄前期是幼儿大脑生长发育最关键的时期，这一阶段大脑获得积极活动的机会越多，就越能促进个体的充分发展。罗杰·斯佩里（Roger Wolcott Sperry）通过大量实验发现，人的左半脑主要负责逻辑理解、记忆、语言、书写、判断、排列、五感（视、听、嗅、触、味觉）等，思维方式具有连续性、延续性和分析性；而右半脑主要负责空间形象记忆、想象、情感、身体协调、视知觉、艺术等。但是在传统教育观念影响下，幼儿的教育活动多为以训练逻辑思维和抽象思维能力为主要目的的语言、数学等学习活动，缺少以发展整体形象感知、整体思维加工和整体情感理解为主要目的的艺术活动，导致幼儿大脑右半球的潜力不能得到应有的开发，进而影响整个大脑潜能的发展。科学家研究发现，人脑细胞之间的棘突触数量和大脑皮质的分化都与其是否从事艺术活动有一定的联系。因此，丰富的学前儿童艺术教育活动能够促进幼儿大脑左右半球机能的有效开发，使大脑各中枢处于活跃状态，从而促进大脑潜能的开发。

2. 促进幼儿身体机能和运动能力的发展

学前阶段是幼儿身体迅速发展的第一个关键阶段，对这一阶段的幼儿来说，身体各部分机能的发育和运动能力的发展尤为重要。而在艺术活动中，我们经常能够看到幼儿演奏乐器，使用画笔搅动颜料，在纸上来回地画线，双手撕开纸张或拍打黏土。幼儿往往需要借助声音、身体大肌肉和小肌肉动作等实现对艺术的感受和体验，而就是在这样的表达过程中，幼儿既锻炼了身体相应部分的大小肌肉、骨骼和韧带，又提高了神经系统的反应速度和协调能力，并增强了心肺等器官的耐受力。可以说，幼儿的艺术教育活动承载了促进幼儿身体机能和运动能力发展的特殊使命，为幼儿提供了大量身体运动的机会，并促进幼儿身体各方面机能和运动能力的发展。

3. 促进幼儿感知能力的发展

学前儿童艺术教育活动能够为幼儿的听觉和视觉能力的发展提供丰富的锻炼机会，从而提升幼儿视听的敏感性。有研究表明，4～5岁幼儿参与有针对性的美术活动，幼儿观察事物时逐渐出现了明显的主动性和观察顺序，能够对教师展示的图片按照一定顺序说出观察结果，并能发现空间中细微的变化，如叠放在一起的水桶中混入了一个其他颜色的水桶。苏联心理学家列昂捷夫（Alexei Nikolaevich Leontyev）对一些看似缺乏音乐才能的儿童使用了特殊的训练方法，最终使他们获得了基本的音乐听觉能力。由此可见，只要为幼儿提供各种参与艺术活动的机会，并在活动中有意识地引导他们进行听觉、视觉探究和训练，幼儿的观察能力和听辨音等视听觉感知能力就能够得到有效提高。此外，在艺术活动中，幼儿不仅需要借助听觉和视觉，还可以通过触觉、嗅觉、运动知觉和空间知觉等感知觉的协同活动，丰富和加强视觉、听觉感受。因此，学前儿童艺术教育活动能够促进各类感知能力的发展。

4. 促进幼儿想象和思维能力的发展

想象是人脑对已有的表象进行加工改造而创造新形象的过程，是由表象深入发展而形成的一种较高级的思维能力，是被爱因斯坦认为“要比知识更重要”的一种能力，和感知、记忆、思维等共同构成了一个完整的心理过程。在艺术活动中，幼儿获得审美愉悦的最重要的心理环节即为想象；同时，艺术活动可以让幼儿接触到更多富有感染力、表现力的艺术作品，从而为幼儿的自由想象提供更宽广的舞台。

学前儿童艺术教育活动对促进幼儿直觉行动思维、具体形象思维和抽象概念思维三个层次的思维能力的发展具有积极作用。第一，幼儿在直觉行动思维阶段需要借助动作进行思考，动作是思维的起点，也是思维的手段。在艺术教育活动中，幼儿可以通过边做动作边思考，从而逐步发展概括能力和判断能力，学会分辨艺术作品的风格、性质、体裁、情绪特征等。第二，幼儿的艺术作品往往具有形象、具体等特点，幼儿也需要借助具体形象思维感知艺术作品。第三，教师在开展艺术教育时，可以利用一切机会和手段来帮助幼儿把握和理解艺术与艺术之间、艺术的整体和部分之间、艺术与其表现形式之间、艺术与主体感知体验之间的各种关系，使幼儿逐渐形成最初的艺术抽象概念，并逐渐发展其抽象概念思维。

5. 促进幼儿情感和意志力的发展

意志是人根据一定的目的对自己的行为进行激发、维持、抑制等调节的一种心理过程，是个人成才的重要非智力因素之一。艺术教育活动对促进幼儿意志品质的发展具有一定的作用。艺术教育活动是一种有目的、有计划的教育实践活动，掌握一种艺术技艺必须有坚持不懈的精神和克服困难的勇气，这都离不开顽强的意志力。通过艺术活动的练习和欣赏活动中的情感体验，幼儿能有效提升意志品质，养成耐心、细心和有秩序的工作习惯。音乐教育家铃木镇一提倡坚持不懈地练习，其根本目的也是磨炼幼儿坚忍不拔的意志品质。此外还有不少研究表明，受过良好艺术教育的幼儿能够在学习中表现得比一般幼儿更有目的性、持久性和自制力。因此，艺术教育活动是培养和发展幼儿基本意志品质的有效手段。

6. 促进幼儿个性和社会性的发展

个性是个体在物质活动和交往活动中形成的具有社会意义的稳定的心理特征系统，是个体区别于他人的稳定的、独特的、整体的特性。艺术教育对幼儿个性发展的促进作用主要表现为：一方面，艺术作为一种与幼儿关系最为密切的活动形式，以其丰富的色彩、造型、音响等让幼儿感受到快乐，从而培养其对艺术的兴趣，促进幼儿个性倾向性的发展。如一些幼儿会对音乐活动表现出极大的兴趣，并对歌唱、韵律、乐器演奏的某一项或多项表现出更大的专注力。另一方面，幼儿在感受和表现艺术时，需要有意识地认识到自己的活动状况，有意识地使自己的表现与艺术一致，并不断地回顾由艺术引起的想象联想和情感体验，对自己和他人的行为进行比较和评价，从而逐步提升自我意识和自省能力，获得个性的进一步发展。如在美术活动中，通过对赏析对象的色彩分析，幼儿会在表达一种情绪时将一些感动自己的色彩运用到自己的画中。

艺术是人们进行情感交流的重要途径，不仅是人们进行思想沟通的重要方式，而且有助于建立人与人之间和谐的情感关系。对于幼儿来说，艺术教育能够为他们提供大量的交往与合作机会，还能为幼儿提供用多种方式表达自己的观点和感受的机会，锻炼幼儿的表达与沟通能力，使其学会分工合作，逐步懂得与集体保持协调一致的重要性，并掌握与集体协调一致的方法，并在集体活动中感受到快乐。此外，幼儿在艺术活动中养成的自觉遵守活动规则的自律性和责任感也是其今后社会交往活动所必须具备的素质。

## 第二节　学前儿童艺术教育的目标与内容

### 一、学前儿童艺术教育的目标

#### （一）学前儿童艺术教育目标的内涵

学前儿童艺术教育的目标是对学前儿童艺术教育所能达到效果的合理期望，明确的教育目标是顺利进行学前儿童艺术教育的前提。在制订学前儿童艺术教育活动目标时，教师应综合考虑所处的社会时代背景（政治、经济、科学、文化等要素）以及对教育价值的定位和要求等诸多因素，结合幼儿能力发展的特点和规律、社会对幼儿教育的要求以及学科本身的特性等确定具体的活动目标。2001年教育部颁布的《幼儿园教育指导纲要》（以下简称《纲要》）中提出了艺术领域教育总目标，2012年教育部颁布的

《3～6岁儿童学习与发展指南》(以下简称《指南》)中明确提出了幼儿园艺术领域的各年龄段儿童发展目标及教育建议。

1.《纲要》中关于艺术领域总目标的论述

① 能初步感受并喜爱环境、生活和艺术中的美；

② 喜欢参加艺术活动，并能大胆地表现自己的情感和体验；

③ 能用自己喜欢的方式进行艺术表现活动。

2.《纲要》中艺术领域的指导要点

① 艺术是实施美育的主要途径，应充分发挥艺术的情感教育功能，促进幼儿健全人格的形成。要避免仅仅重视表现技能或艺术活动的结果，而忽视幼儿在活动过程中的情感体验和态度的倾向。

② 幼儿的创作过程和作品是他们表达自己的认识和情感的重要方式，应支持幼儿富有个性和创造性的表达，克服过分强调技能技巧和标准化要求的偏向。

③ 幼儿艺术活动的能力是在大胆表现的过程中逐渐发展起来的，教师的作用应主要在于激发幼儿感受美、表现美的情趣，丰富他们的审美经验，使之体验自由表达和创造的快乐。在此基础上，根据幼儿的发展状况和需要，对表现方式和技能技巧给予适时、适当的指导。

3.《指南》中的艺术领域目标要求

《指南》中指出："幼儿艺术领域学习的关键在于充分创造条件和机会，在大自然和社会文化生活中萌发幼儿对美的感受和体验，丰富其想象力和创造力，引导幼儿学会用心灵去感受和发现美，用自己的方式去表现和创造美。

幼儿对事物的感受和理解不同于成人，他们表达自己认识和情感的方式也有别于成人。幼儿独特的笔触、动作和语言往往蕴含着丰富的想象和情感，成人应对幼儿的艺术表现给予充分的理解和尊重，不能用自己的审美标准去评判幼儿，更不能为追求结果的'完美'而对幼儿进行千篇一律的训练，以免扼杀其想象与创造的萌芽。"

《指南》中将艺术领域的学习目标分为感受与欣赏和表现与创造两大类，并按照不同的年龄阶段进行阐述。在感受与欣赏目标中，将欣赏对象分为自然界与生活中美的事物、多种多样的艺术形式和作品；在表现与创造目标中，按照兴趣培养和能力养成提出较为具体的指导意见。

(1)感受与欣赏

目标1　喜欢自然界与生活中美的事物

| 3～4岁 | 4～5岁 | 5～6岁 |
| --- | --- | --- |
| 1. 喜欢观看花草树木、日月星空等大自然中美的事物。<br>2. 容易被自然界中的鸟鸣、风声、雨声等好听的声音所吸引。 | 1. 在欣赏自然界和生活环境中美的事物时，关注其色彩、形态等特征。<br>2. 喜欢倾听各种好听的声音，感知声音的高低、长短、强弱等变化。 | 1. 乐于收集美的物品或向别人介绍所发现的美的事物。<br>2. 乐于模仿自然界和生活环境中有特点的声音，并产生相应的联想。 |

### 教育建议

1. 和幼儿一起感受、发现和欣赏自然环境和人文景观中美的事物。如：让幼儿多接触大自然，感受和欣赏美丽的景色和好听的声音；经常带幼儿参观园林、名胜古迹等人文景观，讲讲有关的历史故事、传说，与幼儿一起讨论和交流对美的感受。

**关键词：**接触　感受　参观　谈论　交流

2. 和幼儿一起发现美的事物的特征，感受和欣赏美。如：让幼儿观察常见动植物以及其他物体，引导幼儿用自己的语言、动作等描述它们美的方面，如颜色、形状、形态等；让幼儿倾听和分辨各种声响，引导幼儿用自己的方式来表达他对音色、强弱、快慢的感受；支持幼儿收集喜欢的物品并和他一起欣赏。

**关键词：**观察　发现　描述　倾听　收集

目标2　喜欢欣赏多种多样的艺术形式和作品

| 3～4岁 | 4～5岁 | 5～6岁 |
|---|---|---|
| 1. 喜欢听音乐或观看舞蹈、戏剧等表演。<br>2. 乐于观看绘画、泥塑或其他艺术形式的作品。 | 1. 能够专心地观看自己喜欢的文艺演出或艺术品，有模仿和参与的愿望。<br>2. 欣赏艺术作品时会产生相应的联想和情绪反应。 | 1. 艺术欣赏时常常用表情、动作、语言等方式表达自己的理解。<br>2. 愿意和别人分享、交流自己喜爱的艺术作品和美感体验。 |

### 教育建议

1. 创造条件让幼儿接触多种艺术形式和作品。如：经常让幼儿接触适宜的、各种形式的音乐作品，丰富幼儿对音乐的感受和体验；和幼儿一起用图画、手工制品等装饰和美化环境；带幼儿观看或共同参与传统民间艺术和地方民俗文化活动，如皮影戏、剪纸和捏面人等；有条件的情况下，带幼儿去剧院、美术馆、博物馆等欣赏文艺表演和艺术作品。

**关键词：**创造条件　美化环境　观看　共同参与

2. 尊重幼儿的兴趣和独特感受，理解他们欣赏时的行为。如：理解和尊重幼儿在欣赏艺术作品时的手舞足蹈、即兴模仿等行为；当幼儿主动介绍自己喜爱的舞蹈、戏曲、绘画或工艺品时，要耐心倾听并给予积极回应和鼓励。

**关键词：**尊重　理解　耐心　倾听　回应　鼓励

（2）表现与创造

目标1　喜欢进行艺术活动并大胆表现

| 3～4岁 | 4～5岁 | 5～6岁 |
|---|---|---|
| 1. 经常自哼自唱或模仿有趣的动作、表情和声调。<br>2. 经常涂涂画画、粘粘贴贴并乐在其中。 | 1. 经常唱唱跳跳，愿意参加歌唱、律动、舞蹈、表演等活动。<br>2. 经常用绘画、捏泥、手工制作等多种方式表现自己的所见所想。 | 1. 积极参与艺术活动，有自己比较喜欢的活动形式。<br>2. 能用多种工具、材料或不同的表现手法表达自己的感受和想象。<br>3. 艺术活动中能与他人相互配合，也能独立表现。 |

### 教育建议

1. 创造机会和条件，支持幼儿自发的艺术表现和创造。如：提供丰富的便于幼儿取放的材料、工具或物品，支持幼儿进行自主绘画、手工、歌唱、表演等艺术活动；经常和幼儿一起唱歌、表演、绘画、制作，共同分享艺术活动的乐趣。

**关键词：**支持　自发　丰富　分享

2. 营造安全的心理氛围，让幼儿敢于并乐于表达表现。如：欣赏和回应幼儿的哼哼唱唱、模仿表演等自发的艺术活动，赞赏他独特的表现方式；在幼儿自主表达创作过程中，不做过多干预或把自己的意愿强加给幼儿，在幼儿需要时再给予具体的帮助；了解并倾听幼儿艺术表现的想法或感受，领会并尊重幼儿的创作意图，不简单用“像不像”“好不好”等成人标准来评价；展示幼儿的作品，鼓励幼儿用自己的作品或艺术品布置环境。

**关键词：**安全的心理氛围　敢于并乐于表达表现　不做过多干预　尊重　布置环境

目标2　具有初步的艺术表现与创造能力

| 3～4岁 | 4～5岁 | 5～6岁 |
|---|---|---|
| 1. 能模仿学唱短小歌曲。<br>2. 能跟随熟悉的音乐做身体动作。<br>3. 能用声音、动作、姿态模拟自然界的事物和生活情景。<br>4. 能用简单的线条和色彩大体画出自己想画的人或事物。 | 1. 能用自然的、音量适中的声音基本准确地唱歌。<br>2. 能通过即兴哼唱、即兴表演或给熟悉的歌曲编词来表达自己的心情。<br>3. 能用拍手、踏脚等身体动作或可敲击的物品敲打节拍和基本节奏。<br>4. 能运用绘画、手工制作等表现自己观察到或想象的事物。 | 1. 能用基本准确的节奏和音调唱歌。<br>2. 能用律动或简单的舞蹈动作表现自己的情绪或自然界的情景。<br>3. 能自编自演故事，并为表演选择和搭配简单的服饰、道具或布景。<br>4. 能用自己制作的美术作品布置环境、美化生活。 |

**教育建议**

尊重幼儿自发的表现和创造，并给予适当的指导。如：鼓励幼儿在生活中细心观察、体验，为艺术活动积累经验与素材，如观察不同树种的形态、色彩等；提供丰富的材料，如图书、照片、绘画或音乐作品等，让幼儿自主选择，用自己喜欢的方式去模仿或创作，成人不做过多要求；根据幼儿的生活经验，与幼儿共同确定艺术表达表现的主题，引导幼儿围绕主题展开想象，进行艺术表现；幼儿绘画时，不宜提供范画，特别不应要求幼儿完全按照范画来画；肯定幼儿作品的优点，用表达自己感受的方式引导其提高，如“你的画用了这么多红颜色，感觉就像过年一样喜庆”“你扮演的大灰狼声音真像，要是表情再凶一点就更好了”等。

从《指南》对目标的表述不难看出，教师应为幼儿的艺术表现活动创造条件，尊重幼儿在艺术活动中做出的各种选择和表现，不用技术的优劣衡量幼儿在艺术活动中的表现，让幼儿在轻松愉快的氛围中积极参与艺术活动，表达自己对生活的观察和体验。

### （二）学前儿童艺术教育各年龄段的目标

**案例分析**

在一次绘画活动中，教师A想教幼儿画一串紫色的葡萄，于是搜集了各种紫色葡萄的图片，并准备了紫色的蜡笔和水彩笔。活动开始后，教师出示了自己预先准备好的绘画作品，并带领幼儿观察葡萄的外形特征，然后带领幼儿一步一步地画出和自己作品一样的紫色葡萄。课后，教师展示了幼儿的作品，都是相似的葡萄。

教师B想带领幼儿画葡萄，她选择了各种葡萄的图片，还拿出了一串新鲜的葡萄。幼儿围着葡萄选择了自己喜爱的色彩和工具表现葡萄，有的用手指蘸了颜料印画，有的用蜡笔涂色，画出的作品五颜六色，有的幼儿用彩虹色画了一串葡萄，并兴高采烈地向老师介绍自己的葡萄有哪些味道。

以上案例中哪位教师的做法更可取？为什么？

**分析：**我们在分析美术教学活动是否适合幼儿时，既应该遵从美术的特性，也应该遵循学前儿童发展规律及其教育规律。教师A提供了一幅范画，并严格要求幼儿按照范画来画，从美术学习层面来看，这种方法虽然让幼儿学会了葡萄的画法，却在一定程度上限制了幼儿的创造与表现，与《指南》的指导精神不符；而教师B为幼儿提供了丰富的材料，启发幼儿大胆自由地表现，不仅趣味性更强、创作氛围轻松，而且能有效激发幼儿的知识经验迁移，效果更好。因此教师B的做法更可取。

学前儿童艺术教育活动的上述目标还是比较笼统的。在实施教育活动时，要根据不同的活动内容和不同的教育对象，进一步制定每种类型活动不同年龄阶段的目标，最后细化为每个教学活动的具体目标，这样才能便于操作。

1. 各年龄阶段美术活动目标

（1）3～4岁

3～4岁幼儿的绘画处于“象征期”。这个阶段幼儿会通过象征式的线条表现自己的创作意图，如一个圆圈既可代表人，又可代表太阳。由于手部肌肉发育不够成熟，认识能力也有限，所以幼儿在手工活动中还不能有目的地制作出形象。此阶段目标如下：

① 接触自然、欣赏艺术作品，从中能享受到视觉艺术的美，萌发对欣赏的兴趣。

② 掌握正确的握笔及绘画姿势，形成良好的绘画习惯，能够大胆地按意愿作画。

③ 初步认识各种美术活动的材料和工具，乐于参加美术活动，愿意尝试使用各种美术材料。

④ 养成对色彩的认识兴趣，学会辨别和使用3～6种常见的颜色：红、黄、蓝、绿、黑、白等。

⑤ 学会辨别和感受各种线条的变化。

（2）4～5岁

4～5岁幼儿绘画仍处于“象征期”，此时的幼儿对美的表现能力有所提升，对色彩和造型的理解更丰富，在手工制作时由无目的的动作逐步转为有意图的尝试，开始渴望使用工具并尝试各种材料。此阶段目标如下：

① 喜欢艺术活动，能用自己喜欢的方式大胆地表现自己的感受和体验。

② 能通过欣赏艺术作品萌发表现美的欲望，体会创造美的乐趣，感受作品的构成，体验艺术的风格和蕴含的情感。

③ 学会围绕主题安排画面，表现简单情节和物体的位置，能大胆地按意愿作画。

④ 进一步认识和使用多种手工工具和材料，初步学习用自然材料和废旧材料制作造型简单的玩具。

⑤ 认识常见的固有色，能够选择与物体相似的颜色，初步有目的地设色。

⑥ 学会组合图形和线条，表现物体的基本部分和主要特征。

（3）5～6岁

5～6岁幼儿绘画处于“图式期”，随着日常在美术活动中的经验积累和手眼协调能力的增强，幼儿的绘画技能和手工制作技能有所提高，想象力和创造力有所发展，可以尝试更复杂的绘画和手工活动。此阶段目标如下：

① 学会用简单的形式表现物体的基本特征和某些细节。

② 能够简单描绘各种人物和动物的动态，表现物体的各个角度等。

③ 能根据自己的生活印象和故事、诗歌内容安排画面，表现一定的情节。

④ 能将图形融合，尝试用轮廓线创造自己的图式。

⑤ 增强配色意识，能根据画面内容恰当使用颜色、色彩，学会自己调色。

⑥ 学会使用简单的工具和辅助材料，塑造人物、动物等复杂结构的形体，能表现物体的主要特征和细节。

⑦ 学习各种手工工具的使用，能够综合运用剪、折、撕、粘、拼接等技能，独立设计玩具，用自己的作品装饰环境。

2. 各年龄阶段音乐活动目标

（1）3～4岁

① 能用正确的姿势、自然的声音一句一句地歌唱，在有伴奏的情况下独立演唱，初步理解和表现歌曲的形象、内容和情感；能够并喜欢为歌曲创编动作或增编歌词。

② 基本能够按照音乐的节奏做上肢或下肢简单的基本动作和模仿动作，基本能做到随音乐的变化及时改变动作。学会一些简单的集体舞，初步体验用肢体语言与他人沟通的方法和乐趣。

③ 学习几种打击乐器的基本演奏方法，能在齐奏中基本合拍，能独立伴随熟悉的歌曲或乐曲有节奏地演奏，初步学会根据指挥基本整齐地开始和结束演奏。

④ 能够初步感受形象鲜明、集中，结构短小的歌曲和有标题的器乐曲的形象、内容和情感，并能在感受过程中产生较积极的外部行为反应，初步了解进行曲、摇篮曲、舞曲的音乐特征，并能用动作、绘画等适当方式表达对作品的感受。

（2）4～5岁

① 喜欢并能独立地在众人面前表演，学习不同的演唱形式，能用不同的速度、力度、音色变化来表现歌曲的形象、内容和情感；能唱出2/4拍和3/4拍歌曲的不同节拍感觉，学会在歌唱中倾听歌曲的前奏、间奏；能够为歌曲创编表演动作、增编歌词、变换演唱形式、编配伴奏。

② 能够按音乐的节奏做简单的上、下肢联合的基本动作、模仿动作和舞蹈动作，且能够随音乐力度、速度、音区、节拍等变化动作，主动探索乐器音色的不同表现力，学习为节奏乐曲配器，创造性地用肢体动作表现音乐。

③ 能独立使用某一种固定节奏型随熟悉的歌曲或乐曲演奏，能在集体演奏中始终保持自己的演奏速度和节奏型，养成集中注意看指挥和对指挥的要求做出积极反应的习惯。

④ 能对自己欣赏的乐曲产生态度倾向，在有对比的情况下，能分辨差别较明显的高低、快慢、强弱特征，能正确区分2/4拍和3/4拍的音乐，初步掌握前奏、间奏、尾奏、乐段、乐句的开始和结束，初步知道什么是音乐结构中的重复。

⑤ 能在一定时间内注意力比较集中地倾听、观赏音乐和舞蹈作品。进一步了解进行曲、摇篮曲、舞曲的音乐特征，并学会通过动作、绘画、语言等多种方式表达自己对于作品的感受和理解。

（3）5～6岁

① 能够根据不同的合作歌唱要求控制、调节自己的歌声，初步学会领唱、齐唱、两声部轮唱、简单的两声部合唱等歌唱表演形式，在集体歌唱活动中能够产生初步的默契感，初步学会用连贯的和顿、跳的唱法表现歌曲的不同意境，学会唱弱拍起唱的歌曲。

② 能够比较准确地按音乐节奏做出各种稍复杂的基本动作、模仿动作和舞蹈动作组合。进一步丰富舞蹈动作语汇，了解创编韵律动作组合的规律，学会跳一些具有创造性的稍复杂的集体舞。学会根据音乐自编各种韵律活动形式，并喜欢为不同的韵律活动

选择不同的道具。

③ 进一步学习更多种类的打击乐器的基本奏法，学习探索音乐的分类，并在教师指导下学习制作简单的打击乐器，初步体会各种演奏方案中音色、音量和节奏型配置的表现规律。在集体演奏活动中，能按指挥的手势迅速、正确地做出反应。

④ 能对歌曲、乐曲的音区、速度、力度、节拍等的性质和变化作出直接判断，进一步掌握音乐的结构，能分辨乐段、乐句中明显的重复和变化关系。喜欢并比较自信地使用不同艺术手段来表达欣赏音乐、舞蹈作品后的感受，能比较自觉地从音乐、舞蹈欣赏中获取各种艺术和非艺术的经验。

⑤ 进一步深化对进行曲、摇篮曲、舞曲音乐特征的认识和把握，能够富有个性地通过语言、绘画、动作等各种方式表达自己对作品的感受和理解。

### （三）制定艺术教育活动目标时应注意的问题

#### 1. 目标应注重整合性与全面性

在进行活动目标设计时，要注意目标的综合性和全面性。目标的制定应注重情感、态度、价值观，过程与方法，知识与技能三维目标的整合，这样幼儿才能通过艺术教育实现全面和谐的发展。如音乐活动“吉祥三宝”的活动目标是“了解蒙古族的习俗和文化；欣赏歌曲《吉祥三宝》，体验歌曲意境，初步学唱歌曲；感受与家人相亲相爱的美好亲情，乐于用歌曲表达自己对家人的爱”。

《纲要》和《指南》中对艺术领域教育目标的概括为教育者建构了艺术活动的总体目标框架，每一次具体的艺术活动目标的选择，要在其基础上根据幼儿、资源、环境、教师等的具体情况确定。如针对5～6岁幼儿，《指南》中指出“能用多种工具、材料或不同的表现手法表达自己的感受和想象”，教师在制定具体活动目标时选择引导幼儿用绘画表现自己对歌曲的感受，将目标定为“欣赏乐曲《野蜂飞舞》，感受乐曲的节奏变化传递的情感，并用画线条的方式表达自己对音乐的感受与理解”，将音乐欣赏和运用绘画进行直观再现结合在了一起。

#### 2. 长远目标与具体目标相结合

《纲要》和《指南》中关于学前儿童艺术教育的总体目标所表述的是幼儿一个阶段内发展的目标，对于具体的活动目标过于宽泛。每一次活动可以设计一个长远的目标，但必须要有具体的有关知识、技能、行为、情感、态度、过程、方法等方面的目标，这符合幼儿最近发展区的要求，便于教师进行活动指导，同时也方便对活动的效果进行评价。如泥工活动“动物乐园”的活动目标是“在活动中能够与他人相互配合，将自己和组员制作的小动物组成动物园群像”，这样的目标既体现了“艺术活动中能与他人相互配合，也能独立表现”这一长远目标，又具有很强的可操作性。

#### 3. 以幼儿为本的价值取向

学前儿童艺术教育目标应关注幼儿情感、态度、个性等各方面的整体和谐发展，彰显“以幼儿为本”的价值取向。《纲要》总则部分明确指出，幼儿园教育是我国学校教育与终身教育的奠基阶段，应为幼儿一生的发展打好基础；满足幼儿多方面发展的需要，使其在快乐的童年生活中获得有益于身心发展的经验；尊重幼儿的人格和权利，促进每个幼儿富有个性的发展。具体到艺术领域，我们也可以看到“以幼儿为本”这一基本精神的凸显，如“能用自己喜欢的方式进行艺术表现活动”，字里行间无不体现对幼儿的尊重。幼儿是艺术学习的主人，教师应重视幼儿的艺术兴趣、审美情感和体验、个性化感受和表现等理念。学前儿童艺术教育的目标表述多使用“感受”“喜爱”“喜欢”“表现”等词汇，且从幼儿的角度来表述目标，其中隐含的行为主体是幼儿，主要体现了幼儿的“学”以及幼儿在艺术教育活动中的主动性。如音乐活动“春雨沙沙”的活动目标为“学习用优美柔和的声音演唱歌曲，感受音乐传递出的活泼亲切的情感；感受春雨悄悄下的意境和种子破土萌芽的喜悦，乐于用身体动作表现种子萌芽的姿态，体验与同伴边唱边跳的快乐”。

## 二、学前儿童艺术教育的内容与要求

### （一）《纲要》对学前儿童艺术教育的内容与要求

《纲要》中明确提出了艺术领域教育活动的内容要求，具体如下：

① 引导幼儿接触周围环境和生活中美好的人、事、物，丰富他们的感性经验和审美情趣，激发他们表现美、创造美的情趣。

② 在艺术活动中面向全体幼儿，要针对他们的不同特点和需要，让每个幼儿都得到美的熏陶和培养。对有艺术天赋的幼儿要注意发展他们的艺术潜能。

③ 提供自由表现的机会，鼓励幼儿用不同艺术形式大胆地表达自己的情感、理解和想象，尊重每个幼儿的想法和创造，肯定和接纳他们独特的审美感受和表现方式，分享他们创造的快乐。

④ 在支持、鼓励幼儿积极参加各种艺术活动并大胆表现的同时，帮助他们提高表现的技能和能力。

⑤ 指导幼儿利用身边的物品或废旧材料制作玩具、手工艺品等来美化自己的生活或开展其他活动。

⑥ 为幼儿创设展示自己作品的条件，引导幼儿相互交流、相互欣赏、共同提高。

### （二）学前儿童艺术教育的具体内容

在我国以往的学前儿童艺术教育实践中，学前儿童艺术教育主要被分为学前儿童美术教育和学前儿童音乐教育。

1. 学前儿童美术教育的具体内容

学前儿童美术教育活动的内容涵盖了幼儿的生活及其所见所闻，生活中的人物、动植物、风景、建筑、各种有趣的玩具和托幼机构的生活、游戏等，都是教师进行美术活动的源泉，这些内容在表现形式上分为三大部分，即绘画、手工和美术欣赏。

（1）绘画

绘画活动的内容根据主题可分为命题画、意愿画和装饰画三种类型；根据使用的工具材料可分为中国画、丙烯画、水彩画、水粉画、水彩笔画、油画棒画等；根据表现技巧可分为拓印画（棉签画、手指画、印章画、折纸对印画、纸版画、滚画、泡泡画等）、蜡笔水彩画（蜡水分离或称水油分离）、吹画、喷洒画等。

（2）手工

手工活动的内容根据材料可分为纸工活动（剪纸、折纸、撕纸）、泥工活动（陶艺、超轻黏土、面塑、拉坯、上釉等）、编织活动（纸编、绳编、草编等）、粘贴活动（叶贴画、纸贴画、布贴画、铅笔刨花贴画等）、综合材料制作（自然材料制作、废旧材料制作等），此外还有很多新兴的手工活动，如扎染、水拓画、蓝晒画、玻璃画等。手工活动的材料按照性质可分为点状材料、线状材料、面状材料和块状材料四种。手工活动既是一种操作活动，又是幼儿表达审美感受和美化生活的一种艺术活动。

（3）美术欣赏

美术欣赏活动是指幼儿通过对美术作品、自然景物和周围环境中美好事物的认识和欣赏，了解对称、均衡等形式美的初步概念，感受造型、色彩、构图等的情感表现性，体验艺术美带来的快乐。美术欣赏的对象还包括教师提供的范例、图片、实物、玩具和幼儿的作品，这些都在幼儿美术欣赏的范围之内。可以说，学前儿童美术活动的各个环节都离不开感受与欣赏，这一点，教师万万不可忽视。

2. 学前儿童音乐教育的具体内容

（1）歌唱活动

歌唱活动是借助嗓音表达思想、交流情感的一种艺术活动形式。歌唱时应当以"声"表"情"，以"情"感"人"，用富有情感的歌声表达自己内心的感受。这就对幼儿用嗓音造型的能力提出了一定的要求，需要幼儿保持正确的歌唱姿势，合理地运用气息并借助正确的发声方法，使声音产生高低、长短等变化来表现歌曲的内容和情感。

（2）韵律活动

韵律活动是在音乐伴奏下用协调的身体动作表达艺术形象的一种较为复杂的音乐活动形式，包括律动、舞蹈和音乐游戏。由于这一活动体现了音乐与动作的关系，并且动作的表达受到音乐的指挥和制约，因此，韵律活动首先必须是在音乐伴奏的情况下进行的，没有音乐伴奏的身体动作不能称为韵律活动；其次是要用协调的动作表现音乐，即动作要能够体现音乐节奏的疏密、旋律的起伏、情绪的变化，能够跟随音乐的变化而产生及时、相应的变化。

（3）打击乐活动

打击乐活动是借助打击乐器或替代性打击乐器，通过一定的音色、节奏和力度的变化表现音乐的一种活动。它是幼儿表达音乐的一种最自然、最直接的方式，也是最能令幼儿在敲敲打打中感受到乐趣的音乐活动。由于幼儿的打击乐活动大多是伴随歌曲或者旋律器乐曲进行的，因此幼儿需要具备一定的打击乐器演奏的知识和技能，这样才能使打击乐器演奏与歌（乐）曲变化协调一致，使个体和整体声部协调一致。

（4）音乐欣赏活动

音乐欣赏活动是让幼儿在倾听音乐的过程中，对音乐作品进行感受、理解、分析和鉴赏的审美活动。音乐欣赏不仅可以使幼儿接触到更多优秀的音乐作品，而且能培养幼儿良好的倾听习惯，锻炼幼儿听觉的敏感性。虽然在音乐欣赏活动中，幼儿主要是利用听觉获得感受和体验，但幼儿很难像成人一样安静地、单纯地倾听。因此，在幼儿音乐欣赏活动中，还需要以故事情境、身体动作、与音乐情感吻合的视觉材料，以及能够表达音乐内涵的文字材料等作为辅助感知手段，一方面通过多种感官的刺激让幼儿更好地了解音乐的内涵与思想，另一方面为幼儿在欣赏之后的自由表达提供更多的手段与素材。

### （三）选择学前儿童艺术教育内容时应注意的问题

1. 注重艺术教育内容的适应性，以幼儿的生活经验为基础

幼儿的学习是建立在其生活经验以及与周围环境相互作用的基础上的。在选择学前儿童艺术教育的内容时，应该紧密联系幼儿的生活经验，丰富幼儿的审美体验。陶行知先生认为生活即教育，生活决定教育，是教育的中心，生活教育是给生活以教育，用生活来教育，教育的很多问题和方法都来源于生活。“幼儿教育之父”福禄贝尔（Friedrich Wilhelm Fröbel）曾说过：“通过生活并来自生活的课，是使人印象最深刻、理解最容易的课。”能够吸引幼儿的艺术教育活动内容应该是符合幼儿兴趣和需要的，是来自幼儿的生活经验的。幼儿生活周边的自然万物、社会现象都是艺术教育的“活教材”。学前儿童艺术教育内容必须贴近幼儿的生活，反映幼儿的需要，使幼儿通过对其生活的观察、聆听和反思，感受生活和周围环境中与艺术表现相关的要素，培养幼儿对艺术和生活的感知能力和观察能力，使幼儿更全面、更深刻地领略大自然、生活和艺术中的美，增强幼儿对艺术和生活的热爱。

2. 注重幼儿的主体性，关注幼儿的兴趣爱好和情感需要

学前儿童艺术教育活动要贴合幼儿学习与心理发展的特点，以幼儿为主体，根据幼儿的兴趣爱好和情感需要选择活动内容。在以幼儿为主体的艺术教育活动中，会出现教师预先设计的活动、幼儿活动过程中出现的新问题和幼儿兴趣相矛盾等问题，这就需要教师灵活处理“预设”与“生成”的关系，既要关注幼儿的发展，又要尊重幼儿的兴趣和好奇心。学前儿童艺术教育的内容来源不仅可以是教师根据幼儿的兴趣和需要事先预设的，也可以是教师在师生互动过程中敏锐地捕捉来自幼儿生活和兴趣中突发的、有教育意义的事件来调整教学计划，不断发掘新的更适宜的活动主题，使活动主题呈现动态、灵活的特性。因此，在日常生活中，教师应注意观察幼儿的行为表现，经常与幼儿讨论和交流自己的生活经历，不断寻找贴近幼儿生活经验和符合幼儿审美需求的内容丰富艺术教育活动素材。

3. 注重活动内容的系统性，促进幼儿心智结构的构建

在选择学前儿童艺术教育活动的内容时，要注重系统性。系统性的内容安排循序渐进，由易到难，由简到繁，层层推进，逐步深化。例如，幼儿学习绘画的顺序可以是从随意在纸上来回画各种线条，到选择自己喜欢的色彩和线条初步尝试表现一些物体的形象特征，再到尝试表现物体外形的细节和选择与物体固有色近似的色彩作画；幼儿进行韵律活动的顺序可以是从学习用小手在身体上“爬呀爬”，跟随乐曲做动作，再到尝试给乐曲配词，创编连续的移动动作，进而可以根据乐曲节奏的变化自如地调动肢体协调配合，变化动作速度和幅度，完成表演。由此可见，学前儿童艺术教育内容的系统性，并非依据美术或音乐学科本身的知识体系，而是依据幼儿生理与心理发展的情况。在选择内容时，教师可以按照某种艺术活动的学科知识体系选择内容，但应在活动过程中随时根据幼儿在活动中表现出的兴趣和困惑调整内容，促进幼儿心智结构的构建。

4. 注重活动内容的整合性，促进幼儿的全面发展

学前儿童艺术教育活动内容的整合性体现在两个方面，一方面是艺术领域内各学科的融合，另一方面是艺术与其他领域的整合。

20世纪60年代以后，综合艺术教育的思想逐渐发展，到90年代已经成为教育的主流。当今艺术教育整合化、综合化已成为我国艺术教育发展的新趋势。综合艺术教育认为各艺术门类之间是相互联系、相互渗透的。目前很多幼儿园在开展艺术教育活动时，会按照美术和音乐分别组织与实施教育活动，采用独立的大纲、进度、教法，学科活动之间似乎没有任何关系或结合生硬。由于幼儿的身心发展水平和特点还不具备接受学科知识体系教学的条件，如果过早进行分科训练，极易造成幼儿思维定式，不利于幼儿实践能力和创新思维的发展。因此，教师为幼儿选择活动内容时，应注重将音乐与美术整合，如在音乐活动中伴随配乐听故事或者观看适合幼儿的美术片，在美术活动中加入背景音乐体会创作的氛围，尝试理解意境，或通过多媒体技术更综合地理解艺术等，加强艺术活动的趣味性和体验感。

艺术具有其独特的功能，艺术领域既是一个独立的知识领域，更是其他领域学习的重要途径。在开展活动时，教师可以整合艺术领域与其他领域的内容，丰富幼儿的生活经验和审美体验，帮助幼儿情感外化。如在社会活动“亲爱的妈妈”中，教师在介绍过母亲节的来源后引导幼儿倾听音乐，感受妈妈对自己的爱，用画笔描绘自己的妈妈，并作为礼物送给妈妈。艺术的表现手段能够给幼儿更直观的情感体验，促进幼儿的全面发展。

5. 注重活动内容的多元化，以文化浸润幼儿的心灵

学前儿童艺术教育活动内容应注重多元化，既需要立足于本土文化，传承民族文化特色，又应该向其他民族、国家（地区）的文化扩展和延伸。本土文化是本土人民长期生产生活实践的智慧结晶，是提高本土社会凝聚力的最好资源。让幼儿学习和了解本土文化，可以加深其对民族文化的认识，从小树立民族自豪感。

学前儿童艺术教育在让幼儿吸收本土文化的同时，也要让幼儿理解和尊重其他民族和世界其他地区独特的文化。选择其中符合幼儿审美需求的艺术形式和艺术创作，丰富艺术活动的内容，拓宽幼儿的眼界、思维，发展文化艺术的多元性，为培养世界公民奠定基础。

## 精彩回放

**扫码学习**

中班音乐欣赏活动“四季”

精彩回放

## 思考与练习

**一、名词解释**

学前儿童艺术教育

**二、简答题**

1. 学前儿童艺术教育的目的是什么？

思考与练习

2. 学前儿童艺术教育对幼儿发展有哪些价值?

3. 学前儿童艺术教育有哪些具体内容?

4. 制定学前儿童艺术教育目标时应注意哪些问题?

**三、论述题**

1. 观察一次完整的学前儿童美术教育活动，结合《指南》中关于学前儿童艺术教育的论述进行实录与分析。

2. 观察一次完整的学前儿童音乐教育活动，结合《指南》中关于学前儿童艺术教育的论述进行实录与分析。

## 篇章学习指导

**一、学习建议**

艺术领域由音乐和美术两个学科组成，虽然二者具有不同的知识脉络和体系，但艺术是相通的，音乐教育与美术教育不应割裂地学习与理解。因此绪论从艺术领域的宏观层面对艺术教育的概念、目的，艺术教育目标的制定、内容的选择等内容进行了阐述。本篇理论性较强，有很多需要理解和背诵的概念。值得注意的是，很多学生在学习时会用“美术领域”或“音乐领域”来表述活动名称，这是不合适的，可表述为“美术活动”“音乐活动”“美术分领域”“音乐分领域”，或直接用具体的活动内容表述，如“手工活动”“韵律活动”等。

结合本篇的知识内容，学生须透彻领悟《纲要》和《指南》中关于艺术领域的教育目标和教育建议的论述，以达到在活动设计中学以致用的目的。想要学好教学法类课程不仅要有扎实的理论功底，还要积累大量优秀的教学案例。此外，对于艺术领域教学方法的学习，还要具备一定的艺术素养，因此在课后，学生需要多听、多看、多思考，提升自己的审美修养。想做到这一点非一朝一夕可以完成，学生需注重日常的积累，观看更多优秀的艺术作品和书籍，广泛了解各类艺术作品，不断提升自己的艺术修养。

**二、参考书目**

［1］ 中华人民共和国教育部. 3～6岁儿童学习与发展指南［M］. 北京：首都师范大学出版社，2012.

［2］ 中华人民共和国教育部. 幼儿园教育指导纲要（试行）［M］. 北京：北京师范大学出版社，2001.

［3］ 匡惠. 音乐欣赏基础教程［M］. 上海：上海音乐出版社，2021.

［4］ 海勒. 色彩的性格［M］. 吴彤，译. 北京：中央编译出版社，2013.

［5］ 潘运告. 汉魏六朝书画论［M］. 长沙：湖南美术出版社，2006.

**三、其他资源**

（一）应用推荐

1. 大剧院·古典：国家大剧院音乐频道开发的一款App，包含国家大剧院上演的歌剧、音乐会、芭蕾舞、戏剧戏曲等内容，适合文艺作品欣赏，为音乐设计提供灵感。

2. 世界名画集：收录大量的世界名画，适合在设计美术欣赏活动遇到内容瓶颈时开拓视野。

3. 人美：人民美术出版社开发的一款App，包含图书、连环画、教材、艺术等内容模块，适合设计美术类活动时寻找素材使用。

4. 学习强国：学习强国平台打造的图文、音视频学习App，提供优质的学习资源，可根据需求搜索相关知识，日常学习，提升自己的文化修养。

（二）在线资源

1. 幼教网：http://www.youjiao.com/

2. 当代学前教育网：http://www.ddxqjy.com/

3. 幼师OK网：http://www.youshiok.com/

# 上篇

# 学前儿童美术教育

## 内容导读

美术教育是学前儿童艺术教育的重要组成部分，幼儿通过与美术的接触，能够增进对美术语言的了解，促进认知经验、语言表达、情感涵养、动手能力等各方面的发展，其教育价值不可忽视。教师在开展学前儿童美术教育活动之前，应对美术这一艺术表现形式有所了解，带领幼儿走进广阔的美术世界。

## 精彩回放

## 第一章

# 学前儿童美术教育概述

## 核心知识地图

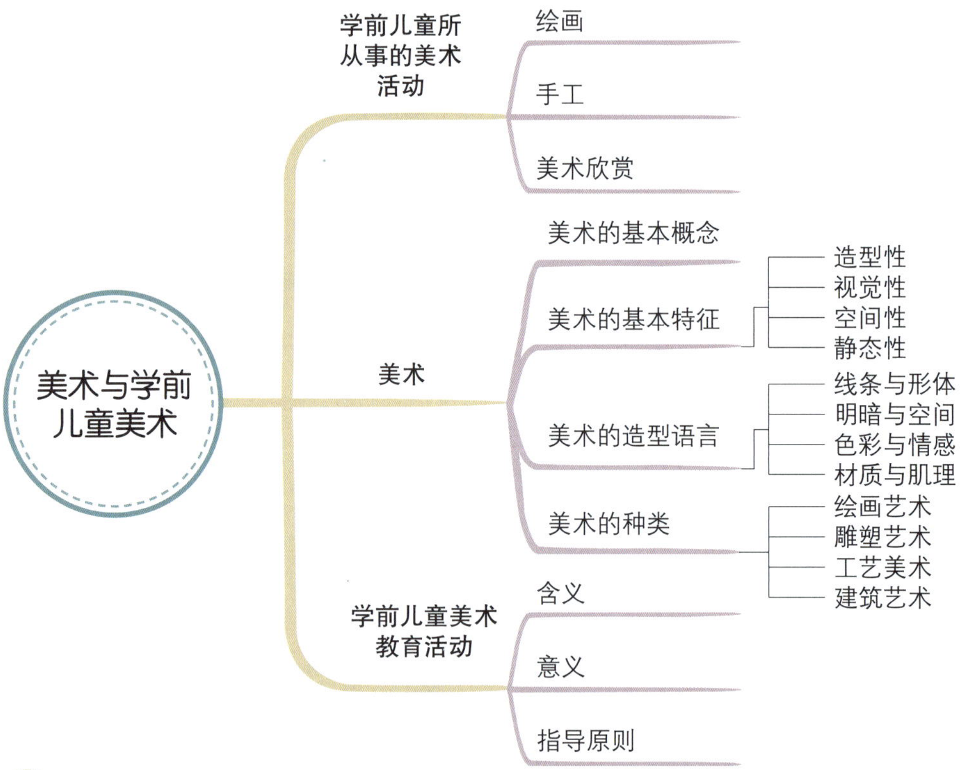


## 学习目标

1. 能够复述美术的本质、概念和特征；
2. 能够阐述学前儿童美术的概念和分类；
3. 能够辨析学前儿童美术教育的概念和意义；
4. 能够列举影响学前儿童美术教育活动的基本要素。

基本知识

# 第一节　美　术

## 一、美术的基本概念

美术，又称造型艺术、空间艺术和视觉艺术，是一种再现性空间艺术，是一种静态的视觉艺术；它是运用各种不同的物质材料（如布、纸张、颜料、泥石、木材等），通过塑造静态平面的或立体的视觉形象来反映社会现实生活和表现艺术家思想情感，并带给人美感享受的艺术形式。“美术”一词源于古罗马的拉丁文“art”，原意指相对于自然造化的人工技艺。直到17世纪欧洲文艺复兴时期，独立的艺术概念才被确立和公认，以区别于具有实际用途的工艺美术。此时的“美术”泛指具有美学意义的绘画、雕塑、文学、音乐、戏剧等。

在我国，直到五四新文化运动后才开始普遍运用“艺术”和“美术”概念。蔡元培最初使用“美术”这个名词时，指代的还是包括诗歌和音乐的广义上的概念，其后才逐渐把“艺术”和“美术”区分开来。

如今，“艺术”一词作为一切艺术门类的总称，“美术”则专指视觉艺术，一般包括绘画、雕塑、摄影、书法篆刻、工艺美术、建筑园林艺术等。《中国名作鉴赏辞典》中这样写道：“中国美术博大精深、气象万千，其绘画、雕塑、工艺、书法篆刻、建筑等构成一个有机整体，这个体系有着与西方明显不同的艺术特点和审美价值。”因此，中国的美术体系在世界美术领域中有着独特的风格体系。

另外，当其他艺术和美术相结合时，能极大地丰富自身的艺术表现力，如舞台美术对丰富音乐、舞蹈、戏剧艺术的表现作用。而美术和现代新媒体技术相结合，又能够派生出新的艺术门类，如三维动画、增强现实技术（AR）、虚拟现实技术（VR）等。

## 二、美术的基本特征

### （一）造型性

造型性是美术最根本的特点，是美术创作的目标。所谓造型，就是塑造客观事物的形象，中国古代画论中称“应物象形”（南朝齐谢赫《六法论》）。它是指艺术家运用一定的物质材料和艺术形式，塑造出欣赏者可以直接感受到的艺术形象。例如绘画是用造型、色彩、构图等在二维空间里塑造形象，而雕塑是运用泥土、木头、石材等材质在三维空间里塑造具有实在物质性的艺术形象等（图1-1、图1-2）。

美术的造型含义很广，包括立体造型、平面造型，色彩造型、黑白造型，具象造型、抽象造型，还有具象与非具象并存的现代造型艺术等多种形式。而随着表现手段与科学技术的不断发展，美术的造型还在不断增加。

### （二）视觉性

美术塑造的艺术形象是用一定的物质材料固定下来的客观实体，这使得它具有直观性和具体性的特点，观赏者只要凭借视觉感官就可以直接感受到作品中艺术形象所传达

图 1-1　詹建俊《狼牙山五壮士》（油画）

图 1-2　叶毓山《净月女神》（雕塑）

出的具体而丰富的视觉美感，从而产生审美愉悦。因此，视觉性就成为美术的重要特征，美术的创造与欣赏都是通过视觉来完成的。艺术家通过视觉感官并借助相应的造型手段，才能创作出可视的美术作品，用于反映社会现实生活和表现自己的思想情感。如罗中立的《父亲》（图 1-3），作者用浓厚的油彩和细腻的笔触塑造了一个淳朴、憨厚的农民形象。金色的背景和黝黑的皮肤形成鲜明对比，体现了人物形象外在质朴美和内在高尚美。

图 1-3　罗中立《父亲》（油画）

### （三）空间性

为了在不同的空间里塑造出可为视觉直视的艺术形象，美术作品的呈现必须借助一定的物质材料（如布、纸、纤维、玻璃、岩石、木材、金属等），所以空间性便成为美术的又一重要特征。

根据呈现艺术形象的空间维度，我们把美术的审美空间特征分为二维空间和三维空间。表现二维空间关系的美术也称为平面艺术，主要包括绘画、壁画、书法、摄影、平面设计等。三维空间中创造的艺术形象与我们所处的世界处于同一空间，主要包括雕塑、建筑、陶瓷、现代艺术中的装置艺术等形式。

具体来说，在二维空间的平面上表现艺术形象的绘画，其空间性质是运用透视、色彩、明暗等艺术表现手法，引导观赏者通过视觉感受平面上产生的立体空间效果。如《最后的晚餐》（图 1-4），作者通过焦点透视和光影明暗表现出了画面的空间感。画中人物一字排开，焦点在耶稣的额头，昏暗的背景和明亮的人物形成了鲜明的对比，远处的山峦非常朦胧，有很强的距离感。而具有三维空间性质的雕塑、建筑，观赏者除依靠视觉感受到其本身具有的立

图 1-4　达·芬奇《最后的晚餐》（壁画）

体空间以外，还可以依靠触觉和运动觉去感受艺术形象的空间感。

### （四）静态性

美术作品是属于空间的静态艺术，它不具备时间要素，不适合表现事物的运动过程，但是美术的静态不是单纯地静止，而是“寓动于静”的。虽然美术在描绘一个运动的过程时只能呈现其中的一个瞬间，但这一瞬间一旦被美术作品呈现出来，就成了静态的且永久不变的空间形象。美术作品通过各种直观形象所表现出来的静态性和永固性打破了其不能直接表现运动或情节发展过程的局限，使它在艺术世界中独树一帜。

选择和捕捉静态的、最精彩的瞬间，是艺术家在创作过程中至关重要的一个课题。德国美学家莱辛（Gotthold Ephraim Lessing）指出，最佳的、最有价值的一瞬间，应该选取表现情节高潮顶点之前的那一顷刻。如东汉时期的青铜器《铜奔马》（图1-5），一匹高大而健硕的骏马昂首嘶鸣，腾空疾驰，仅有一只后蹄踏在小龙雀的背上。作品将天马的骁勇矫健表现得淋漓尽致，体现了汉代豪迈进取的时代精神，是力学与卓越的工艺技术的完美融合。

图1-5　《铜奔马》（青铜器）

## 三、美术的造型语言

美术的造型语言是艺术家用造型艺术的方式表达思想感情的手段和形式，它通过美术造型的基本构成要素——线条、明暗、色彩、空间、材质、肌理等多种视觉形式要素，以及它们在美术作品中以某种形式有机地组合起来产生的视觉效果，成为艺术家表达思想、情感、观念和进行审美交流的工具。

当美术的基本构成要素未被艺术家运用在特定的情境中时，它们没有任何意义，但当它们构成一定的结构关系，并表达一定的审美内涵后，便形成了一种具体的语言交流模式，并具备表现某种意义的作用，从而构成了美术作品的全部内容。

### （一）线条与形体

美术中的点、线、面是美术最基本的造型语言。在三维空间中，线是塑造形体的外轮廓线和标明形体内部结构的结构线；而平面造型里的线，则是各种不同工具画出来的痕迹和点的连续运动轨迹形成的细长的可视形象。线对塑造形体具有很重要的作用。

图1-6　吴道子《八十七神仙卷》（中国画）

线是美术中极具表现力的形式语言，形体的轮廓、体积、空间、动势等都可以通过线来表现。中国画《八十七神仙卷》（图1-6）就是由线构成的绘画作品，从人物的五官、发髻到身着的衣物再到手中的华盖和流动的祥云，作者仅用线就将神仙的形神刻画得细致入微，画面笔墨遒劲洒脱，根根线条都表现出了无限的生命力，如行云流水，充满韵律，代表了中国唐代白描绘画的最高水平。

同时，线本身的结构特征也具有抒情作用，它带给人的视觉感受是多方面的。线的不同特征和不同组织关系，能够使人感受到不同的情感体验：浓重而浑厚的线给人以结实强悍的感觉；淡雅而柔和的线条让人感觉轻松而舒展；圆润而有条理的线条则给人以轻松惬意、生机勃勃的印象；曲折且不规则的线条给人以动荡、虚弱、痛苦的联想（图1–7、图1–8、图1–9）。

图1–7　林风眠《秋叶小鸟》（水墨画）

图1–8　张明亮　彩陶盆（摄影）

图1–9　吴冠中《春如线》（水墨画）

### （二）明暗与空间

物体由于光的照射会呈现出光影的变化，由于受光角度的不同，物体的各个面会产生明暗变化。在绘画中，艺术家通过明暗、透视等手段在平面上表现现实空间。明暗关系就成了绘画在平面上表现空间感的重要造型语言。

西方绘画的主要表现形式就将明暗作为造型语言。意大利文艺复兴时期，经过达·芬奇等艺术大师的总结形成“明暗造型法”后，明暗成了西方绘画表现空间感的主要美术语言。从大量的西方绘画作品中可以清楚地看到西方画家运用明暗造型语言表现空间关系的熟练技巧和精深造诣，如伦勃朗的《杜尔博士的解剖学课》（图1–10）、瓦西里·特罗平宁（Vasily Tropinin）的《带蜡烛的女孩》（图1–11）等。

中西方绘画对明暗造型语言的运用是完全不同的。西方绘画注重科学性，强调画面

图1–10　伦勃朗《杜尔博士的解剖学课》（油画）

图1–11　瓦西里·特罗平宁《带蜡烛的女孩》（油画）

中光的作用，重视处理受光面与背光面的明暗对比和由此产生的空间关系。中国画追求画面意境的表达，注重水墨与色彩的变化，不强调画面的空间关系，在表现山水时只体现远近的虚实（图1-12），在表现花鸟时更注重画面的经营布局以及物象的寓意（图1-13）。而当作品采用明暗的造型语言又想表现中国画的意境时，就会产生新的绘画效果（图1-14）。由于东西方艺术的相互影响，一些西方画家也开始弱化光影的表现，通过色彩、色调的对比来表现强烈的平面装饰效果（图1-15）。

图1-12　王翚《孟浩然诗意图》（中国画）

图1-13　邹一桂《玉堂富贵图》（中国画）

图1-14　郎世宁《三犬图》（中国画）

图1-15　克里姆特《死与生》（油画）

**（三）色彩与情感**

色彩是美术语言中最具有感染力的要素。色彩是由物体反射的光通过人的视觉而产生的印象，人的视觉对色彩非常敏感，视觉的第一印象都是色彩的感觉。美术家运用各种造型手段的美术处理，赋予色彩引起观赏者生理和心理感应的美感魅力。色彩的魅力和其他美术造型语言相比更为直观，更能触动观赏者的情感。

美术作品中的色彩不仅能表现描绘对象的冷暖、远近等特征，还能唤起人们各种不同的情感联想。色彩的情感主要来自人的阅历、社会环境影响等因素导致的对色彩的好恶与选择而产生的微妙心理倾向。但美术作品中的色彩能够形成大部分人普遍认同的象征意义，帮助人们传递相应的情感和含义。例如爱德华·蒙克（Edvard Munch）在作品《病房中的死亡》（图1-16）中，运用橙色表现地板，房中的人物穿着灰蓝色的服饰，背景的灰绿色毫无生气，作品清冷的色调将罹患重病的痛苦和亲友内心的焦灼表现得淋漓尽致。再如凡·高的作品《向日葵》（图1-17），作者同样运用了冷色的背景和暖色的桌面表现场景，就带给人阳光温暖的情感体验，这就涉及更多色彩的知识。

图1-16　爱德华·蒙克《病房中的死亡》（油画）

图1-17　凡·高《向日葵》（油画）

人们视觉所感知的一切色彩形象，都具有明度、色相和纯度三种性质，这三种性质是色彩最基本的构成元素。

明度是指色彩的明暗深浅程度。不同色相的明暗程度是不同的，它可以不带任何色相的特征，而通过黑、白、灰的关系单独表现出来。当色块的饱和度降到最低时这种现象更加明显（图1-18）。

图1-18　色彩的明度对比

色相即色彩的相貌特征，如大红、橘黄、柠檬黄、草绿、湖蓝等。当我们提到一种色彩的名称时，头脑里就会反映出一个特定的色彩印象，这就是色相的概念。色相是人们进行色彩交流的基本概念。

纯度是指色彩的鲜艳程度，也称色彩的饱和度。色素含量越高，颜色的纯度越高。色彩调和的次数越多，其纯度就越低。

美术作品中运用色彩的方法主要有再现性色彩和表现性色彩两种类型。

（1）再现性色彩

再现性色彩即写实的色彩，它是指再现人们视觉感受到的客观世界色彩的真实性。由于追求再现的色彩不同，再现性色彩可分为再现固有色的写实色彩（图1–19）和再现条件色的写实色彩（图1–20）两类。

图1–19　雷诺阿《一束菊花》（油画）

图1–20　莫奈《撑阳伞的女人》（油画）

（2）表现性色彩

表现性色彩是美术家从作品的表现意图出发，主观上进行画面色彩的处理，更强调表现自己的思想情感和审美理想。表现性色彩可分为装饰性色彩（图1–21）和情绪性色彩（图1–22）两类。

图1–21　凡·高《盛开的杏花》（油画）

图1–22　爱德华·蒙克《呐喊》（油画）

图1-23　恽寿平《华春富贵图》(中国画)

中国画的色彩语言是一种特殊的表述方式。谢赫在《古画品录》中就提到“随类赋彩”，中国画追求对画面意向性的表现，既可再现固有色，追求用色的平面效果，又可以墨为主、以色为辅追求画面的意境，主要表达的是画家的思想情感(图1-23)。

自然界的色彩组成十分丰富，但是从整体上来看，自然所呈现出的色彩总有某种倾向。这种带有倾向性色彩效果的现象就称为色调。色调在一幅画中起着色彩支配作用，在表现作品主题和意境上有着很重要的作用。如唐勇力的作品《新中国诞生》(图1-24)，以红色为主基调，表现了中华人民共和国成立时天安门上的场景。作品运用了大量的红色呈现出一幅气势磅礴的伟人群像，几位身着白衣的人物与鸽子、栏杆打破了红色的沉闷与热烈，使画面更加宁静祥和，又显得灵动。画面中人物笔直的站姿仿佛诉说着中华人民共和国的脊梁从此挺立起来。这幅画与董希文创作的《开国大典》相比，更注重人物精神内涵的体现，表现出了历史的厚重感与新中国建设的使命感。

图1-24　唐勇力《新中国诞生》(中国画)

**(四)材质与肌理**

美术作品的呈现需要借助一定的物质材料，美术家在创作时会利用不同材质的特点表现不同的视觉效果，以材质自身的独特表现力传达作品内容，以独特的美术语言沟通观众的情感。例如中国画与油画的材质不同，美术家使用的创作技法和呈现的画面效果也不同，如用大理石雕刻的肌肤细腻动人(图1-25)，泥塑的佛像古朴庄重，体量感强(图1-26)。

材质不仅是塑造形象的手段，其本身也是构成作品审美特性的组成部分。与材质有关的另一美术语汇是“肌理”，指的是材料表面质地(粗糙或光滑等)或纹理所形成的美感，如木材、大理石的天然纹理。对于绘画而言，笔触的痕迹也是一种肌理，是画家表现物象时常用的美术语言。肌理是一种装饰化的质感，可以通过人为再造产生。艺术家在创作作品时，利用各种肌理的不同美感进行创造性的表现，给予人们不同的审美感

图1-25　大理石雕塑质感

图1-26　泥塑佛像质感

受，并借助这些质感表达自己的创作情绪（图1-27、图1-28、图1-29）。

图1-27　凡·高作品的肌理

图1-28　岩石的肌理

图1-29　水彩的肌理

## 四、美术的种类

### （一）绘画艺术

绘画是运用线条、色彩和形象等艺术语言，通过造型、构图、设色等表现手段，在二维空间（即平面）塑造的静态视觉形象。绘画的种类繁多，从不同的角度可以将其分为不同的类别。从地域上，可以分为东方绘画和西方绘画；从工具材料上，可以分为中国画、油画、版画、水彩画、水粉画等；从题材内容上，可以分为人物画、风景画、静物画、动物画等；从作品的形式上，可以分为壁画、年画、连环画、插画、漫画、宣传画等。不同类别的绘画形式，因其历史文化和传统的不同，有着鲜明而独特的表现形式和审美特点。

东西方绘画最典型的代表分别是中国画和油画。中国画又称水墨画，是东方绘画体系的主流。中国画具有独立的审美体系，无论是线条、色彩、造型还是意境，都具有独特的形式美与内容美。中国画使用毛笔、宣纸、丝绢和矿物颜料作画，讲究笔墨意蕴和留白，作品中诗、书、画、印巧妙融合，形成了不同于西方绘画的美术语言。油画是西方绘画的典型代表，在创作理念上，古典油画作品讲究光影、造型、色彩、空间的写实，在工具与材料上，油画使用油彩在布面、木板等材料上作画，具有色彩浓艳厚重的视觉效果。

### （二）雕塑艺术

雕塑是艺术家利用各种可以雕、刻、塑的材料制作的三维（立体）形象。“雕”是从完整坚固的坯体上把多余的东西凿除、削挖掉；“刻”是在坯体上进行细节的刻画；“塑”是利用柔韧有伸缩黏结性的材料塑形的技法。雕塑从题材和适用环境上分，有纪念性雕塑、建筑装饰雕塑、城市园林雕塑、宗教雕塑、陵墓雕塑、陈列雕塑等。从表现形式上分，有圆雕和浮雕。圆雕不附着背景，可以四面观赏，如罗丹的《思想者》。浮雕是在平面上雕出凸起的形象，因形象凸起的程度不同，可以分为高浮雕、浅浮雕。人民英雄纪念碑四周的群像即为高浮雕作品，硬币上的图案一般为浅浮雕作品。

雕塑给人的美感与绘画有所不同，欣赏雕塑作品时可以环绕着四面观赏，可以触摸感受它的质地、体面转折、温度，还可以感受它的重量，所以雕塑给人的美感更多维。另外，雕塑与环境的借景构成关系使其更易融入环境并形成焦点，产生与环境呼应的美感。

### （三）工艺美术

工艺美术是指日常生活用品经过艺术化处理后具有审美价值的产品。工艺美术与人们的生活密切相关，通常分为实用工艺和观赏工艺两类。实用工艺是指经过艺术加工的生活实用品，如服装、陶瓷等。观赏工艺指专供欣赏的陈设品，如玉雕、景泰蓝等。一般来讲，工艺美术具有实用和审美双重属性。工艺美术品的审美要素包括造型、色彩、图案花纹、材料质地、制作技艺、文化传承等。

### （四）建筑艺术

建筑即人类修建和构筑的居住和活动场所，是人类为自己创造的生存、生活设施。建造房屋是人类最早的生产活动之一。建筑艺术遵循美的规律，运用建筑艺术独特的艺术语言，使建筑形象具有文化价值和审美价值，具有象征性和形式美，体现出民族性和时代感。建筑艺术可分为纪念建筑、宫殿陵墓建筑、宗教建筑、园林建筑、生产建筑等类型。

建筑艺术是一种实用性与审美性相结合的艺术。建筑的坚固、耐久和安全是建筑艺术最基本的特征，但是仅此还不能称之为建筑艺术，只有同时具有美学特征的建筑，才能称为建筑艺术。建筑的另一个重要特点是与环境密不可分。独特的建筑需要与适宜的环境相互配合，融为一体，才能形成建筑特有之美。如苏州园林的建筑布局、结构、造型和风格，巧妙地运用了衬托、借景等造园艺术技巧和手法，将亭、台、楼、阁、泉、石、花、木组合在一起，创造出人与自然和谐的环境。欣赏建筑时，只有置身其中、漫步其间，才能感受到时间和空间、人工与自然的交融之美。

## 第二节　学前儿童美术

美术是社会生活的一面镜子，是人们对社会和世界的一种认识，学前儿童美术也是如此。学前儿童美术是幼儿把握世界的一种方式。幼儿对美的感觉，是幼儿领悟与认识视觉艺术的开端。人类认识世界的方式有两种，一种是科学理性的方式，一种是审美感性的方式。前者是有逻辑且有序的，具有一定的步骤；后者是凭直觉且感性的，主要包括想象、幻想、灵感、猜测等方法，其特点是非逻辑的、无序的和无固定操作的。学前儿童美术活动是一种对世界感性且直接的把握。在语言的发育还没达到一定高度的阶段，美术便成了幼儿表达生活经验和观察周围环境的一个主要途径。

## 一、学前儿童美术的概念

学前儿童美术是指3～6岁幼儿进行的美术造型和美术欣赏活动，反映了幼儿对其周围世界的认识、情感和思想，是以幼儿为主体进行的活动。学前儿童美术是幼儿在完全掌握语言和文字前表达自身情感的一种主要工具，我们从幼儿作品中的线条、色彩、题材等方面均可观察到幼儿个性的表现。学前儿童美术活动区别于成人美术活动，幼儿美术作品独特的美感与审美价值，有着成人美术所无法比拟的独特魅力。

## 二、学前儿童美术的类型

幼儿所进行的美术活动，从种类上大致可分为绘画、手工和美术欣赏三大类。

绘画是幼儿运用各种绘画工具和材料，通过点、线、面，色彩、构图等造型手段在平面上创造出直接可感的，具有一定形状、体积、空间感的艺术形象。幼儿在绘画中所创造的艺术形象，既是对他们周围生活环境的反映，又是他们对事物主观的审美感受和评价。幼儿的绘画根据作画时使用的材料及表现形式，可分为蜡笔画、彩色铅笔画、水墨画等；根据绘画的命题性，可分为主题绘画和意愿画等；根据绘画表现的内容，可分为物体画、情节画、装饰画等。

手工是幼儿运用一定的物质材料，如纸材、泥等，用双手和一些简单工具，通过折、剪、捏等手段制作完成的平面或立体的美术作品。根据使用材料的不同，可分为纸工、泥工、木工、布工等；根据制作技法的不同，可分为塑、编、印染、缝纫等；根据作品的功能，可分为观赏性手工、实用性手工、娱乐性手工和科技性手工等。

美术欣赏是指幼儿通过对美术作品、自然景物和周围环境中美好事物的认识和欣赏，受到艺术的感染，并丰富艺术联想，以提高对艺术美的感受能力、欣赏能力。美术欣赏是一种充满了联想和想象的审美活动，欣赏的过程带有浓厚的主观色彩。美术欣赏对象可分为自然景物、艺术作品和社会生活。美术欣赏与幼儿的绘画、手工活动密不可分，并渗透到了幼儿园各个领域的教育活动之中，幼儿自主学习、充分表达，从而不断获得审美体验。

## 三、学前儿童美术与成人美术的区别

### （一）本质不同

美术源于现实生活，能全面地反映社会生活，实质上是人们对社会生活、对世界的一种认识。因此，成人美术具有社会性本质、审美性本质和认识本质。而学前儿童美术是以自发和自然的方式进行的美术活动，表现的内容与幼儿的生活经验和兴趣爱好有密切的关系，能够反映幼儿的认知发展水平，幼儿可以在创作过程中完全自由地表露自己的思想情感和艺术气质。与成人美术相比，美术的活动过程更吸引幼儿。但随着年龄的增长，幼儿的语言等其他表达能力逐渐发展，他们对美术这种认识方式和表达载体的依赖性将逐渐减弱，开始在意美术活动的结果。

### （二）评价标准不同

成人美术作品的评价主要取决于当时的创作观念、技艺的成熟度、审美的独创性和对美术这一艺术门类的认识，也与其所处的社会背景紧密相关。而幼儿在进行美术活动时对绘画技能、形式和作品所体现的艺术价值等几乎毫不关心，关注的是其内心想法的表达与他所能感受到的个人世界。

因此，在评价学前儿童美术活动时，最基本的方法是观察幼儿在美术活动过程中的自发性探索，了解幼儿个体发展程度，以开放、欣赏的眼光看待他们作品中蕴含的纯真的心灵与充满童趣的世界。

对于幼儿，美术是其探索世界，使自我得以肯定的重要途径。在对其实施审美教育时，成人不应将抽象的知识直接灌输给幼儿，而应以直观的视觉艺术形象打动幼儿心灵，唤起幼儿内在的审美情感，丰富幼儿的情感体验，使幼儿在美的感染和熏陶下，受到潜移默化的审美教育。

# 第三节　学前儿童美术教育

## 一、学前儿童美术教育的含义

美术教育亦称“审美教育”“美感教育”。学前儿童美术教育是指教育者遵循学前儿童教育的总体要求，根据学前儿童身心发展的规律，有目的、有计划地通过美术欣赏和美术创作活动，培养其手、眼、脑协调活动，提升其审美创造能力，最终促进其人格和谐发展的审美教育。学前儿童美术教育旨在丰富幼儿的情感，培养幼儿初步感受美、表现美的情趣和能力。

从教育角度来讲，学前儿童美术教育以美术为教育媒介，追求一般幼儿教育的价值。具体地说，就是通过学前儿童美术教育，顺应幼儿的自然发展，保证幼儿身心的健康成长，培养幼儿的道德感、审美情趣、认知，体现了学前儿童美术教育的个体性功能。学前儿童美术教育立足于真、善、美的和谐统一，要求艺术渗透整个教育过程，使幼儿能按照其天性健康成长，最终成为艺术的、完美的人。

一般来讲，学前儿童美术教育是以教育为导向的普通美术教育，更侧重于活动过程与活动主体。学前儿童美术是幼儿感受美，表达内心想法，分享生活经验、愿望、想象和美感的一种方式，是对其成长需要的满足，没有直接的功利性。学前儿童美术教育是为延续和发展人类美术文化而实施的教育的最初环节，它的着眼点是美术本身，即由美术本位出发，以教育为手段，向幼儿传授基本的美术知识，这是学前儿童美术教育社会性功能的体现。然而，在教育的过程中，教师和家长不能用成人的审美标准和意志去规范和扼杀幼儿与生俱来的创造力和创造热情，使幼儿的创作失去特有的天真、稚拙和纯朴。

## 二、学前儿童美术教育的意义

### （一）满足幼儿审美情感需要

美术是幼儿表现自我、抒发情绪和情感的重要途径，也是外化幼儿情感最直接和最有效的方式之一。幼儿经常不自觉地把自己的情感投射到客体上，认为他们身边的事物都具有生命。如他们会给太阳画上笑脸，觉得星星在朝自己眨眼睛。这种移情作用为学前儿童美术教育提供了心理基础，而美术活动则为幼儿提供了情感沟通与自我满足的机会，他们用美术活动表达自己的观点，抒发情感，认识世界。

幼儿在各领域的认知与情感都能通过美术形象且具体地呈现，从而全面促进各领域的学习效果提升。幼儿在集体美术活动中锻炼了沟通与合作能力，在美术创作活动中更加专心和耐心，养成不怕困难、有始有终的工作习惯；当幼儿表达自己的美感体验时，他们的表达欲望得到了充分释放；当幼儿的作品被认可与接受时，他们能体察到自身的力量，变得更加自信；借助美术表达，幼儿创造的情感得到外化，心理压力减轻，满足感提升，天性得以充分地延展。

此外，美术还是幼儿宣泄情绪、平复心情、减轻心理压力的最安全有效的方式，美术活动微妙地连接着幼儿个体与外界的作用与影响，使幼儿在身体、情感等各方面统合地成长；在操作与互动中逐渐使幼儿身心向真、善、美与知、情、意和谐发展的方向迈进，让幼儿无拘无束地利用美术表达自己内心的情感，发挥美术独特的情感教育价值。

**（二）以培养幼儿审美创造力为核心**

美术的基本表现方法是象征，即创造某种具体的视觉形象，代表与之同形的另一事物或意义。这正符合幼儿思维的典型特点。

幼儿的创造力贯穿美术活动的始终。从幼儿美术发展的特点分析，幼儿在每个阶段都显示出与众不同的创造力。不同的美术活动类型对于发展其创造力的作用也各不相同。如绘画能够满足幼儿想象的欲望，同时也能使幼儿的想象力、观察力、色彩表现力在作画过程中得到充分的发挥；泥塑能锻炼幼儿的空间表现力，使幼儿的造型能力、立体思维能力和手臂的肌肉力量在捏塑过程中得以发展。这些能力也为幼儿审美创造能力的发展提供了条件。

幼儿的审美创造是直观的、具体的、形象的，大多夸张且脱离现实，不符合逻辑规范和规则。因此，教师应创设不受规范习惯严格限制和制约的创造活动，让幼儿自然而真实地表达自我，从而使美术作品中有更多的自在性、生动性和独特性。

**（三）培养幼儿手、眼、脑协调活动**

学前儿童美术教育是促进幼儿手、眼、脑协调发展的教育，有助于培养幼儿感知觉的灵敏度，激活幼儿对生命特有形式的感受能力，从而强化幼儿对事物的感知，培养其敏锐的审美感知能力。在操作与游戏的过程中，他们逐渐能运用线条、形状、色彩和各种材料描绘和塑造所见所感，在具体动手操作的美术活动中，幼儿获得了美感体验、技能习得和表达创造。在参与美术活动时，幼儿需要动脑理解、想象、加工审美意象，用语言表达自己观赏作品时的审美感受，用双手操作美术工具和材料表现自己的思想情感和生活见闻，通过心理活动对脑中存在的影像进行构思，通过表现与创造把自己对美的感受传达给别人。美术是幼儿成长的天然需要，也是促进他们健康成长的必不可少的教育因素。

**（四）培养幼儿健全人格**

所谓“健全人格”，是指每个人在自身所处的社会文化环境中保持良好的认知水平、平稳的情绪情感、恰当的行为方式和正常的社交与职业功能。要培养健全的人格，就要通过各种途径开展人格教育。美术活动可以帮助幼儿有序地释放个性情感。新时代下，我们应将学前儿童美术教育从单纯地训练幼儿的技能技巧层面提高到文化学习的层面，加强幼儿的情感体验和美术文化的浸润，促进幼儿情感态度、价值观的发展，增进他们与这个世界的理解与交流，树立健康的审美情趣，懂得关爱他人，更和谐地与人相处，并能在自己和他人作品的感召下，产生对美好事物的创作与追求。当幼儿的创造能力和自我表达的愿望被不断激发，良好的个性品质和健全的人格就会得到培育。

## 三、学前儿童美术教育的指导原则

### （一）制定合理的美术教育活动目标

学前儿童美术教育活动的目标是指导学前儿童美术活动设计与实施过程的关键准则。科学合理的美术教育活动目标可以预示一次美术活动的结果，也应对幼儿提出具体的活动要求。在制定目标时，应依据幼儿的美术发展规律，在总目标的框架下，根据各年龄阶段的目标生成单元目标，最后制定详细的具体活动目标。如为培养幼儿的审美创造能力，教师在活动分类上选择了绘画活动，而绘画活动的目标具体到各年龄阶段的幼儿，就体现在造型、色彩、构图和内容创造上的程度不同。把绘画活动的年龄阶段目标再具体到单元目标，可能就形成某一个月“引导幼儿用形状和线条表现自己的情感”这一目标。最后这一单元目标具体到蜡笔画教学活动中时，教师将目标定为“引导幼儿用不同颜色的蜡笔，以线条的色彩与粗细表现自己的情绪”。

学前儿童美术教育目标具有以下特点：

第一，活动目标制定的角度要统一。在制定具体目标时，目标的内容应统一从教师的角度或幼儿的角度出发。例如，中班美术欣赏活动“青铜大立人”的活动目标为：① 向幼儿介绍青铜大立人的形状构造和色彩变化的原因；② 引导幼儿通过欣赏、模仿了解青铜大立人的造型特点；③ 指导幼儿用黏土塑造青铜器的基础形状，并尝试表现青铜器沧桑而斑驳的色彩；④ 鼓励幼儿积极参加欣赏活动，激发幼儿对考古探秘的兴趣及情感。这种表述方式是统一从教师角度来表述的，更注重教师的教学实施。而另一种表述方式是：① 了解青铜大立人的形状构造和色彩变化的原因；② 通过欣赏、模仿感受青铜大立人的造型特点；③ 能够用黏土塑造青铜器的基础形状，并尝试表现青铜器沧桑而斑驳的色彩；④ 积极参加欣赏活动，萌发考古探秘的兴趣及情感。这是统一从幼儿角度表述的目标，这种表述方式更注重幼儿的体验。目前教师大多从幼儿角度来制定活动目标，以体现其在美术活动中的主体性。

第二，活动目标的制定要着眼于幼儿的发展。在制定目标时，教师应把幼儿原有的发展水平与新活动提出的发展目标联系起来考虑，为幼儿创造最近发展区，使活动目标既适应幼儿已有的发展水平，又能促进幼儿达到新的发展水平。教师还要考虑在发展幼儿美术能力的同时发展幼儿学习个性、社会性等方面的能力。例如，在大班欣赏活动“纸巾万花镜”中，教师考虑到幼儿已经学过对边折、对角折等折叠方法，于是提出“通过折叠与实验，探索不同折叠方法和染出图案的关系”这一能力发展方面的目标。为了促进幼儿情感体验与个性发展，教师又提出了“选择能代表自己心情的色彩染色，能够为染出的作品取一个艺术的名字”的目标，把促进幼儿发展的目标具体化。

第三，活动目标的内容要有系统性。美术活动目标的系统性具体体现在两个方面：一是活动目标应当综合系统地体现认知目标、情感目标和能力目标。同时，活动目标要考虑美术与其他教育领域的整合，以促进幼儿的全面发展。一般来说，认知目标主要反映幼儿对美术知识、文化知识的获得；情感目标主要是指情感、态度、个性、社会性方面的发展；能力目标主要是指学习技能、策略的获得以及美术能力的发展。二是具体的活动目标在方向上应与总目标、年龄阶段目标等相一致。具体活动目标是从上一级目标中分化出来的，因此教师在制定具体的美术活动目标时，应深入、细致、透彻地研究各层次的目标，根据幼儿的年龄和发展水平，由浅入深把握各层次目标的内涵及其相互关系，确保目标的实现，以真正促进幼儿各方面能力的发展。

第四，活动目标要具有可操作性。教育活动目标是最具体的目标，目标的表述要具有可操作性才能对教师的教学产生指导意义，也更利于活动实施后的评价。在实施美术教育活动时，教师应根据不同的活动（如绘画、手工、美术欣赏等），以及不同的教育对象，将年龄阶段目标细化成每个教育活动的具体目标，这样才便于操作。如某名教师在一份中班绘画活动方案中将目标定为“引导幼儿使用蜡笔作画”“引导幼儿用装饰材料丰富画面”“激发幼儿兴趣，培养幼儿的想象力、创造力”三条。这三条目标虽然统一从教师的角度出发，但表述过于空泛，没有体现出具体的行为，也没有指出行为发生的条件，也就无法显示教师重点培养幼儿哪些方面的能力，对教师的教学没有指导意义，更不利于对活动进行评价。如果将上述目标调整为“学习用勾线笔描绘小兔并用蜡笔为小兔均匀地涂色”“尝试在画面完成后用彩色的小扣子装饰小兔的裙子”“能够介绍自己装饰裙子的设计理念，萌发对服装设计的意愿”，目标就具有了操作性，在活动结束后，教师也能够根据幼儿的完成情况进行准确的评价了。

## 案例分析

### 一、目标表述角度不统一

**活动名称**

小班绘画活动：植物妈妈有办法

**活动目标**

1. 通过故事了解植物种子的传播方式。
2. 引导幼儿通过绘画表现植物传播种子的过程。
3. 初步探索为绘本添画情节，提高幼儿对美术创作的兴趣。

**评析**：以上活动目标时而从教师的角度表述，时而从幼儿的角度表述，或教师与幼儿同时作为主体，设计思路不清晰，侧重点不明确。

**修改后的目标**

1. 通过故事了解植物种子的传播方式。

2. 尝试使用彩色铅笔画出植物传播种子的轨迹。

3. 初步探索为绘本添画情节，懂得爱护植物。

## 二、无美术目标的美术活动

**活动名称**

中班绘画活动：端午赛龙舟

**活动目标**

1. 了解端午节的来历。

2. 观看赛龙舟的视频，感受赛龙舟时紧张激烈的气氛。

3. 热爱中国传统节日，喜欢过端午节。

**评析**：幼儿在教育活动中可能获得的发展是多方面的，但是作为具体的美术活动，教师应根据幼儿原有的水平和本次活动的重点筛选出美术方面的主要目标，这样才能体现美术活动本身的特质，促进幼儿美术能力的发展。

**修改后的目标**

1. 观看视频，了解端午节赛龙舟的风俗。

2. 欣赏图片，观察龙舟的造型特点和色彩搭配方法。

3. 尝试用油画棒表现龙舟，用白色水粉喷溅出龙舟急速行进时溅起的水花。

## 三、目标空泛、不具体

**活动名称**

中班绘画活动：七星瓢虫

**活动目标**

1. 认识瓢虫，了解益虫，热爱大自然。

2. 尝试用绘画的方式表现瓢虫。

3. 初步感受色彩的对比，对美术活动感兴趣。

**评析**：此案例目标中只提到用绘画表现瓢虫，并没有具体说明绘画使用的工具、技巧和完成的条件。“初步感受色彩的对比”和“对美术活动感兴趣”这两点适用于任何一个美术活动，并没有体现出这次活动要达成的特有的具体目的。另外，“初步感受色彩的对比”对于中班幼儿来说是已有经验，显然不适合出现在要达成的目标中。

**修改后的目标**

1. 进一步认识七星瓢虫，了解益虫对人类的作用。

2. 尝试用水粉颜料通过圆和点的配合表现胖胖的瓢虫。

3. 感受红色与绿色的对比，大胆尝试画出绿叶上的七星瓢虫。

### 四、目标不符合幼儿发展

**活动名称**

大班泥塑活动：恐龙世界

**活动目标**

1. 认识食草和食肉的恐龙。

2. 运用黏土制作形象逼真的食草恐龙和食肉恐龙。

3. 喜欢玩黏土，尝试探索黏土工具的使用方法。

**评析**：此案例目标没有考虑到幼儿能力的发展，大班幼儿对恐龙的基本概念已有所了解，但造型能力还比较弱。而对黏土制作产生兴趣是小班泥塑活动的目标，探索工具的使用方法是中班手工活动的目标。显然，这三条目标并不符合大班幼儿在泥塑活动中的发展规律，而且过于在乎作品造型的准确性会使幼儿产生挫败感，甚至扼杀他们的创作欲。

**修改后的目标**

1. 仔细观察剑龙和霸王龙的造型和细节。

2. 运用嵌接的技法，使用黏土制作一只自己喜欢的恐龙。

3. 能够根据造型需要使用工具辅助对恐龙的塑造。

### （二）选择适宜的美术教育活动内容

学前儿童美术教育活动的内容是指美术教育中幼儿所要学习的美术形式（如绘画、拓印、泥塑等）、美术内容（作品再现或表现的物象、情节和意义等，通常被概括为主题）及其运用的总和。教师在选择活动内容时，应注意活动内容既要适应幼儿的年龄特点与经验、能力水平，又要具有一定的前瞻性教育价值。

《纲要》指出，教育活动内容的选择应体现以下原则：

① 既适合幼儿的现有水平，又有一定的挑战性。

② 既符合幼儿的现实需要，又有利于其长远发展。

③ 既贴近幼儿的生活来选择幼儿感兴趣的事物和问题，又有助于拓宽幼儿的经验和视野。

教师在选择活动内容时要反复思考权衡，本着适应性、系统性、整合性和审美性的原则选择活动内容，这样才能设计出合理的美术活动方案。

1. 适应性

幼儿的日常生活经验是创作内容的重要来源。教师在选择活动内容时，一是要以幼儿的生活经验为基础，二是要以幼儿的实际发展水平为基础。教师平时应注意观察幼儿的表现，选择幼儿关注的、感兴趣的事物作为美术创作的内容，或针对幼儿的困惑与不满，拓宽他们的视野，丰富他们的创作经验。当教师发现幼儿在创作中出现力不从心的情况时，应及时找出原因，然后思考解决策略，再进一步找出适宜的创作内容，设计美术活动。例如，当教师发现幼儿在给小猫添画服装时不知道如何画出漂亮的花纹，那么教师可以先帮助幼儿积累装饰画面的经验，然后选择装饰画的活动形式引导幼儿在绘画时使用更丰富的图案装饰服装。

2. 系统性

为了更好地促进幼儿心智结构的构建，在选择美术教育活动内容时，教师应注重系统性，内容的安排应注意纵向顺序和横向联系。

纵向顺序是指同一种类美术活动的内容之间的安排顺序。活动内容应安排有序，由简单到复杂，层层推进，逐步深化（表1-1）。

表1-1　不同年龄段幼儿美术活动内容的选择

| 能　力 | 小　班 | 中　班 | 大　班 |
|---|---|---|---|
| 造型能力 | 用线和基本形状的组合简单地表现形象 | 通过各种几何图形的组合来表现形象的基本结构和特征 | 表现形象细节和动态，使所画形象更为具体、生动 |
| 色彩表现力 | 认识颜色，用基本颜色表现物象 | 选择自己喜欢的颜色表现物象 | 再现物体固有色，尝试表现装饰色 |
| 构图能力 | 大胆画出单独形象 | 初步表现物体空间关系，体现物体的主次关系 | 围绕主题设计形象，均衡安排画面构图 |
| 欣赏能力 | 喜欢观看身边熟悉的物品 | 初步感受艺术作品中绘画的形式语言 | 能够根据画面产生相应的情感体验，尝试了解欣赏对象的艺术风格 |

横向联系是指不同种类美术活动之间的相互联系。教师可以在同一主题下选择不同的美术形式，以帮助幼儿多角度地认识、感知事物，学习多种表现技能，体会同一事物的不同质感美。如教师可以在欣赏各种各样美丽的鱼类后，在绘画活动中安排用“蜡水分离法”画鱼，在手工活动中安排制作黏土浮雕“海底世界”，通过不同的呈现方式和活动过程带给幼儿更加丰富的审美感受。

3. 整合性

教师选择的美术教育活动内容应使美术领域内不同方面的内容、不同领域的内容之间产生有机的联系。一方面是把美术教育各个分领域的内容有机整合。例如在中班美术活动“面包烘焙师”中，教师首先带领幼儿将圆形的绘画纸揉皱，然后用海绵锤在表面干扫上色，用黏土捏一些装饰的坚果粘在面包上，在这一过程中，教师将揉纸、涂色、捏泥有机地结合起来，制作出了一幅材料丰富、肌理强烈的半立体作品。另一方面是把各种不同领域的内容通过一个有主题的美术活动适当整合。例如在小班绘画活动“煮面条”中，教师先播放音乐《玩具兵进行曲》，让幼儿伴随音乐观看面条在水中从硬到软再到上下纷飞的变化过程，描述自己看见的景象，然后跟着教师一起用肢体动作表现面条的变化过程，最后教师让幼儿拿起画笔用线条画出锅里上下翻腾的面条。在该活动中，教师将欣赏活动、绘画活动、音乐活动和语言活动等内容有机地整合到了一起。这种整合可以帮助幼儿建立起各种学习内容之间的联系，提高其综合能力。

4. 审美性

教师选择的美术教育活动内容应符合幼儿的审美特点，能丰富和发展幼儿的审美情感和表现能力，将幼儿感受世界的审美能力变为他们的内心需要和自我展现的内在动力，从而健全和完善幼儿的人格。《幼儿园工作规程》中指出，幼儿园美育目标是“培养幼儿初步感受美和表现美的情趣和能力”，因此，教师在美术活动中应该利用一切资源素材和幼儿一起感受、欣赏美的事物，发现事物美的特征，并用自己独特的方式进行艺术表现和表达。“艺术是人类感受美、表现美和创造美的重要形式，也是表达自己对周围世界的认识和情绪态度的特有方式。”在美术活动中，教师应该遵循审美性原则，发展幼儿的审美感知、审美想象和审美创造能力。

第一，开展美术活动时，教师应引导幼儿通过观察和欣赏丰富审美感知。教师可以结合幼儿的审美心理特点，运用观察欣赏的方式丰富幼儿的审美感知。如在表现向日葵时，教师可以让幼儿仔细观察向日葵，结合经典的绘画作品，感受画面艺术语言的表达方式，从而获得对向日葵的感性认识，提高自己的表现能力和审美能力。

第二，教师可通过创设情境发展幼儿的审美想象。审美是幼儿的生命活动和审美对象之间同形同构或异质同构及其产生的心理愉悦状态。教师可以根据美术活动的需要，为幼儿创设生动、形象的学习情境，引发相应的情感和态度。如在装饰画活动“糖果罐子”中，教师以小熊手偶作为教具，创设了小熊需要五颜六色的糖纸包装糖果的情境。幼儿为了帮助小熊，纷纷拿起画笔，开动脑筋，设计各种糖果的包装，有的幼儿还向旁边的幼儿展示自己的作品。

第三，教师可通过探究讨论提升幼儿的审美表现。在美术活动中，幼儿会在讨论探究某一主题时产生很多不同的答案，在审美感受的交流和碰撞中，幼儿学习的积极性和主动性被充分调动，有助于幼儿审美想象的提升，丰富幼儿的视觉经验和表现的技能。如在撕纸画活动“马戏团的狮子先生”中，教师提出问题：“为什么马戏团的狮子先生鬃毛是五颜六色的？现在它想换个发型，你想给它设计一个什么样的新造型？”通过对问题的讨论，幼儿可以探究不同发型的制作和发色的搭配方法，激发创作的灵感，丰富审美表达的内容。

### （三）做好充分的美术教育活动准备

活动准备是学前儿童美术教育活动顺利开展的先决条件，包括经验准备和物质准备两方面。经验准备包括幼儿进行活动所具备的认知、操作、心理等多方面的经验情况和教师对相关技能的熟悉；物质准备是美术教育活动达到预期目标的重要物质保障，包括活动使用的各类工具和材料、美术环境的创设、幼儿的座位排列等。教师应在设计美术活动方案时对活动做好充分的准备，以保障活动顺利开展。

1. 经验准备

第一，教师应预先熟悉相关技能。在设计活动时，教师要先对活动涉及的技能进行练习，结合幼儿的发展情况体会其中的重点和难点，以便更有针对性地讲解、演示和指导。

第二，教师应提前为幼儿储备经验。为了保证活动顺利进行，在活动前，教师应引导幼儿在认知、操作、心理等方面做好经验准备。必要时，教师可利用其他领域和板块的资源使幼儿获得或补充相关经验。

2. 物质准备

第一，教师应配备好充足的活动用材。在活动开始前，教师应准备好自己的教学用具和幼儿操作使用的各类工具、材料。为防止活动中途发生工具损坏和材料不足的情况，教师应注意适当多备一些用材。

第二，在活动前创设适宜的活动环境。一般来说，学前儿童美术教育活动主要在活动室进行，有些幼儿园有专用的木工坊、美工坊、服装设计室、小展厅等。教师应根据教育需要充分利用园所环境、自然环境和社会环境，既保证活动的顺利开展，又能通过环境拓宽幼儿的眼界，使之受到潜移默化的艺术熏陶。

第三，根据活动形式安排好幼儿的座位。美术教育活动具有特殊性，有时根据活动形式需要调整幼儿的座位。安排座位时，首先应根据活动类型和组织形式的需要调整桌椅的摆放方式。另外，要考虑幼儿观看教师演示的角度和室内的采光。除此之外，教师还要注意把能力特点不同的幼儿搭配在一起，以便更好地开展小组合作。

**案例分析**

**活动名称**

中班装饰画活动：我是瓷砖设计师

**活动准备**

1. 经验准备

幼儿进行过装饰画活动，对彩色条纹这种图案形式有一定的了解（已有经验）。

在娃娃家配备大张绘画纸，使幼儿获得多人共同完成装饰设计的体验（需要补充的经验）。

2. 材料准备

教师用材：粗细、疏密等不同特点线条装饰的瓷砖铺贴设计多幅，娃娃屋模型1座。

幼儿用材：10 cm × 10 cm绘画纸每人5张，24色水粉颜料盒每人1份，宽窄不同的水粉笔，胶棒。每名幼儿穿一件条纹图案的衣服或裤子。

3. 环境准备

将娃娃家墙面高80 cm的部分贴上白纸供幼儿呈现“瓷砖”设计成果。

### （四）采用合理的美术教育活动方法

美术教学方法是教师和幼儿为了完成美术教学目标，在教学过程中采用的师生相互作用的一系列活动方式的总称。好的方法能有效提高幼儿美术教育活动的效果。在学前儿童美术教育活动中，一般采用讲授法、谈话法、讨论法、演示法、观察法、游戏练习法、情境激励法和丰富联想法等。虽然美术活动可以使用的教学方法形式多样，但在活动前需要进行恰当选择才能得到良好的教学效果。教学方法的选择可以根据目标要求、教学内容和幼儿年龄特点的不同进行选择。

1. 根据目标要求

教师可根据活动目标的要求选择教学方法。如目标是获得关于欣赏对象的信息等知识，教师可使用以信息、情感交流为主的讲授法、谈话法、讨论法等；如目标是学习某种美术技巧，教师可使用以直观传递信息为主的演示法和观察法；如目标是探究某种画面形象的表现手法或动作与艺术效果的关系，教师可使用探究式学习法；如目标是需要幼儿练习某种技能，教师可使用模仿练习法或创作练习法；如目标是获得某种情感体验，教师可使用情境法。

2. 根据教学内容

不同的教学内容适用的教学方法不同。如美术欣赏活动主要培养幼儿的观察能力、审美感知，教师可选择观察法和引导性的谈话法帮助幼儿建立系统的观察习惯，提高审美能力；印染活动需要幼儿自己探索不同的折叠方法和染出图案之间的关系，教师可选择演示法和探究式学习法相结合，鼓励幼儿尝试找到解决难题的方法；泥工活动先要幼儿对要捏塑的事物建立视觉经验，感受泥料的特性，再进行具体的泥工制作，教师可选择创设生活情境并让幼儿动手操作的练习法。

3. 根据幼儿年龄特点

不同年龄段的幼儿各方面能力发展水平不同，适用的教学方法也不同。小班幼儿注意力容易分散，比较适合游戏教学法、探究式学习法等较自由的教学方法；中班幼儿发展迅速，好奇心强，适合讲授法、演示法等信息获取较直接的方法；对独立思考能力较强的大班幼儿可以采用讨论法、自主练习法等教学方法。

### （五）确立有效的美术教育活动延伸

活动延伸是指将美术活动的某些内容投放延伸到其他领域和板块。这种延伸可能是同时的，也可能是延续的，如在美术区角同时投放与活动内容相关的图像资料和画材，充分满足幼儿观赏和创作的需要，或在活动后将作品展示在主题墙或家园联系栏，用以分享交流。另外，教师也可以根据活动主题向幼儿提出要求，鼓励幼儿自主探索更多的表现方法和相关知识。在为幼儿布置活动延伸的任务时应注意：活动延伸是对活动主题的拓展，应具有一定的探索性，不能和活动中教师讲解的内容一样或近似；活动延伸应是幼儿可以自主完成或和父母一同完成的，不能过于复杂或幼儿根本无法自己完成；在表述上应尽量详细，体现其可操作性。

**案例分析**

**无效的延伸：**

1. 请幼儿回家把作品拿给爸爸妈妈看。（缺少具体的行为要求）
2. 请幼儿回去拿着画和爸爸妈妈拍张照。（未对拍照后的行为进行说明）
3. 请幼儿回家变成小老师，教爸爸妈妈画一遍。（未对后续的行为进行说明）

4. 请幼儿回去再画一遍课上的内容。（重复的内容，未对活动进行延伸）

5. 请幼儿制作一个更复杂的作品带到幼儿园来。（为家长增加制作负担）

**有效的延伸：**

1. 请幼儿在课后寻找一下瓢虫还有哪些花纹，它们是益虫还是害虫，在明天的活动中分享交流。

2. 请幼儿用另一种美术表现形式制作相关作品，并与大家分享。

3. 请幼儿将今天画的大胡子送给爸爸，为他戴好后拍一张合影，有条件的小朋友把照片打印出来展示在主题墙上。

4. 请幼儿和父母一起为小动物的服装画上彩色的条纹，明天和大家一起分享。

### （六）发展性地评价美术教育活动的结果

学前儿童美术作品是美术教育活动的结果，但并不是唯一的呈现形式。一些专题性的美术欣赏活动可能会呈现出开放式的活动结果。幼儿在活动中表达的观点、做出的选择、产生的情感都是活动的结果。而美术作品是幼儿表达他们对周围事物认识和感受的最直观的形式。幼儿在活动过程中的创作行为能够清晰地反映其美术创作能力、水平和特点，也在一定程度上反映了教师美术教育的专业能力。因此，对美术教育活动结果的评价，也是对幼儿美术发展能力和教师美术教育能力的评价。通过幼儿在美术活动中的表现，探知幼儿身心发展情况，了解幼儿的美术表现能力、水平和特点，并根据幼儿以往的发展水平和自己的教育知识与经验对幼儿今后的发展进行预测，制定下一步发展的新目标及与之相适应的教育方案，更好地促进美术教育的发展。

## 思考与练习

**一、名词解释**

1. 美术
2. 学前儿童美术
3. 学前儿童美术教育

**二、简答题**

1. 美术有哪些基本特征？
2. 学前儿童美术与成人美术有何不同？
3. 如何制定合理的美术教育活动目标？
4. 选择美术教育活动内容应注意哪些原则？

**三、论述题**

结合具体事例论述学前儿童美术教育对幼儿成长发展的意义。

思考与练习

# 第二章
# 学前儿童绘画活动

## 学习情境描述

小李老师是一名刚进入幼儿园工作的教师，第一次独立开展小班绘画活动“贪吃的小老鼠”时，小李老师准备了非常丰富的材料。她首先播放了动画片《猫和老鼠》，小朋友们非常喜欢杰瑞圆圆的小脑袋瓜，然后小李老师带领他们一笔一画地学习瓜子脸的小老鼠画法。在画老鼠的小手时，小李老师让小朋友们画出小老鼠的每一根手指，大家皱着眉头，有的小朋友直接站起来跑到其他地方去玩，小李老师慌了，急忙组织纪律。接下来小李老师让小朋友们在纸上涂色表现背景，然后让小朋友们将小老鼠剪下，贴在背景上，又让小朋友们将黏土制作的水果贴在画面上。小李老师不停地催促小朋友们“快点，快点”，很多小朋友都坐不住了，有的还急哭了。一节活动课下来，足足用了1个多小时，小李老师觉得精疲力竭，再看作品，乱七八糟，这使她产生了很严重的挫败感。小李老师在活动设计和实施上出了什么问题呢？请在学习本章节后填写表2-1。

表2-1 学习情境分析

| 评价项目 | 存在的问题 | 评价依据 |
|---|---|---|
| 活动设计 | | |
| 活动实施 | | |
| 改进建议 | | |

## 核心知识地图

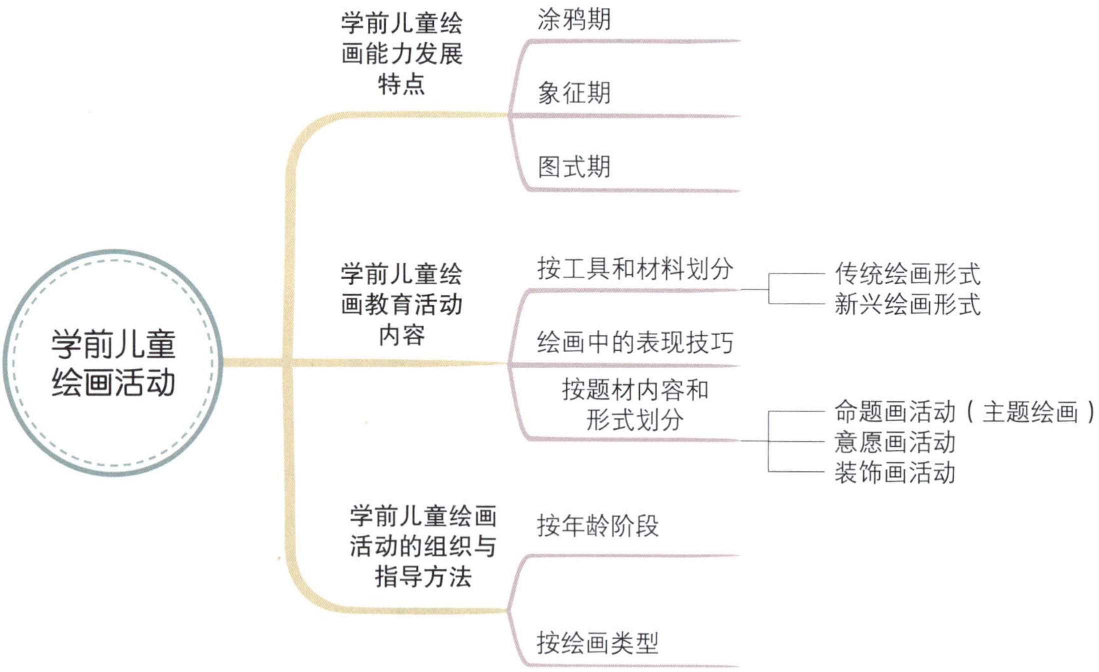


## 学习目标

1. 能够列举学前儿童绘画能力发展的阶段与特点；
2. 能够简述学前儿童不同阶段画面语言的表现；
3. 能够根据学前儿童绘画能力发展的阶段与特点设计符合幼儿年龄特点的绘画活动。

## 基本知识

# 第一节　学前儿童绘画能力发展特点

了解学前儿童绘画能力的发展特点是创设学前儿童美术活动的前提，很多新教师因不了解学前儿童绘画能力发展的各个阶段和特点，在创设活动时简单地认为小班幼儿就该画得简单点，大班幼儿可以画得难一点，或是觉得很多事物幼儿无法表现而限制了活动内容的选择；在评价幼儿作品时，会以“像不像”“好不好看”等成人艺术的审美标准去衡量，由于幼儿未达到教师心中的“技术标准”而在实施活动时产生挫败感，甚至对美术活动产生抵触情绪。这种情况下创设的美术活动不仅不能丰富幼儿的美感体验、提升幼儿的创作能力，而且会限制幼儿的想象力和创造力，降低幼儿对美术活动的兴趣。基于以上误区和实践中遇到的问题，本节将带领大家系统地了解学前儿童美术能力发展的顺序性和阶段性，了解幼儿行为和认知的发展情况。

## 一、涂鸦期（1.5～3岁）

涂鸦期是幼儿出现绘画行为的最初阶段。幼儿在1岁半左右，甚至更早一些的时候，就会出现用笔到处涂抹的行为，这一时期的幼儿会拿起自己能抓握的书写工具在纸张、墙面、家具等各种物体表面信手涂鸦。在涂鸦时，幼儿会选择一种颜色的笔并持续使用，尚未有意识地选择色彩，且会毫无目的地重复画点、线，并没有明确的表现意图。涂鸦是幼儿感知与精细运动控制相协调和发展到一定程度后对周围环境新的探索方式，是通向创作的桥梁。

幼儿的涂鸦阶段是一个连续发展的历程，具体可划分为无控制的涂鸦、有控制的涂鸦、圆形涂鸦和命名涂鸦。

### （一）无控制的涂鸦

最初，幼儿开始出现大肌肉运动的画线行为。幼儿开始涂鸦时，只是享受笔在纸上涂画的有节奏的运动，没有任何创作意向。幼儿尚未懂得如何使用画笔，因此这一时期幼儿会随意涂鸦或无控制涂鸦。无控制涂鸦时期的幼儿一般会将笔抓在手中，在纸上不断重复画横线、竖线、斜线、弧线，并掺杂点、螺旋线、锯齿线等。由于此时幼儿的手臂动作不协调，对手腕的控制能力弱，在画线时通过摆动手臂来控制线条的长短和方向，因此经常画出纸外，从杂乱的线条中很难看到线的起始点。此时的幼儿非常喜欢这种机械化的运动和在纸上留下痕迹的过程，会乐此不疲地涂鸦（图2-1）。

图2-1　杂乱线涂鸦

### （二）有控制的涂鸦

随着幼儿肌肉动作的发展和手眼协调性的不断提升，幼儿开始控制画笔，进入有控制涂鸦阶段。这一时期的幼儿画出的线条开始具有一定的方向，涂鸦时笔尖运动留下的笔触不断刺激着幼儿尝试控制线条的走向。这时的幼儿会画出来回往复的线条，并开始尝试画一些螺旋线、波浪线或锯齿折线。在有控制涂鸦阶段，随着幼儿精细动作的发展，幼儿直观地感受到控制线条和肌肉运动的联系，这会刺激幼儿尝试更加复杂的图形，如圆圈、平行四边形、旋涡等（图2-2）。

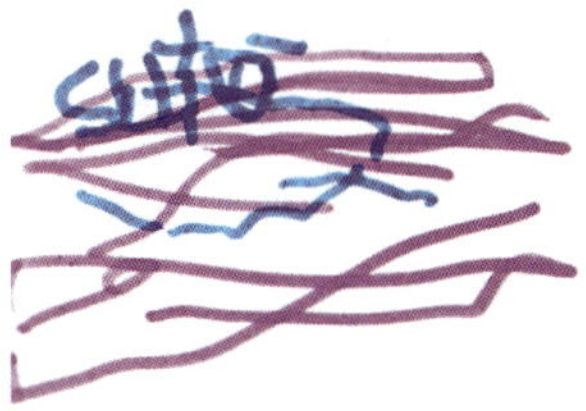

图2-2　线形涂鸦

### （三）圆形涂鸦

随着肌肉和动作的不断发展，肩、肘、腕关节的协调性不断增强，幼儿在涂鸦时开始注意笔的运动方向，手和眼睛可以协调配合。幼儿开始在螺旋线的基础上尝试画出封口或未封口的圆圈，用这些圆圈来表现各种事物。此时幼儿绘制的圆圈较大，大多重叠混乱，布满整个画面。当幼儿所画的圆圈逐渐缩小，形状越来越规则，且圆圈的独立性增强，作画时的动作幅度变小却更加细腻时，幼儿就迈入命名涂鸦阶段了。圆形涂鸦阶段的意义在于幼儿开始尝试用线表现封闭的图形，虽然尚不能很好地控制形状，但这却是幼儿首次画出图形的阶段（图2-3）。

图2-3　圆形涂鸦

### （四）命名涂鸦

幼儿的手眼协调性不断发展，动作精细度不断提高，其思维、语言也在同步发展。幼儿在绘画过程中不断地将图形与线条结合起来，他们会偶然性地发现自己所画的形象和生活中的某些事物看起来非常相似，于是幼儿开始尝试用语言命名所画出的形象，如指着画面说这是树、这是太阳。在绘画时，幼儿会自言自语地解释自己的画面形象，画面中独立的图形开始增加，构图常常布满整个画面。幼儿为自己的作品命名通常发生在画出图形之后，且具有不稳定性。受自己所画图形的启发，幼儿会展开联想或跟随当时的心境为作品命名，有时会再次命名之前已经命名的形象。命名涂鸦阶段，成人很难从幼儿的绘画中看出画面表现的具体事物和情节，但幼儿却能讲述自己画面中蕴含的情节及内容。到这一阶段的末期，幼儿的绘画语言进一步发展，图形逐渐具象化，幼儿将迈向下一个发展阶段（图2-4）。

图2-4　陈弈妃《爷爷》

## 二、象征期（3～5岁）

幼儿在3岁左右（即幼儿园小班的初期）对视觉形象的感受力有所提高，认知上有了巨大的进步，精细动作发展得更好，已经可以灵活地控制手腕和手指，能够正确地握笔。此时幼儿绘画能力发展进入象征期，开始有目的、有意识地塑造形象。这一时期幼儿开始产生表现的意图，并通过自创的样式符号表现事物的形象特征，如幼儿在表现人物时以圆圈和反复的竖线为主，尚未出现五官和四肢，仅仅保留了人区别于其他事物最基本的形象特征。这一阶段幼儿的肢体协调能力和绘画技能尚不能让他们非常形象地呈现出自己所要表现的事物，只是根据自己的主观直觉印象与知识经验来描绘物体的粗略形象，仅具有象征性的意义。因此我们把这个阶段称为象征阶段。象征阶段又可以划分为早期象征阶段和中后期象征阶段。

### （一）早期象征阶段

1. 构思方面

象征期幼儿在绘画时构思呈现很强的偶然性和不稳定性，会出现先动笔后构思、绘画时注意力易转移、形象含义多变且易受他人影响等特点。

这一时期幼儿在作画时由于直觉行动思维的特点，容易受到自己已有的绘画痕迹影响，当幼儿发现自己所画的图形与某种形象的外形相似时，就会改变自己最初的创作意图。例如幼儿在画花朵时，觉得画的形象很像太阳，于是给花朵画上了眼睛和嘴；画着画着又觉得像狮子，于是便添画上胡子；画了一会儿，幼儿可能会为形象添画上茎和叶，重新变为花朵。这说明幼儿此时的绘画是由某些动作或痕迹刺激、触发，才决定画什么，虽然已经开始有目的、有意识地表现构图，但造型的目的性还不强（图2–5）。

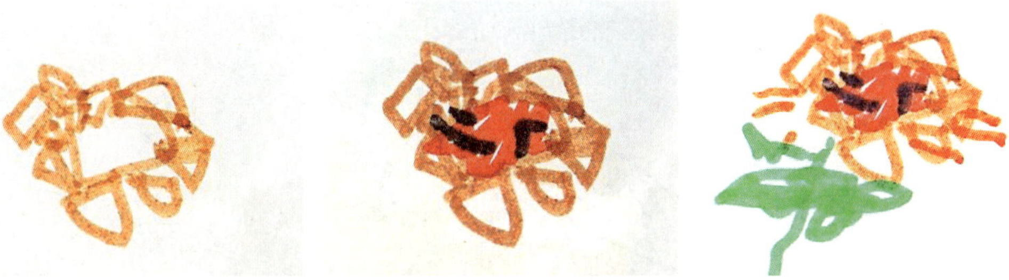

图2–5　早期象征阶段幼儿作品

幼儿在绘画时，常常是事先构思与随意涂画穿插进行。有些幼儿在画完自己事先想好的形象后，会在画面的空白处添画一些刚刚想到的事物，画面会变得凌乱，部分形象会和之前画好的形象重叠，从而使画面构图拥挤或个别形象过于概括或夸张，难以辨认。有些幼儿在绘画时尚未完成正在表现的形象就去画其他的部分，导致绘画的内容并不完整，关联性不强。这是幼儿绘画构思不稳定导致的。

幼儿绘画的形象含义不稳定。在早期象征阶段，幼儿所画物体仍缺乏完整性，幼儿往往按照自己的意愿在形象上随意添画。例如幼儿在画鱼时，刚开始很认真地表现鱼，但是由于胸鳍画得大了就觉得像飞机，于是在形象上添画，把鱼画成了一架飞机。造成这种现象的原因一方面是幼儿在表现形象时使用的图形简单，忽略了很多细节，容易变成新的形象；另一方面是幼儿的绘画意图不够稳定，在绘画前不能完整地构思（图2–6）。

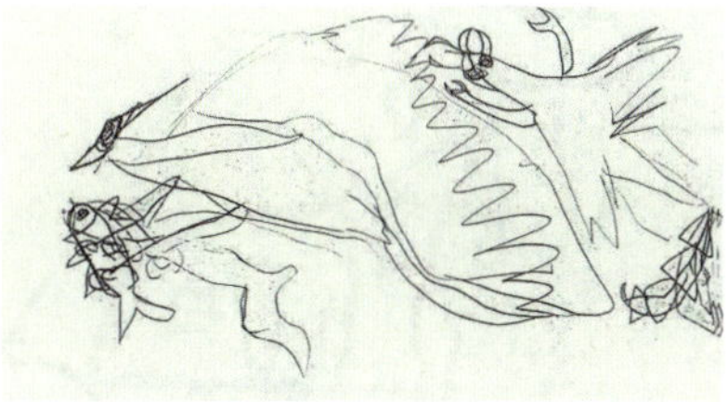

图2–6　陈弈妃《捕鱼记》

幼儿绘画时独立构思的能力还不强。在绘画过程中，幼儿很容易受他人的影响，看到旁边的小朋友在画什么自己就会模仿。他们也很喜欢模仿教师的作品或接受教师的语言提示。因此经常会出现在绘画活动中，邻座几个小朋友画出的作品都有一样的元素或有近似的形象的情况。

2. 造型方面

在造型方面，早期象征阶段的幼儿还保留着涂鸦期用简单线条和图形表现事物的习惯，此时幼儿画出的形象已经和具体事物的外形特征有相似之处，但使用的图形极为简单。在表现形象时只是粗略地表现事物最基本的部分，作品会略去很多细节特征。所以这一阶段幼儿的作品必须从整体来看，单独呈现其中的某个部分将无从辨认。如象征期作品《鸽子》（图2–7），画面中的形象虽然已经是独立的图形，不过从造型上只能大致看出是一种有翅膀的生物，但当单独看其中的某一部分或不了解幼儿的创作意图时，画面中的形象将失去意义。

这一阶段幼儿所画的图像是一种象征图示，绘画造型表现出简略、夸张的造型特点，最典型的代表就是“蝌蚪人”（图2-8），幼儿会用圆圈表示头部，眼睛是黑点或小圆圈，有的会画上鼻子，有的省略鼻子，嘴用一条弧线代替，给人一种假笑的感觉，躯干和四肢用简单的线条或形状表现，基本不画出具体的服装，这就是幼儿眼中的人。它反映出这一阶段幼儿简单天真的感官逻辑。

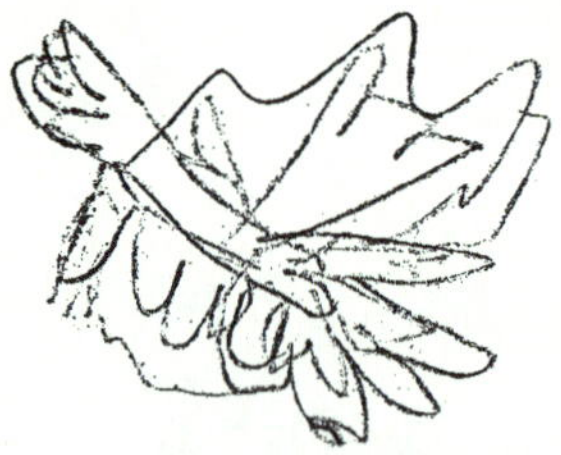

图2-7　象征期作品《鸽子》

图2-8　《生日派对》

3. 构图方面

在构图表现方面，这一阶段的幼儿还不能在画面中表现空间关系，在一幅画面中经常出现多种形象，但各种形象只能大致按照客观世界表现，画面中的各种形象彼此独立，物体被随机地排列在画面中，没有前后或遮挡关系。如图2-9，幼儿在表现环境时人物和房屋、树一样大，天空上的鸟和云彩平铺在纸的上半部，画面中没有地平线，草丛甚至在房屋的“上方”。这种多视点展开式的构图特点是因为幼儿还没有产生明确的空间概念，在作画时更在乎感官逻辑表达，并不在乎对物体的比例关系、空间关系进行描述。

图2-9　《房子》

4. 情节方面

在情节表现方面，早期象征阶段的幼儿表现的都是独立的形象，且这些形象没有特别明显的动作。小中班幼儿社会性交往能力和主动性较弱，因此对人物的动作、表情缺少观察和经验。幼儿在这个阶段会喜欢表现大树、房子、花朵等无主动动态的事物（图2-10）。随着幼儿社会性活动增加，绘画表现能力不断增强，幼儿会逐渐开始表现情节或场景，但画面中的形象与形象之间仍不能产生一定的联系。这种情况会在中后期象征阶段逐渐改善。

图2-10　《卡车与大树》

5. 色彩方面

在色彩表现方面，这一阶段的幼儿在画面中使用的色彩种类较少，常常以单一色彩反复画线。此时幼儿会小面积地涂色，但是由于对画材的使用不熟练，因此在使用水彩笔等画笔涂色时，常出现涂色不均匀或是将纸面戳漏的情况；在涂色时非常容易涂到轮廓之外，且选择色彩时完全根据自己的兴趣，色彩与所表现物体的实际颜色之间并无关系。此时的幼儿虽然对色彩的认识程度有所提高，能够识别红、橙、黄、绿、蓝等色彩，但他们对纯度高、明度高的色彩更感兴趣，在绘画时会倾向选择红色、群青色等纯度高且鲜艳的颜色（图2-11）。

图2-11 《小鹅》

### （二）中后期象征阶段

1. 构思方面

幼儿绘画的象征阶段几乎覆盖幼儿园小班至中班，在中班后期左右，幼儿开始进入中后期象征阶段，此时的幼儿已经基本掌握了较多基础形状的画法，观察力和手眼协调性不断提升，已经开始尝试组合出更多、更复杂的新形状。幼儿开始在绘画前进行构思，他们会尝试表现自己想象出的事物。这一时期幼儿描绘的题材变得更加广泛，他们会描绘老师、亲人、动物、植物、自然景物、交通工具等。

2. 造型方面

在造型方面，这一阶段的幼儿会把自己在生活中获得的视觉经验表现在纸上，构成形象的图形数量增加，变得更加复杂。幼儿虽然仍使用简单的圆形、直线表现事物，但在表现人物时开始关注不同性别的人的穿着，他们会画上三角形的身体作为裙子，用两条竖线作为裤子。所画形象的表现意义不断提升，形象更易辨认。

3. 构图方面

在构图方面，这一阶段幼儿作品中的空间关系进一步明确，地平线、海底等基底线出现，幼儿会将地面上的物体或海底的珊瑚、水草等物体画在相应的位置，但画面仍呈现平行式排列构图。

4. 情节方面

在情节方面，这一阶段的幼儿开始逐渐在画面中表现一定的故事情节。幼儿会有目的地在画面中加入一些有特别意义的形象，并试图解释画面中蕴含的情节。在画面中的形象五官开始出现笑容，有些幼儿会用弧线表现人物的表情。随着幼儿的社会性交往能力进一步发展，他们开始尝试给人物画上动作。画面中的形象开始产生一定的远近关系，但仍停留在平行排列的阶段。

5. 色彩方面

在色彩方面，这一阶段的幼儿开始选择自己喜欢的颜色进行涂画，画作的色彩非常丰富。幼儿喜欢将笔盒里所有的彩笔都使用一遍，涂色充满个人的主观意愿（图2-12、图2-13）。到了这一阶段后期，幼儿逐渐开始按照物体的固有色选择色彩，如作品《君子如兰》（图2-14），幼儿开始用绿色表现植物的叶子，并能用橙色来表现君子兰的花朵，此时幼儿绘画中的细节不断增加，能够给花朵点上金黄色的花蕊了。这一阶段的幼儿在涂色方面有很大进步，能够涂满自己画的图形，并且会按照轮廓上色。

图2-12　齐治平《鳄鱼》

图2-13　张晏瑞《保卫长城》

图2-14　韩可儿《君子如兰》

## 三、图式期（5～7岁）

一般到幼儿园中班末期和大班，随着幼儿的观察力进一步发展，他们对物象的外轮廓的感受越来越清晰，幼儿的手部肌肉进一步发育，手部的精细动作更加协调。这一时期的幼儿开始真正用绘画有目的、有意识地再现周围事物和表现自己的经验。图式期的幼儿在作画时物象的主要部分和基本特征更加形象，成人不依靠幼儿的解释也能看出所画的内容，但是该时期幼儿常以程式化的图形表现物象，缺乏写实性，形象不完整，喜欢用固定样式和画法表现不同的对象，表现的方式呈现出符号化、图式化特点，因此称这一时期为图式期。

图式期的幼儿绘画时受自我观点的影响，表现的内容大多和自己的生活经验有关。同时这一时期幼儿的形象思维能力和绘画能力得到极大的发展，他们能够将自己脑海中想象的画面表现在纸上。图式期可分为早期图式阶段和后期图式阶段。

### （一）早期图式阶段

1. 构思方面

到了这一阶段，幼儿开始能够根据教师布置的主题尝试构思，对画面进行设计。幼儿在按照自己的构思绘画的同时，喜欢展示作品并寻求教师的建议和指导；绘画过程中耐力有所提升，作画时间变长，但有时容易放弃，且在乎别人对作品的评价，信心较弱。随着知觉的发展，这一阶段幼儿思维的逻辑抽象性开始萌芽，审美能力与表现能力有所提高，幼儿会尝试表现空间关系，并从中获得成就感。这一阶段幼儿作品的形象鲜明、直观且充满情绪。

2. 造型方面

随着幼儿认知水平和手眼协调能力的发展，幼儿开始关注画面的细节，如在表现人物时开始画眉毛、睫毛、鼻孔、牙齿等。刚进入图式阶段，幼儿依旧延续象征期的造型方式，但幼儿可以用数量越来越多和难度越来越大的图形组成形象，画面中的独立图形开始出现融合的趋势。但由于幼儿手眼协调性发展得还不够充分，因此在表现形象时，无法用完全融合的线条勾画形象。如在表现手时，成人会精准描绘手部的外轮廓，表现手的关节、肌肉，但幼儿会将手腕、手掌、手指画成封闭的图形，只是简单地将图形连接在一起。虽然这一阶段的幼儿还不能很好地把握轮廓线，表现出来的形象比较死板，却有独特的审美意趣。

3. 构图方面

幼儿在中后期象征阶段会以基底线为绘画形象的排列标线，进入早期图式阶段后，幼儿逐渐摆脱基底线的束缚，尝试探索二维画面中可表现的更广阔的空间，他们会将整张纸作为地面来表现略呈俯视的场景。这一阶段幼儿的画面中开始出现层次关系，但幼儿还不能很好地理解近大远小的视觉感受，因此画出的物体大小比例关系混乱。这一阶段幼儿会采用散点式、多层并列式等构图关系表现画面。如幼儿会将鸟儿、云朵、太阳和人物、房屋、大树等地面上的形象绘制在一起，这时画面开始出现了第三维，但这种联系较为简单，常用重叠、透明的方式来表现。

4. 情节方面

随着幼儿社会性交往活动的增加，幼儿开始乐于在画面中表现自己的亲人、朋友，此时幼儿会在作品中描绘共同活动及若干主体同时进行一项活动的场景，随着他们与周围世界人事物互动能力增强和绘画手段的成熟，他们的画面上会出现产生相互作用的动作，如在一起吃饭、散步等，虽然形象动作的差异很小，但是在同一个时空内共同开展活动。因此在这一阶段，幼儿的作品会呈现出非常有趣的场景画面，这也是幼儿在没有完全掌握文字前所使用的一种符号语言，用来记录每天发生在自己身边的事。

5. 色彩方面

在早期图式阶段，幼儿萌发了表现事物客观色彩的愿望及再现物体固有色的想法，幼儿对色彩的辨别能力有了较大提升，开始在涂色时有意识地区分色彩的色相、明度，有些幼儿开始用近似色对比的方式着色，有些幼儿会避开饱和度过高、对比强烈的色彩搭配。这一阶段，幼儿能够更好地控制手部的精细动作，涂色面积更大且能够在轮廓线内涂色，但是此时幼儿对色彩的认知还不够系统，选择色彩时仍倾向自己喜爱的颜色，因此画面色彩并不协调。

**（二）后期图式阶段**

1. 构思方面

进入后期图式阶段，幼儿在绘画前的独立构思能力已经非常成熟，可以在作画之前根据主题独立构思画面。幼儿会按照自己已有的构思完成绘画，在绘画过程中表现出更强的专注力和耐力，作画时间更长，画面完成度更高，更少受旁人影响。随着想象力的不断丰富，幼儿在绘画过程中开始表现出明显的创造力，会结合已有的美感体验尝试丰富画面。画面所表现的内容大都是自己熟悉并感兴趣的事物，且多为欢乐的事件，很少表现不愉快的事情。

2. 造型方面

在造型方面，这一阶段的幼儿已经能用比较流畅的线条来表现形象，所画的图形用线更加流畅，所画直线的长度也更长，且转弯更加平滑。此时幼儿开始用一些细节来表现物体的基本特征，物体的比例关系趋向正常。如图2–15，幼儿在表现早晨的交通场景时，能够用大檐帽表现交警，能够抓住各种车辆的外形特征；开始注意人物与车辆的空间关系，能够表现乘客坐在车里的状态。此时的幼儿开始尝试描绘三维物体，但受到感知能力发育的限制，并不能客观地表现三维物体，如图2–16，幼儿在表现房屋时尝试画出其侧面，但看起来侧面会和正面存在于同一维度上。

3. 构图方面

在构图方面，该阶段幼儿的空间知觉进一步发展，画面构图的空间关系更丰富。有

图2-15 《去幼儿园》

图2-16 《风景画》

图2-17 《年夜饭》

的幼儿开始在画面中选择一定的视角表现场景，有的幼儿开始尝试使用遮挡表现形象的空间关系。有的幼儿会采用俯视与展开式构图，把画面中的人物由中心向四周展开（图2-17）。此时画面中一部分形象被放大成为前景，一部分形象被缩小成为背景，画面开始出现远近关系，物体的大小比例更符合视觉效果。

4. 情节方面

在情节方面，幼儿开始设计画面中的各种形象以完成对主题的诠释。画面中的形象都与主题相关，内容丰富。如图2-18，幼儿会给做游戏的画面画上太阳、云朵表现晴朗的天气，烘托愉快的心情，或是通过形象的动作表现画面愉快的氛围。这一阶段幼儿的作品多呈现出色彩纷呈的效果，表现的情节也多为愉快的事情，教师可以通过画面的情节探知幼儿的精神世界。教师需重点关注画面常用黑色、紫色等冷色且笔触非常用力的幼儿的心理健康情况。

图2-18 《春游》

5. 色彩方面

在色彩方面，幼儿开始控制色调，整个画面的色调逐渐达到协调。幼儿知道用色彩烘托气氛和表现季节，如采用黄色、橙色、褐色等暖色表现秋天，用白色、蓝色、灰色表现冬天。此时，他们对色彩的情感意味和象征意义的感受比较突出，能够展开色彩联想，并采用不同色彩表达自己的主观情感，如用红色表现愤怒，用黑色表现恐惧，用绿色或橙色表现开心和喜悦，用蓝色表现平静，等等。随着幼儿的涂色技能进一步提高，他们不仅能独立完成画面的涂色，而且能够均匀涂色，并开始尝试用两种色笔衔接表现色彩渐变，使画面色彩更加美观（图2-19）。

图2-19 《星期天的出游》

## 四、绘画中的特殊表现

### （一）拟人化

拟人化也称泛灵化，幼儿相信世间万物都有着人一样的样貌和感情，认为自然界中的所有事物都有生命。幼儿在绘画中会给太阳、云朵甚至是雨滴画上五官，给动物画上人类的衣着和姿势，如给猫咪戴上项链，给小狗戴上帽子，还会通过给花朵画上表情表达自己创作时的内心情感（图2-20）。幼儿在思考时会以自我为中心去推想事物，这一特点主要是幼儿不能协调主体与客体的关系，心理特征尚未分化所导致的，幼儿将自己的意识与情感融入自己所看到的世界，这是他们心理发展泛灵化的反映。

图2-20 王梓羽《猫老板》

### （二）透明式

幼儿在观察物体时，会机械地将看到的影像表现在纸上，因其空间意识尚未完全建立，所以在描绘遮挡关系时会采用透明式的画法。这种现象在表现建筑物时特别明显，例如幼儿在表现房屋时，会在墙的范围内直接画上门、窗户、内部的人物和家具（图2-21）。幼儿在表现脑海里的想法时，也会直接在头部画一个圈，在圈里面画出自己所想的事物。透明式画法是幼儿画其所知的表现。在没有掌握表现前后遮挡关系的方法时，透明式的表现手段是幼儿的主要构图形式，代表了幼儿从机械地表现事物之间的空间关系向客观地表现事物空间关系过渡。

### （三）展开式

幼儿在绘画有透视的场景时，会将多个角度展开绘制在一个平面内。如在表现年夜饭时，幼儿会将围绕饭桌坐着的人们画成放射状躺在地上的效果，每个人都正面朝上，桌上的菜肴都是俯视的角度，平摊在桌上。在表现超市的食品时，幼儿会把货架画成格子一样的结构，将物品全都平铺在格子里（图2-22）。在表现房屋时，幼儿会把侧面同时画在正面，使得画面看起来是扭曲的，但这是幼儿这一时期非常具有代表性的绘画表现手段。

图2-21 透明式构图

图2-22 展开式构图

幼儿在观察和作画时，会从自己的知识经验出发，把自己观察到的景象全都表现在画面中，并不考虑物体在空间中的角度和视觉效果，用自己的认识代替知觉。幼儿的绘画中可能不止一个焦点，更像是散点透视，因此我们会看到幼儿的作品中会出现很多奇怪的空间，在一个平面上会呈现出许多种视角。

### （四）夸张式

幼儿在作画时，会根据个人经验对表现对象进行夸张，他们会把主体形象或自己感兴趣的部分画得特别巨大或是刻画得非常仔细。如图2–23，幼儿在表现恐龙时，将恐龙的脖子和尾巴画得粗而长，并且将脖子涂满了橙色，以表现恐龙的皮肤和高大的身体。在图2–24中，幼儿将螃蟹画得很大，几乎占满整个画面。采用红色说明幼儿见到的是一只煮熟的螃蟹。螃蟹长着两个大钳子，却有很多条腿，这说明此时幼儿对螃蟹的印象是一种有两个大钳子和很多条腿的生物。这种夸张的表现手法充满了童趣和稚拙的效果，是幼儿表达自己所见所想的重要表现。

图2–23　陈弈妃《包头龙》

图2–24　《螃蟹》

图2–25　《我的家》

幼儿的绘画特点是神秘而宝贵的，幼儿在绘画中，有时会同时表现出上述特点。如图2–25，幼儿在表现房屋时将屋内的事物都画在“墙上”，里面的家具画得小，却把人物画得非常大，在桌上平铺着自己喜欢的零食，小狗正在笑，这些是幼儿绘画特点的综合体现。

随着幼儿年龄的增加、观察的客观化和绘画训练的进行，这些独特的表现特征会逐渐消失。很多艺术家会模仿幼儿绘画的特点，追求孩提时代富有童真和童趣的艺术表现语言。

**精彩回放**

**扫码学习**

小班美术活动“青草池塘处处蛙”

精彩回放

### 拓展阅读

表2-2　皮亚杰（Piaget）的儿童思维与罗恩菲尔德（Lowenfeld）的美术发展阶段的对照

| 大约年龄 | 皮亚杰的认知发展理论 | 罗恩菲尔德的美术发展阶段 |
| --- | --- | --- |
| 0～2岁 | 感觉运动期婴儿的行为取决于反应能力。按习惯行动，不能在大脑中唤起非眼前的物体。抓握、抚摸以及其他动觉和感觉活动有助于思维的发展 | 美术始于感觉与环境的首次接触和幼儿对这些感觉经验的反应。触摸、感受、看、抚弄、听、嗅是美术活动的基本背景 |
| 2～4岁 | 符号功能期<br>通过下列活动开始表现非眼前物体和现象：<br>延迟模仿——模特消失后的模仿<br>符号游戏——伪装和假扮等游戏<br>绘画——游戏般的愉快练习<br>在无目的的涂画中产生形式认识（"偶发的现实主义"）<br>试图从记忆中复制模特——以成年人的标准来看，整体中的局部常被误置（"错误的现实主义"）<br>心理意象<br>说话 | 涂鸦期<br>通过下列过程开始形象性表现：<br>无控制地涂抹——满足动觉经验<br>重复性运动的控制——运动和视觉性行为加强<br>开始命名绘画形式——显示出动觉重点向形象思维过渡。幼儿认识到绘画形象与外界之间的关系<br>能画出非眼前物体与事件<br>结果——绘画成为概念和情感的一种记录，绘画展示了非眼前物体和事件的视觉记忆，即作为阅读能力基础的符号性 |
| 4～7岁 | 直觉思维期<br>自我中心——考虑问题时不能采纳其他观点；画其所知而非所见（"理智现实主义"）；尽管没有视觉观察（如胡萝卜生长在地下，骑手马背上的两条腿都可以看见），但能画出概念属性；幼儿自发的几何形与绘画观察相结合（见皮亚杰的《儿童空间概念》）；开始探索近似、分离、封闭和其他拓扑思维关系 | 前图式期<br>自我中心——自我是空间思维的中心；在自我意识的基础上用符号表示人；画其所知而非所见，用透明或X射线画面表示所知的存在，尽管无逻辑的可观性；画开始显示出对环境的注意，如空间排列，幼儿开始依靠几何形进行描绘 |
| 7～11岁 | 具体操作期 | 图式期（7～9岁）<br>写实萌发期（9～11岁） |
| 11～17岁 | 形式操作期 | 拟写时期（11～13岁）<br>青春危机期（13～17岁） |

## 第二节　学前儿童绘画教育的内容

绘画活动是幼儿非常热衷的活动形式，具有强烈的直观性和感染力，在学前儿童美术教育活动中占有十分重要的位置。近年来，随着制造业的发展，绘画材料更加普及，新型材料频出，给了绘画活动更多可能。在开展学前儿童绘画教育时，教师应立足传统绘画形式的艺术精髓，结合新兴的绘画材料与形式，为幼儿创设条件，鼓励幼儿尝试各种各样的绘画技法，使用各类材料开展绘画活动。学前儿童绘画活动从工具与材料上分主要有中国画（水墨）、水粉画、水彩画、吹塑版画、丙烯画、彩色铅笔画、马克笔画、油画等，主要运用的技巧有点彩、油水分离、喷溅、吹画、拓印、冲染、撒盐等；从题材和内容形式上可分为命题画活动、意愿画活动和装饰画活动。

## 一、按照工具和材料划分

### （一）传统绘画形式与画材

1. 中国画

中国画简称国画。中国画从绘画技法上主要分为工笔画和写意画两种，从题材上可分为人物、山水、花鸟。工笔画产生较早，在战国时期就出现了色彩浓重、造型华丽的帛画（图2-26）。工笔画主要采用勾线填色层层晕染的绘画方式，多在丝绢或熟宣纸（涂有胶矾水，不易吸水）上作画，作品工致细腻，层次丰富。写意画水墨酣畅淋漓，主要在生宣纸上作画，生宣纸具有吸水性强的特点，能够非常细腻地表现出墨色的层次。写意画注重意境，更求神似，是集诗、书、画、印于一体的绘画形式（图2-27）。

图2-26　长沙马王堆西汉墓中出土的T形帛画

图2-27　吴昌硕写意画

写意画非常适合幼儿学习。写意画操作简单，提笔即画，但写意画落笔即成，这要求幼儿在绘画时要仔细思考后才能下笔，从而锻炼判断力和思维能力。水墨在宣纸上的偶然性，很符合幼儿绘画发展的特点，随着每一笔落于纸上，幼儿会不断思考下一笔会得到的效果，幼儿的想象力无限生发，创造力得到提升。国画不仅能够丰富幼儿的创造与表现手段，更能提高幼儿对中华优秀传统文化的兴趣，帮助幼儿建立良好的学习品质，更早树立文化自信，传承和弘扬中华优秀传统文化。

中国画主要使用的材料有毛毡、宣纸、墨汁、国画色、毛笔、笔洗、调色盘。教师需准备羊毛毡垫，防止宣纸吸水后贴在桌面上。教师可提供不同纸性的宣卡纸，让幼儿尝试并观察不同的宣纸带来的艺术效果。国画使用的墨汁主要为油烟墨，也可提供墨锭和砚台让幼儿感受磨墨的乐趣。幼儿使用的色彩可以为国画色，也可用水粉替代部分用量较大的色彩，如普蓝与花青、深红与胭脂等。国画使用的毛笔规格较多，常用的有白云笔（羊毫）、兰竹（狼毫）、兼毫（羊毫包裹狼毫）、提斗、叶筋等。白云笔适合画花朵，兰竹笔适合画枝干，提斗笔适合画叶片，叶筋笔适合画花蕊或者小动物的胡须。笔洗和调色盘建议使用白色塑料，有利于观察颜色的变化且不易摔碎（图2-28）。

2. 水粉画

水粉画主要使用水粉颜料作画。水粉颜料可厚涂，可薄画，质地黏稠，无刺激性气味，用水即可调和，是幼儿接触颜料、认识色彩、体会色彩变化的重要材料，适合在水粉纸上作画，既可用于涂色练习，又可用于写生和创作（图2-29）。

图2-28　国画及绘画工具

图2-29　陆琦水粉风景写生

水粉颜料干湿效果差距较大，颜料干后由于粉质上浮，画面会失去光泽。若调和过程水分太多，干后画面会呈现一种“粉气”，色相发灰。绘画过程中，水脏了要及时更换，防止色彩受到污染。水粉画也要注意防水，不放在潮湿的地方，防止水飞溅到作品上。

水粉画使用的工具和材料有水粉颜料（也称广告色）、水粉笔、水粉纸、调色盘、笔洗、画板等。水粉颜料分为脱胶和不脱胶两种，前者适合描绘一些精致的图案，后者含胶，表现力强，可以画得很厚，适合幼儿平时作画使用。目前幼儿园主要使用管装和按压瓶的水粉，便于幼儿取得颜料。水粉笔的笔尖形状有半圆形、扇形、斜头、平头，材质有羊毫、狼毫和尼龙，教师可根据表现内容为幼儿选择合适的笔。水粉颜料可使用专门的水粉纸，也可在素描纸上绘画，使用的纸张应有一定厚度，可提前将画纸裱平，防止水粉颜料干燥后画纸卷皱。幼儿画水粉画时适合使用面积较大的调色盘，可选择鱼嘴调色盘或梅花调色盘。洗笔的容器可使用塑料桶，不建议使用伸缩水桶。

水粉画完成后可在画板上停留2～3天再取下，若画面卷皱严重，可将作品倒扣在桌面上，向画纸背面喷雾，待纸张开始回软后将作品压住，再次干燥后即可保存平整。

3. 水彩画

水彩画是使用水彩颜料和水调和作画的一种艺术形式。水彩颜料和水粉相比，具有颜色清透、色相丰富、覆盖力弱、不易修改的特点。水彩颜料透明度高，颜料流动性强，画面常给人酣畅淋漓的效果，适合薄画，水与色的交融给人以自然洒脱的感受（图2–30）。水彩颜料的层层叠加会产生丰富的视觉效果，但颜色调和次数过多会导致色彩污浊难看。

图2–30　柳新生《月光曲》

水彩颜料主要有管装和固体两种，管装颜料适合短时间活动使用，固体水彩更易存放，使用时只需沾水调色即可，便于携带和使用。水彩画一般使用水彩纸或较厚的画纸，作画前纸张需要裱平。

4. 版画

版画也被称为“复数艺术”，是通过制版和印刷程序而产生的艺术作品。版画艺术伴随着印刷术的发明与发展在技术和创作内容上不断创新。根据版面性质和所用材料，版画可分为凸版（如木版画、麻胶版画）、平版（如石版画）、凹版（如铜版画）、孔版（如丝网版画）等。版画独特的刀刻笔触与形式感使它在中国文化艺术史上具有独立的艺术价值与地位，它的可复制性在宣传工作中贡献了巨大的力量。我国传统年画多用木版水印方式制作，如杨柳青、桃花坞等（图2–31）。

图2–31　陈立《静静的牤牛河》

由于版画的制作技艺比较复杂，幼儿在尝试时可用吹塑板代替木板进行创作（图2–32），所需材料有吹塑板、竹签、水彩笔、抹布、水粉笔、水粉颜料、燕尾夹、黑卡纸等。在集体活动中，教师可根据幼儿的年龄选择15～20 cm见方的吹塑板，厚度应在0.5 cm左右，过薄在划刻时易断裂。吹塑版画在起稿时，可直接在板上绘画，画错的线条可用抹布擦去，教师可鼓励幼儿发挥自己的想象，随意创作。划刻使用的短竹签可以用竹筷子或打磨得比较光滑的铅笔代替，在使用过程中需注意安全，不能拿着竹签挥舞或跑跳。印制时可以使用水粉颜料和黑卡纸，也可使用炫彩棒和生宣纸，印制用的纸尺寸应比吹塑板略大，印制前须用燕尾夹或胶带与板固定好，使用水粉颜料时尽量不与水调和，使用炫彩棒时可以适当喷湿，印制过程不能急躁，颜料不宜涂抹太多。

图2–32　吹塑纸版画

操作过程中最好佩戴手套，结束后应尽快清洗双手。

5. 丙烯画

丙烯画材非常适合幼儿使用，既可厚画也可薄涂，丙烯颜料可用水稀释，干燥速度快，干后会形成坚韧、有弹性的不渗水的膜，具有很强的可塑性，颜色饱满浓郁，质地有光泽，装饰性强，作品耐日晒，保存时间久，附着力强，适合在室内外、木头、水泥、纸张、布料等各种物体表面绘画。丙烯颜料正常使用对人体无伤害，和油画颜料比操作简单，无刺激性气味，使用时教师须向幼儿强调不可入口。手上沾染丙烯颜料只需用温水浸泡一会儿，然后用抹布搓洗双手即可去除。一旦粘在衣物上，尽量待其干燥后整块去除。使用丙烯颜料时，教师应为幼儿穿戴好袖套和围裙，保持清洁。

丙烯颜料可以用于创作、装饰绘画、墙面彩绘、手工制作等活动，教师可以让幼儿在制作好的油画布框上绘画，作品可直接摆放或悬挂在墙面上，也可以使用180 g以上的绘画纸作画。丙烯画使用的画笔有尼龙、羊毫、狼毫、猪鬃等材质。教师可根据绘画内容选择不同材质的画笔，丰富幼儿的触感。选择画笔时，应选择笔杆长度在18 cm左右的大号画笔或板刷，更符合幼儿的使用习惯。

丙烯颜料的调色工具可使用表面质地光滑的用具，如塑料餐盘、陶瓷盘、亚克力板等轻便的材料。丙烯干燥后可以撕掉，若外出写生也可使用调色纸，便于携带（图2-33）。

图2-33　丙烯画及材料

6. 彩色铅笔绘画

彩色铅笔是一种运用技法灵活多变，表现效果丰富浪漫的干性画材，绘画效果充满童话般的颗粒感。彩色铅笔可分为不溶性和水溶性两种，不溶性彩色铅笔有干性和油性两种，干性彩色铅笔质地较硬，颜色淡，着色力不如油性彩色铅笔强，油性彩色铅笔色相丰富，着色力强，绘画效果更鲜艳，可以厚涂，通过不同色彩的叠加，能达到非常细腻写实的效果；水溶性彩色铅笔色彩覆盖力较弱，颜色粉质感更强，涂色后可使用毛笔蘸水渲染，画面会呈现水彩画般的效果。彩色铅笔便于携带，存放时间久，适合幼儿户外写生或观察记录使用，但作品耐久性弱，须避光平整保存。彩色铅笔可在纸张、乳胶漆等平整不光滑的表面作画，纸张表面越粗糙，画面肌理感越强。也可刮下笔尖上的颜料，研磨成粉，给黏土作品上色，细腻的色粉可以营造均匀的渐变效果（图2-34）。

7. 马克笔绘画

马克笔也称记号笔，内置笔芯含有墨水，墨水主要分为水性和油性。油性马克笔的色彩非常丰富，墨水透明度高，适合用叠色法表现物象色彩的变化（图2-35）。马克笔的笔头有软硬两种质地，一般为双头，一端宽平适合大面积涂色，一端细圆适合画线。近年来，一种新型的马克笔——丙烯马克笔开始被广泛使用。丙烯马克笔附着力强，可覆盖，能在玻璃、石头、陶瓷等多种材质上作画，给了幼儿绘画活动更多可能，更有利于对幼儿创造力的培养。

使用马克笔绘画时可先用铅笔起稿，用橡皮蘸压的方式擦去铅笔线，只留下淡淡的

图2-34　金憓廷《巴西野牡丹》

图2-35　夏克梁《云南写生》

痕迹，再用马克笔上色，最后描边。描边可依据表现对象选择色彩，应打破黑线描边的思维定式，如画淡紫色的葡萄可以用深紫色描边，画粉色的桃子可以用灰色或土红色描边，等等。尽量不用水性的马克笔先描边后涂色，否则颜色会混合变脏。

8. 重彩油画棒

重彩油画棒比普通油画棒附着力更强，色彩更浓郁，色相更丰富，质感细腻、滑爽、铺展性好，叠色、混色性能优异，使用方法简单，却能充分展现出油画效果。

重彩油画棒适合在素描纸、水粉纸、彩色砂纸上作画，主要有涂色、堆高塑造、模板覆盖等使用方法。重彩油画棒不仅可以涂画，还可以用刮刀刮取颜色厚涂，营造油画般的肌理，比如动物的绒毛、海浪、花朵等，可用刮刀取色绘画，呈现油画效果。使用这个方法时，颜料可能粘在手上，教师可准备湿纸巾让幼儿擦湿手指，即可避免。重彩油画棒可以叠加覆盖，通过模板可营造非常有趣的层次感，如在纸上表现夕阳时，可先将画面涂成渐变的橙红色，然后用打孔器在模板纸上打一个圆洞，罩在底色上用淡黄色厚涂，拿开模板，画面上会留下一个有一定厚度的夕阳，呈现出浅浮雕效果（图2-36）。

图2-36　重彩油画棒的厚涂效果

### （二）突破画纸限制的新兴绘画形式

教师在创设绘画活动时，不仅要掌握基础绘画知识和传统绘画技巧，更应开拓自己的思维，善于发现生活中可以开展绘画活动的材料和场地，不能拘泥于画纸的方寸之间。在日常生活中，有很多材料可以用来作画，下面介绍四种有趣且新颖的绘画形式。

1. 透明材质创作

透明材质给了绘画更多可能，可以和灯光结合，也可以提供更多维度的表现空间。回收的玻璃制品是幼儿绘画的不错选择，使用丙烯马克笔或油性马克笔，配合各种小珠子和UV胶，即可创作出非常具有装饰性的玻璃瓶艺术，在瓶中放置一串小灯串，就会变成温馨的小夜灯（图2-37）。

图2-37　玻璃瓶改造作品

传统绘画在一个平面上进行，画面是二维的，而使用透明的面状材料可为幼儿打开新的维度。教师可以利用包装纸、保鲜膜等面状材料带领幼儿进行绘画创作，如在活动“我的好朋友”中，教师将保鲜膜的两端缠在树上，形成一个透明的画布，幼儿站在保鲜膜两侧，被描绘的幼儿站在对面，将面部或小手靠近保鲜膜，作画的幼儿拿起画笔，按照对面幼儿的面部特征摹写好朋友的脸，这种有趣的体验能极大增强幼儿的观察力和表现力。再如活动“美丽的玫瑰花窗”中，教师准备了透明的包装盒和包装纸，带领幼儿在包装纸上表现色彩斑斓的玫瑰花窗，然后将其贴在班级的玻璃上，阳光透过一幅幅作品将色彩投射在班级的地面上，营造出一种古老而浪漫的视觉效果（图2-38）。

图2-38　《玫瑰花窗》（透明包装纸画）

2. 石头创意画创作

石头和岩壁等材料是人类最原始的绘画承载物，公元3世纪，我国的战国时代就已有对岩画的记载。岩画以猎人、弓箭、植物、动物等形象为主，如内蒙古乌兰察布山石岩画（图2-39）。岩画形象高度概括，特征鲜明，早期的象形文字也由此诞生。

图2-39　内蒙古乌兰察布山石岩画

学前儿童绘画活动中，教师可以充分利用天然的石头和沙子，激发幼儿的绘画天性。教师可准备形状各异的扁石头和水粉颜料，让幼儿作画，也可以将河沙、乳白胶和丙烯颜料混合后，用抹泥板将砂浆刮在木板或油画布框上，为幼儿准备色粉笔或砖粉等粉状材料，让幼儿用小手自由地创作，体会原始的表现意愿，锻炼幼儿的触觉，提升绘画活动的形式感和趣味性，还可将岩画和甲骨文学习结合起来，巧妙融合艺术领域和语言领域。

3. 水拓画

水拓画是一种“在水面上作画”的绘画技法。近年来随着颜料制造技术的提高，适合幼儿使用的水拓画颜料更加安全，色彩更加丰富。水拓画需要准备浅盘，在盘中倒入专用的底液，持颜料瓶在画液表面滴色，其间可用细塑料签在表面划动，使颜料形成花纹，作画完毕用素描纸轻放于液体表面，待颜料被吸收后提起画纸，刮去表面的黏液晾干。水拓画不仅可以拓印在纸上，还可在服饰、灯具、扇子等物品表面留存。水拓画的创作过程充满随机性，每次创作得到的花纹和图案都不一样，幼儿在作画过程中能够充分发挥想象力，并乐于给作品命名，表达能力也会得到提升。水拓画操作难度较大，更适合中班以上幼儿。幼儿在作画过程中须穿戴好围裙、手套，控制颜料滴出的速度和量，锻炼手眼协调性，作画后教师可组织幼儿将作品置于报纸上晾干，收纳好剩余的颜料，及时清洗双手（图2-40、图2-41）。

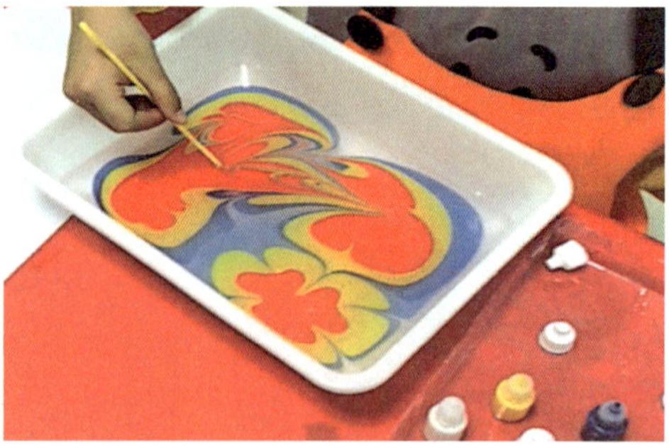

图2-40　幼儿创作水拓画

图2-41　幼儿水拓画作品

4. 蓝晒画

蓝晒法也被称为蓝图晒印法，是铁氰酸盐（铁-普鲁士蓝）印相法，利用铁化合物能够感光的原理，可以用于照片冲印、剪影绘画。蓝晒画可在纸张、棉布、服装、纸扇等材料上作画。创作蓝晒画时，需要将柠檬酸铁铵和铁氯化钾按比例混合，用毛刷蘸取溶液后均匀涂抹于纸或棉布上，在避光的环境下将画纸晾干后，将采集的材料如叶片、花朵、羽毛等放置在画纸上，用玻璃板或亚克力板压住表面的材料，贴合越紧密呈现的图像越清晰。在阳光下暴晒15分钟左右即可移去压板并冲洗画纸，直至画纸变为蓝色，不再有黄色渗出，晾干后将得到如照片般写实的白色花纹图案，白色与普蓝色的强烈对比，和用靛蓝染出的布料一样具有浓厚的民族风情。这种“太阳的艺术”能够让幼儿直观感受到紫外线的存在，激发幼儿的科学探究意识和构图布局的审美（图2-42）。

图2-42　蓝晒画制作过程

### （三）绘画中的表现技巧

1. 点彩

点彩画是幼儿使用棉签、小号海绵墩等点状工具在纸张或画布上进行点画的绘画形式。点彩艺术是法国画家乔治·修拉（Georges Seurat）创立的，他对光学和色彩理论特别关注并进行了大量的尝试，他采用小笔触通过纯色色点进行点彩的画法，从一定的距离看去，画面中所有的小色点在视网膜上会呈现调和的效果。点彩是一种光学调色法，修拉用这种方法创作了很多艺术作品，最著名的就是《大碗岛的星期天下午》（图2–43），大量的纯色色点使得画面有很强的光影效果和特殊的视觉效果。教师在指导幼儿进行点彩画时需要注意，点彩并非单纯地在纸上留下色点，可以引导幼儿有意识地表现色彩叠加的效果，不仅锻炼幼儿的观察力，还能使幼儿不机械化地“画点”。幼儿不宜创作面积太大的点彩作品，因为不停地快速上下运动手臂会导致幼儿很快感到肌肉酸痛，失去创作兴趣。教师可以缩小画作面积，或是使用笔触大一点的海绵墩帮助幼儿更快地完成创作过程。

2. 油水分离

油水分离是指利用蜡笔、油画棒等油性材料的特性和水彩配合形成的特殊效果。幼儿还不能使用特别精细的留白技法，因此在表现如萤火虫、蘑菇、烟花、灯光等在黑夜里发出光芒的物象时，可以采用这种方法。首先用蜡笔画出发光的部分，厚涂覆盖住画面，然后使用含水量较大的冷色涂染背景，以达到黑夜和光芒色相与冷暖的对比。这种方法也适合表现雪景、浪花等白色的物象（图2–44）。

图2–43　乔治·修拉《大碗岛的星期天下午》

图2–44　油水分离法

3. 喷溅

喷溅法是一种操作性很强的表现手法，主要包括喷洒、喷溅和酒精喷画等手段。喷洒法可以表现均匀的过渡，也可以表现物象的轮廓，常用的材料有喷壶和牙刷。

喷壶上色法是将颜料调和液装在喷壶里，通过喷出的色彩雾点，产生透明且朦胧的效果的方法。在夏季，植物资源丰富，教师可以带领幼儿采摘形态各异的植物，在画纸上压平，使用含水量适中的颜料通过喷洒的方式在纸上留下剪影。喷壶易出现喷嘴堵塞的现象，因此最好使用透明、含粉质少的水彩颜料调制。使用的纸张需具有较强的吸水性，可以使用素描纸、夹宣等（图2–45）。

喷溅法可以用来表现星空或给大片的色彩做点缀。可以使用牙刷蘸取较浓稠的色

图2-45　喷壶上色法

彩，用一根竹签反复刮压牙刷的刷毛，将颜料喷在画面上，可通过遮挡为特定区域上色。幼儿操作时容易出现掌握不好颜料干湿和用力方向的情况，教师在开展活动时应为幼儿穿戴好围裙，防止颜料喷溅到幼儿的身上，并鼓励幼儿通过观察发现颜料喷溅的规律，逐渐掌握喷溅的正确操作步骤（图2-46）。

酒精喷雾法是用医用酒精喷在没有完全干燥的画面上，酒精挥发后会在色彩表面留下小圆圈，以增强画面的肌理效果，尤其适合表现雨后湿润的场景（图2-47）。

图2-46　牙刷喷溅法

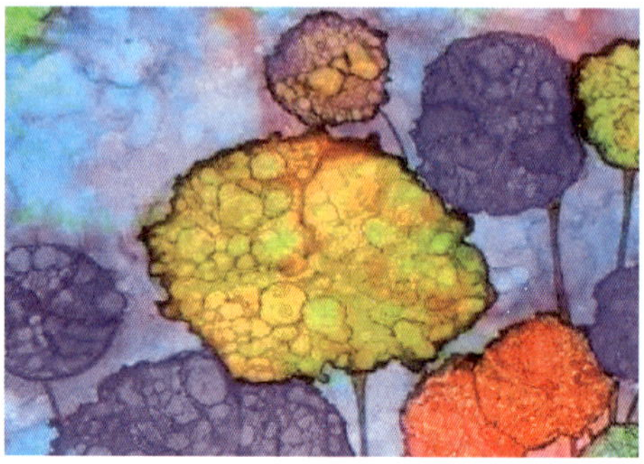

图2-47　酒精喷雾法

4. 吹画

吹画是通过吸管或直接用口吹气使颜料在纸上移动留下痕迹的绘画形式，幼儿很喜欢这种像游戏一样的表现方法。吹画具有很强的“生长感”，适合表现有分枝的物象，如树枝、梅花的老枝干、小怪兽的身体、小朋友凌乱的头发等。吹画可以锻炼幼儿的肺活量和专注力。吹画使用的颜料应为液态，可以使用水粉颜料加水调和，可用水粉纸或素描纸进行创作（图2-48）。

图2-48 《红梅》（吹画、手印画）

5. 拓印

拓与印是两种不同的表现手法。拓是指在碑刻、铜器等物体的表面蒙一层薄纸，先拍打使凹凸分明，然后上墨，显出文字、图像，从而将上面的文字、图形印下来的方法。教师可以带领幼儿将园所中具有凹凸花纹的物品拓印下来进行环创；也可将形态各异、色彩缤纷的植物摆放在棉布材料上，用胶带或塑料片压住后用胶头锤敲击，将植物拓印在布料上（图2-49）。

印画则有很多表现方法，如对印画、蘸印画、纸布团扑压画等。

① 对印画：对印画是在画纸上用水粉颜料绘画半个形象，然后将纸按照中轴线对折后进行印制的表现形式。在创作过程中，幼儿可以对“对称”形成初步的认识，了解对称的审美概念（图2-50）。

图2-49　植物拓印画

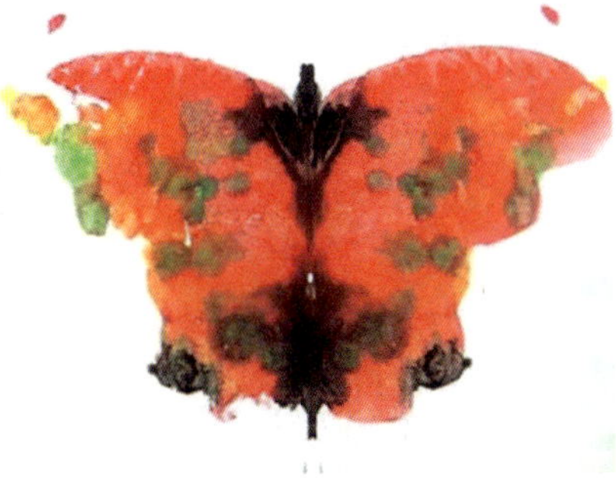

图2-50　对印画

② 蘸印画：蘸印画使用的工具非常多样，如手指、手掌、脚掌等身体部位，树叶、莲藕或芹菜等自然材料，特殊图案的海绵锤、海绵印章笔刷等专业绘画工具，包装气泡膜垫、瓶盖、饮料瓶底等废旧材料都可以用来印画。教师可培养幼儿对生活的观察力，善于发现生活中能够利用的物品（图2-51）。

③ 纸布团扑压画：用揉皱的纸、布料、塑料袋等面状材料蘸上颜色在纸上扑压，会产生特殊的肌理效果。这种方法还可延伸为皱纸干扫，即先将纸揉皱后用大号笔刷蘸取颜料在纸上快速扫过，留下痕迹。这种方法适合表现石头、土地、面包等表面粗糙的事物（图2-52）。

图2-51　蘸印画

图2-52　纸团扑压画

6. 冲染

冲染是利用纸张的毛细现象，用水冲开纸上的颜料从而形成痕迹的绘画方法，适合表现圆润的叶片或毛绒的动物，也可用来表现花卉。如在活动“植物妈妈有办法”中，教师带领幼儿表现风信子时，在宣卡纸上用水彩笔画出许许多多小花朵组成一个圆锥形的花序，然后用棉签蘸水滴在每朵花的花心处，随着水渗入纸张，纸上的风信子仿佛真的绽放了一样，最后在花心处点上黄色的花蕊，幼儿非常喜欢这种神奇的视觉效果（图

2–53）。冲染也可以是用色冲水，这种方法在水彩画中也称“湿画法”，作画时先在水彩纸上刷水，湿度以纸面湿润无积水为宜，此时毛笔蘸颜料在纸上作画，色彩会晕染出毛茸茸的质感，适合表现猫、熊猫、小鸡等形象。需要注意的是，这种方法不能使用浓度太低的颜料，纸面不能积水，若要表现形状规则的动物需要提前将画纸裱平，防止由于纸面受潮后凹凸导致轮廓变形（图2–54）。

图2–53　冲染法

图2–54　韩美林《熊猫》

7. 撒盐

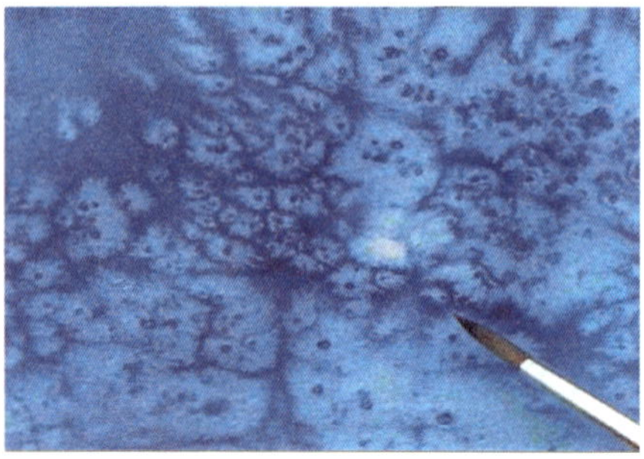

图2–55　撒盐法肌理

撒盐是一种制造肌理的常用手段，盐在未干的颜料上迅速吸干水分后会产生飘雪般斑驳的效果，也可用来表现岩石。使用撒盐法时，先在画纸上涂上底色，底色应用浓郁透明的色彩如墨汁、水彩等，湿润地涂满需要做肌理的部分，可略有积水，待色彩沉淀一会儿后向上撒盐，可自然干燥，也可用吹风机加速干燥，更利于花纹的保持。使用撒盐法须注意颜料的干湿比和纸张的吸水性，吸水性太强或颜料太浓稠都不利于“盐花”的出现（图2–55）。

## 二、按照题材内容和形式划分

### （一）命题画活动（主题绘画活动）

命题画活动通常为集体绘画活动，幼儿按照教师确定的绘画主题与要求作画，是幼儿园绘画活动的常用活动形式。

教师在选择命题时，应结合幼儿的生活经验，选择幼儿熟悉的事物、声音，有经验的活动，阅读过的绘本等素材。幼儿对这些事物有深刻的印象，教师通过创设情境，能够启发幼儿展开联想和创造，如“五彩泡泡”“狐狸的新家”“我的好朋友”等。在拟定题目时，应注意题目的文学性，不可直白地表述活动内容，如“荷花的画法”“涂色小鸡”，应用优美的语言表述，如“藕花深处”“金色的小绒球”等。但须注意，命题画活动并不要求幼儿严格按照主题作画，教师在介绍完命题后，应提供多种绘画材料，鼓励幼儿在主题要求下积极开展想象与创作。

命题画活动根据内容可分为物体画活动和情节画活动。

1. 物体画活动

物体画活动是教师引导幼儿在仔细观察认识某一物体的形象、结构、性质、文化背景等的基础上，以绘画对该物体进行表达表现的一种活动形式，如交通工具、植物、昆虫、小朋友等。

日常生活中，幼儿所能接触到的、感兴趣的事物都可以作为物体画活动表现的对象。物体画活动是绘画活动的起点，在活动中，教师带领幼儿观察绘画对象的特征，重点观察物体的细节，了解绘画对象蕴含的知识，教师应引导幼儿循序渐进，从不同的角度表现物体。如先尝试画长方体的正面和侧面，熟练后尝试表现生活中的物品、楼房的不同角度等。在开展活动时，教师可以带领幼儿进行实物写生，也可让幼儿观赏艺术作品后尝试画出物体。物体画活动对于发展幼儿的观察力与形象思维，提高幼儿运用绘画语言表达自身感受和想象有着非常重要的意义和作用（图2–56）。

图2–56 《飞天小屋》（物体画）

2. 情节画活动

情节画活动是以物体画活动为基础，通过多种物体组合表现一定情节的绘画活动形式，多表现生活中和活动中的场景或是对绘本故事的添画。情节画活动能让幼儿知道如何根据主题内容和表现的需要把有关联的各种形象恰当地安排到画面上，逐渐掌握表现画面形象相互关系的方法。情节画活动能够综合调动幼儿绘画的基本技能，提升幼儿绘画的目的性、计划性。在表现情节时，幼儿会思考构图布局的方法，从而促进思维综合发展和个性表达。

图2–57　张晏瑞《春游》（情节画）

幼儿的空间感处在初步建立阶段，表现画面中空间关系的能力发展相对滞后，教师应通过各种手段带领幼儿观察感知周围的事物。不仅要注意引导幼儿观察个别物体的外形特征，更要注意引导幼儿观察感知物体在空间中的位置关系和相对大小关系，有意识地培养幼儿的空间意识，鼓励幼儿大胆尝试表现遮挡、透视。教师可以运用故事编绘、日记串联、空间探索、游戏化练习等形式发展幼儿情节画的表现能力（图2–57）。

**（二）意愿画活动（自由创作活动）**

意愿画活动是幼儿按照自身绘画意愿开展的自主确定绘画主题的游戏化绘画活动，是区域活动中非常重要的部分。幼儿在进行意愿画活动时，会充分运用命题画活动中学到的知识和绘画技能，自由、大胆表达自己的创作意图（图2–58）。

意愿画从内容上可分为记忆画和想象画两种。记忆画是幼儿根据自己对日常生活中具体事件和生活场景的记忆选择自己感兴趣的内容进行创造性的构思和描绘的表现形式。想象画是幼儿发挥想象，打破现实生活的限制，根据自己脑海中的画面和构思自由作画的形式。想象画又可分为故事画和幻想画，故事画是幼儿以自己熟悉的现实生活为根据，融入自己感兴趣和有所期待的情节想象出来的画，幻想画是幼儿根据自己已有的绘画经验进行符合愿望的虚构，带有一定的奇幻色彩。

图2-58 陈弈妃《腕龙》

意愿画为幼儿提供了充分表现自己对周围生活的认识和情感表达的机会，对幼儿没有任何技巧上的要求和主题上的限制。因此，意愿画的学习对培养幼儿绘画的兴趣和创造力有着特殊的意义。但在实际意愿画活动中，幼儿的手眼协调能力和手部的肌肉动作发展水平不同，有些幼儿会出现想象力不丰富、不敢下笔、表现内容相似等情况，教师要不断启发、鼓励幼儿进行各种大胆的尝试。

### （三）装饰画活动（图案设计活动）

装饰画活动是幼儿运用各种图案和色彩发挥自己的艺术设计能力，大胆地在被装饰物表面进行装饰、美化的绘画活动形式。装饰画设计感很强，是幼儿体验工艺美术，用创意装饰、美化生活的重要途径，有助于提高幼儿手部动作的准确性与对图案概括提炼的能力，能够帮助幼儿更好地认识“平衡”“对称”“画面构成”等概念，了解不同材质和技法产生的形式美感，提升幼儿对装饰工艺的兴趣和审美能力，使其养成耐心、细致、整洁、有序等良好习惯（图2-59、图2-60）。

图2-59 《蛋糕帽子》（装饰画）

图2-60 陈弈妃《星球》

严格地说，装饰包括平面装饰和立体装饰。在进行平面装饰绘画活动时，幼儿主要用平面的纸型作画，如帽子、手套、衣服、围巾、纸盘、杯子等，可使用油画棒、马克笔等工具上色。在进行立体装饰绘画活动时，可在纸伞、面具、台灯罩、葫芦、小花盆、玻璃瓶等物体上作画，可使用水粉或丙烯等覆盖力强的颜料涂色。有条件的园所也可创设真实的空间，让幼儿用颜料、贴纸等材料装饰环境，通过动手操作，锻炼幼儿的色彩搭配能力，增强其空间装饰意识，提升幼儿对美化生活环境的热情，使其更加爱护身边的环境。

**精彩回放**

**扫码学习**

中班绘画活动“重阳赏菊”

精彩回放

## 第三节　学前儿童绘画活动的组织与指导

### 一、按年龄阶段指导绘画活动的方法

#### （一）0～3岁

3岁前的幼儿处于绘画的涂鸦阶段，这一时期的幼儿还不具备构思画面和表现事物的能力，教师在进行绘画活动指导时应重点培养幼儿对美术创作的兴趣，对绘画的造型、色彩、构图等要素不作过多要求，让幼儿接触丰富的绘画工具和各种质地的颜料，丰富幼儿的触觉体验，促进幼儿肌肉的发育。这一时期幼儿适合尝试动手操作性强的活动，如手指印画、海绵墩印画、调色游戏等。教师可以提供油画棒、丙烯笔、马克笔、色粉笔等绘画工具，和桌面等大的绘画纸或长卷轴供幼儿涂鸦，纸张可平铺于桌面、地面，也可张贴在墙面上。在开展活动时，教师须密切关注幼儿的兴趣点和活动中的表现，为下一次活动收集主题。画好的作品可以用可拆卸的画框进行展示，提升幼儿的成就感和对美术活动的兴趣。结合本年龄段幼儿的特点，教师在指导时可以侧重以下方面：

① 向幼儿介绍各种绘画工具和材料的名称、特性和使用方法。

② 鼓励幼儿尝试各种绘画工具和材料，能安全地使用各种画材，如使用前后认真清洗双手，颜料不入口，不向其他人身上弄颜料，等等。

③ 引导幼儿辨识红、黄、蓝等基本色彩并能说出其名称。

④ 引导幼儿画出不同的线条，展开联想，尝试为线条命名。

⑤ 引导幼儿尝试涂色、调色，乐于用手指、印章等在纸上拓印。

#### （二）3～4岁

3～4岁幼儿处于涂鸦后期，此时幼儿尚未建立起系统的观察习惯，在作画前很少进行构思，手眼协调性和手臂肌肉动作精细程度不高，因此幼儿喜欢用夸张的形状和线条表现形象。教师对这一年龄段幼儿的造型和构图方面不作要求，指导幼儿进行绘画活动时重在帮助幼儿养成良好的绘画习惯，建立绘画常规，积累各种形象经验，锻炼视觉经验和语言结合进行表达。如正确使用工具，端正坐姿，作画结束后收拾工具、清洁双

手，等等。结合本年龄段幼儿的特点，教师在指导时可以侧重以下方面：

① 帮助幼儿建立系统的观察顺序，能按照从整体到局部、从上方到下方等顺序观察事物的形象特征，并乐于用语言描述自己所见。

② 鼓励幼儿自主使用各种绘画工具和材料作画。

③ 帮助幼儿认识和初步使用油画棒、马克笔、水彩笔、水粉等绘画工具，建立在纸张等规定界面上作画的秩序感，养成作画前后清洗双手、收拾整理用具、坐姿良好等绘画习惯。

④ 引导幼儿辨识绿、橙、紫、棕、玫红等间色和复色，并能联想有同样色彩的自然物体。

⑤ 引导幼儿感受线条的节奏感，能辨别和感受直线、曲线、折线和各种线条变化的美感。

⑥ 鼓励幼儿愉快大胆地作画，对绘画产生浓厚的兴趣。

⑦ 引导幼儿认识手部力度和所画线条力度、疏密的关系，尝试表现线条的方向、粗细、疏密。

⑧ 引导幼儿使用圆形、长方形、三角形等简单图形表现物体的轮廓特征，尝试用线条和图形组合表现各种形象，创造各种图式。

⑨ 鼓励幼儿在涂画过程中将色彩尽量涂满轮廓，完成绘画。

⑩ 让幼儿根据自己的意愿涂画，涂画过程中不轻易打断、催促幼儿。

⑪ 活动中不以某种物体的造型、构图、色彩的渐变等专业性技巧为重难点。

#### （三）4～5岁

4～5岁幼儿处于象征期，开始有意识地塑造形象，教师可以在活动中逐渐引入造型和构图的知识，帮助幼儿积累绘画经验。随着与外界接触的增加，这一年龄段幼儿已经表现出较高程度的社会意识。因此，可以训练幼儿在作画前先构思，尝试表现身边的人、事、物。结合本年龄段幼儿的特点，教师在指导时可以侧重以下方面：

① 引导幼儿在作画前尝试进行构思，围绕主题安排画面，允许幼儿大胆地按意愿作画。

② 引导幼儿尝试用熟悉的图形和线条组合表现物体的基本部分和主要特征。

③ 启发幼儿在画面中体现物体的上下、左右位置。

④ 引导幼儿辨识色彩明度、纯度的变化，如能说出火龙果的皮是玫瑰红色、西瓜的瓤是大红色或浅红色。

⑤ 引导幼儿有目的地设色、配色，启发幼儿选择与物体固有色相似的色彩上色。

⑥ 帮助幼儿使用各类颜料作画，体会调色过程中色彩的变化。

⑦ 鼓励幼儿尝试不同的作画载体，如纸盘、玻璃纸、木板、石头、葫芦等。

⑧ 为幼儿创造条件展示、介绍自己的作品，与他人分享自己的美感体验。

#### （四）5～6岁

5～6岁幼儿处于图式期，随着身心的发展，幼儿的各方面能力有了显著提高。教师在指导时应进一步提升幼儿各方面能力的发展。作画开始前，教师应训练幼儿建立更加系统的观察能力，引导幼儿进行构思，能通过画面构图表现一定的情节。幼儿作画时，教师应着重培养幼儿对细节的表现能力、色彩的搭配能力和综合运用各种画材的能力，启发幼儿表现物体的结构特征和固有色、环境色对其色彩的影响，鼓励幼儿根据创作需要选择适合的绘画工具表现自己的创意。针对这一年龄段幼儿开展的绘画活动不仅要注重艺术性，更应创设条件培养幼儿的协作性。结合本年龄段幼儿的特点，教师在指导时可以侧重以下方面：

① 引导幼儿在绘画前进行构思，在画面中表现简单的情节，或尝试根据故事情节配图。

② 启发幼儿表现物体的整体结构，尝试融合图形和线条表现物体的轮廓。

③ 启发幼儿尝试多种构图方法、表现物体的多个维度，有意识地区分画面主体与背景。

④ 引导幼儿尝试打破垂直的动作表现模式，能较灵活地表现各种人物、动物的动态。

⑤ 引导幼儿在绘画时表现更多的细节，用各种花纹和图案装饰画面。

⑥ 鼓励幼儿根据自己的创作需要综合运用多种绘画工具。

⑦ 鼓励幼儿大胆地运用自己喜欢的色彩作画，初步尝试为画面设定主色调，使画面的色彩统一而和谐。

⑧ 帮助幼儿学习更多的色彩知识，引导幼儿尝试用对比色、相似色、同种色等多种配色方法设色。

⑨ 启发幼儿通过欣赏和创作，体会画面中的均衡、对称、变化等形式美。

⑩ 在日常园所生活中注意观察幼儿的兴趣点，开展形式丰富内容多样的绘画活动，培养幼儿对绘画的兴趣，使幼儿将绘画作为表达想象和情感的方式之一。

## 二、不同绘画类型活动的指导方法

### （一）物体画活动的指导

创作前，教师应先带领幼儿观察和欣赏描绘对象的形象美，可以侧重以下方面：

① 可结合描绘对象蕴含的文化、历史、自然等知识加深幼儿的认识。

② 向幼儿展示实物或艺术大师的作品，深化幼儿对描绘对象形象特征的认识和欣赏。

③ 引导幼儿按照一定的顺序仔细观察事物的特征，并尝试用语言进行描述，加深幼儿的视觉印象。

④ 可根据描绘对象的造型、色彩、质地等特征鼓励幼儿开动脑筋，选择合适的材料进行表现。

⑤ 讲解物体的绘画方法时，教师可作集体性指导和示范，但应以启发式方法介绍多种表现技巧。

开放式的创作氛围既可以让幼儿学习一种物体的表现方法，又可以给幼儿更多选择，提高幼儿的绘画兴趣。可以侧重以下方面：

① 演示多种方法并鼓励幼儿运用多种形状表现物体的轮廓，如表现小猫时，可介绍用椭圆形表现，也可介绍用折线画绒毛，上色时可选择油画棒，也可使用马克笔。

② 引导幼儿重点观察细节，通过对比观察和局部观察把握物体的造型，提高幼儿对细节的表现能力。

③ 引导幼儿尝试从不同角度描绘物体，可安排写生活动，培养幼儿的观察力和造型能力。

④ 引导幼儿尝试用物体的固有色涂色，能通过色调区分主体物与背景。

⑤ 评价幼儿的物体画作品时，教师应重点关注幼儿的观察是否仔细，在创作中是否充分融入自己的想象，发现幼儿在活动中表现出的进步。不以画得像不像，颜色涂得匀不匀为评价标准，否则会使幼儿对绘画失去兴趣，产生消极的情绪。

### （二）情节画活动的指导

幼儿的空间感处于初步建立阶段，表现画面中空间关系的能力发展相对滞后，教师应通过各种手段带领幼儿观察感知周围的事物。不仅要注意引导幼儿观察个别物体的外形特征，更要注意引导幼儿观察感知物体在空间中的位置关系和相对大小关系，有意识地培养幼儿的空间意识，提高幼儿的构图能力。可以侧重以下方面：

① 可通过引导幼儿观察和欣赏，使其感知不同物体的空间关系和主次之分。如凡·高《凡·高在阿尔勒的卧室》《圣玛丽海滩的渔船》、爱德华·马奈《女神游乐厅的吧台》、乔治·修拉《大碗岛星期天的下午》等空间感较强的作品。

② 鼓励幼儿用自己的理解大胆尝试表现遮挡、透视等构图形式。

③ 可运用故事编绘、日记串联、空间探索、游戏化练习等形式发展幼儿情节画的表现能力。

④ 引导幼儿在画面中合理运用基底线表现空间和故事情节。

⑤ 鼓励幼儿根据主题需要合理安排画面，区分形象的主次。

⑥ 引导幼儿通过画面形象的大小、色彩的冷暖、所处的位置等突出绘画主题。

### （三）意愿画活动的指导

开展活动前，教师可与幼儿进行启发式谈话，帮助幼儿整合自己的生活经验，明确创作意图。开展绘画活动时，教师应为幼儿提供丰富的材料，营造轻松愉快的创作氛围。创作过程中，不随意打断或催促幼儿，虽不作过多集体性示范讲解，但在幼儿需要帮助时需提供启发性指导，帮助幼儿厘清创作思路。评价幼儿作品时，不应着眼于绘画技巧和结果，而应重点关注幼儿作画时表现出的创造力和想象力，肯定他们的进步，从而提高幼儿对艺术创作的兴趣。可以侧重以下方面：

① 丰富幼儿的生活体验，拓宽幼儿的眼界，如在环境创设时布置月球区角，带领幼儿参观天文展览，阅读科幻绘本，激发幼儿对宇宙探秘的兴趣，从而产生表现欲望。

② 可通过谈话交流、图片赏析、故事引导、绘本欣赏、佳作观览等方式，帮助幼儿确定绘画主题，激发幼儿的作画愿望。

③ 帮助幼儿厘清绘画思路，确定绘画顺序，更好地完成创作。

④ 可在美工区投放多种绘画工具和材料，供幼儿自由使用。

⑤ 在幼儿绘画过程中，及时帮助有需要的幼儿解决困难，总结共性问题和典型内容，和幼儿一起分析讨论。

⑥ 启发幼儿在绘画时大胆地想象和创造，创设一个自由宽松的绘画环境氛围。

### （四）装饰画活动的指导

幼儿在选择和运用花纹进行装饰时，往往喜欢用具象的花纹，如小草、花朵、三角形、爱心、五角星、圆圈等，较少尝试用点、线条、几何图形。在绘画过程中，幼儿所画的装饰图案会出现不对称、距离不均等情况。因此，在指导时，教师应注重培养幼儿对花纹图案的概括能力，让幼儿理解装饰美化的规律，尽可能安排不同创作材料和技能的活动，提升自己的知识储备，为幼儿提供配色建议。

活动前，教师可提供相关素材供幼儿赏析了解，帮助幼儿理解形式美感和装饰手段，如对称与均衡、对比与调和、连续与反复等装饰法则。

教师应随时注意收集图案资料并分类整理，如日常生活中漂亮的服饰、用具，大自然中的植物，兽类的花纹斑点、鸟类的羽毛配色、昆虫的翅膀脉络，民间工艺的刺绣、扎染，以及中国陶瓷的各种器型、纹样，等等。引导幼儿发现自然界中蕴含的美的规律，掌握花纹构成的规律、色彩搭配的方法，开拓幼儿的审美视野，让幼儿敢于夸张地表现形象，将具象的形象概括为具有装饰意味的几何图案。

在开展活动时，教师应帮助幼儿掌握简单的装饰绘画技能，培养幼儿对图案的概括能力，能将自己喜欢的事物形象提炼为由点、线、几何图形、图案组成的装饰元素，帮助幼儿掌握纹样的排列和定位的方法，如二方连续、四方连续、同心圆、角花等排列方式。

教师应提升自己的色彩知识储备，为幼儿提供色彩搭配建议。色彩的对比关系主要包括近似色对比、补色对比、明度对比等。教师应在活动中潜移默化地培养幼儿的配色意识，引导其能初步运用色彩的规律进行颜色搭配。

在活动中，教师应着重培养幼儿对装饰绘画的兴趣，为幼儿营造自由宽松的创作氛围，充分利用各种材料和手段，允许幼儿在掌握装饰方法和规律的基础上自由发挥和创造。教师要特别注意尊重幼儿的创作意愿，避免以成人的审美干扰幼儿天真的表达。

学前儿童绘画活动在实际开展时往往具有较强的综合性。如中班幼儿在表现恐龙时，会画出很多种恐龙并尝试让恐龙们产生联系，涂色时会使用油画棒和水彩笔配合上色，恐龙的造型可能显得生硬而稚拙，但画面充满了童趣。教师在设计和实施活动时，应综合考虑幼儿成长发育的各方面因素，创设适合幼儿年龄特点、符合幼儿审美需求的综合性绘画活动。关注幼儿的进步和表现，肯定幼儿表现出的观察力、创造力。

## 精彩回放

**扫码学习**

1. 凸显兴趣培养的小班物体画绘画活动“多彩的风信子”
2. 凸显认识工具与材料的中班意愿画活动“认识新朋友——丙烯颜料”
3. 综合性强的大班情节画活动“愉快的春游”
4. 发展设计能力的大班装饰画活动“美丽的帽子”

精彩回放

## 实践演练

### 一、活动准备

绘画活动用具、教学课件、作品概念图；按照教学组织需要摆好桌椅、摄像设备。

二、活动组织

1. 学生6人一组，其中一名学生担任组长，负责组织组员在备课与模拟讲课过程中收集案例、研课、磨课、录像。

2. 每组选出一名代表模拟讲课，其余学生配合完成。

3. 每组完成后，组长需组织组员对其进行点评和补充，优化课程设计。

三、活动实施

以小组为单位选择以下任一情境设计和实施教学活动。

情境一：季节的更替充满了有趣的知识，景色的变化让幼儿非常感兴趣。请为小班幼儿设计一次绘画活动，让幼儿感受四季不同的色调。

情境二：幼儿园上周去动物园参观游玩，很多小朋友对长颈鹿非常感兴趣。请为中班幼儿设计一次绘画活动，引导幼儿大胆表现自己在动物园观赏长颈鹿时的情景。

情境三：幼儿园最近为小朋友们准备了很多水果，有橙子、西瓜、火龙果、哈密瓜等，小朋友们非常喜欢这些水果，五颜六色的水果是幼儿绘画的好素材。请为大班幼儿设计一次绘画活动，但不要简单地用纸和画笔来实施，开动脑筋，寻找新颖的活动形式。

四、活动评价

请依据表2–3评价活动实施情况。

表2–3 活动评价表

| 评价项目 | 评价标准 | 等级 | | | | |
|---|---|---|---|---|---|---|
| | | 优秀 | 良好 | 中等 | 合格 | 不合格 |
| 活动设计 | 能根据幼儿的年龄发展特点设计绘画活动，活动形式新颖，内容有吸引力 | | | | | |
| 难度界定 | 活动难度符合幼儿年龄发展水平，具有一定的挑战性，且大部分幼儿能够独立完成 | | | | | |
| 教学语言 | 教学语言规范，有语言组织能力，能够清晰表达自己的想法和对幼儿的要求 | | | | | |
| 教学技术 | 会使用一种或多种教学技术，能够将课件、图片等形式引入教学中 | | | | | |
| 教育意义 | 活动主题对幼儿的艺术修养发展具有教育意义，并与其他领域有一定的联系 | | | | | |
| 优化建议 | | | | | | |

## 思考与练习

**一、简答题**

1. 学前儿童绘画发展要经历哪几个阶段？各阶段的发展特点是什么？
2. 学前儿童绘画中的特殊表现形式有哪些？
3. 学前儿童绘画活动按照绘画类型可以分为哪几种？
4. 学前儿童绘画活动可采用的材料有哪些？

思考与练习

**二、实践题**

搜集绘画、工艺品等艺术作品，选择适合幼儿的内容和方法，改编成绘画活动。

# 第三章 学前儿童手工活动

## 学习情境描述

张老师是一名中班主教老师。在她的班级里有一个特别淘气的小男孩迪迪，每次开展集体美术活动时，迪迪都表现得非常兴奋，他会在发放用具时抢着摸一遍别人的，还会在用完画笔后抢着把所有剩余的颜料都混合到一起。一次泥工活动中，迪迪想要捏一只金鱼，于是他问老师要各种工具，迪迪说一种，其他的小朋友就跟着要。张老师担心给幼儿工具会有安全隐患，于是每次都拒绝，并鼓励幼儿用手操作。但是迪迪带着小朋友们拿画笔在泥上扎来扎去，张老师如何制止和劝阻都不行。张老师觉得淘气的迪迪让活动无法开展，非常苦恼。请思考：张老师是否应该让中班幼儿在做泥塑时使用工具？你如何看待迪迪的“调皮捣蛋”？请在学习本章节后填写表3-1。

表3-1 学习情境分析

| 现象 | 你的看法 | 评价依据 |
| --- | --- | --- |
| 张老师的做法 | | |
| 迪迪的“调皮捣蛋” | | |
| 改进建议 | | |

## 核心知识地图

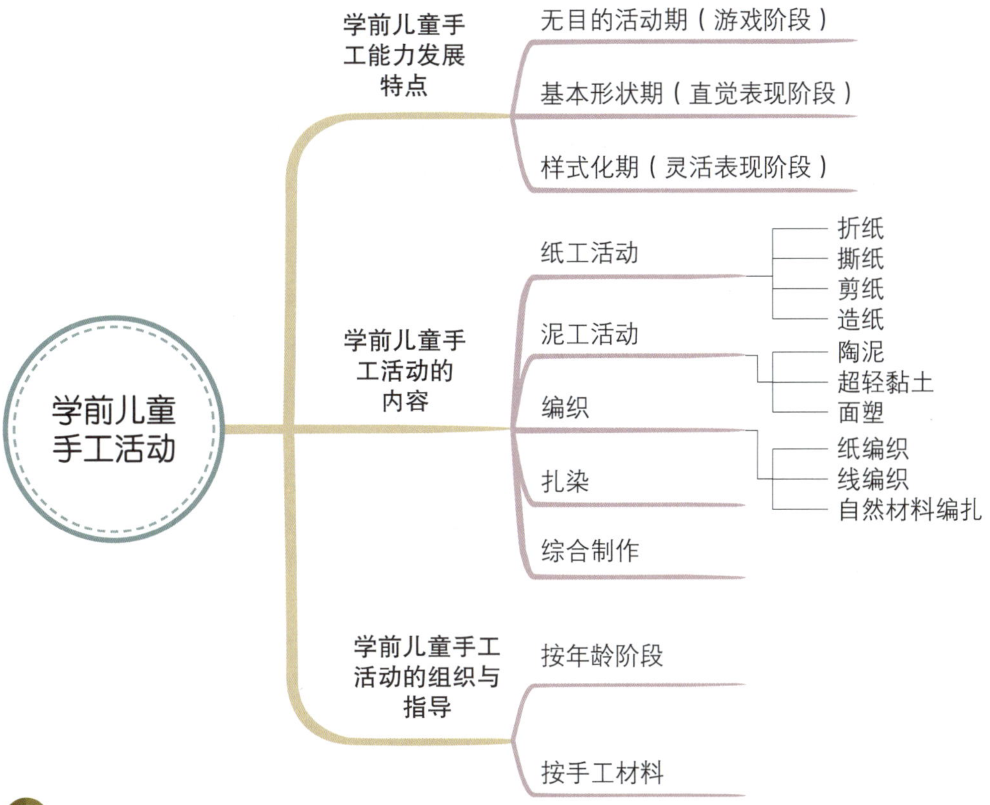


## 学习目标

1. 了解学前儿童手工能力发展的特点；

2. 熟知学前儿童泥工、纸工、粘贴、综合材料制作活动的内容设计与手工活动工具和材料的选择；

3. 掌握学前儿童泥工、纸工、粘贴、综合材料制作活动的指导方法，能够设计符合幼儿年龄特点且具有趣味的手工活动。

## 基本知识

# 第一节 学前儿童手工能力发展特点

## 一、无目的活动期（2～4岁）

### （一）无目的活动期的含义

无目的活动期又称游戏阶段，与幼儿涂鸦期绘画能力发展相似，这一阶段幼儿由于手部肌肉发育得不够成熟，对事物的认识和生活经验都相对较少。他们还不能理解手工工具、材料与创作之间的关联，且对手工活动没有明确的目的，只是一种纯粹的玩耍或游戏，所以这一阶段又称游戏阶段。

### （二）无目的活动期的表现特征

1. 纸工活动

纸工活动对幼儿双手肌肉的精细动作要求较高，因此一般来说，幼儿纸工活动能力的发展相较于绘画发展和泥工发展要落后一些。幼儿在纸工方面的发展表现为以下三个方面。

（1）剪纸

这一阶段的幼儿手很小，在剪纸时不能很好地控制剪刀，剪刀对于他们也只是众多玩具中的一种。在成人有意识的指导下，幼儿开始拿起剪刀，尝试使用，但还不能够灵活、正确地使用剪刀，且左右手协调性差，时常出现在剪纸时将纸撕扯开、纸被绞在剪刀里、纸从剪刀中滑落等情况，剪出的形象也多是大大小小不规则且无意义的碎片。

（2）折纸

3岁以下的幼儿开始尝试将纸翻起折叠，最初只能将纸翻起一个小角或随意折叠，此时幼儿会翻折自己能接触到的纸，如绘本、包装纸等。逐渐地，幼儿可以随意进行无规则的对折和简易折叠，但很难折出具体成型的东西，且不能精准地对折纸张。

（3）撕纸

撕纸对于3岁前的幼儿来说是一种很好的美术游戏活动，能够锻炼幼儿手眼协调。撕纸时，纸张的断裂过程和各种不同材质撕裂时发出的声音都吸引着幼儿。这一阶段的幼儿主要运用大肌肉动作来实现撕的动作，手部动作通常是满手抓握纸张，借助手臂的力量将纸扯开。此时，幼儿还不能控制手指撕出具体形状，他们撕出的纸都是一团一块的碎片或不规则的大片。

2. 泥工活动

在泥工活动中，这一阶段幼儿的操作最初意图多是无意识的自由游戏，也就是玩耍黏土。幼儿通过手的接触来感知黏土的质地，此时他们心中并没有明确的制作目的。慢慢地，幼儿能够在无意识揉搓中改变黏土的形状，使黏土变成各种类似条状、球状和饼状的物体。在这个阶段后期，幼儿能用黏土制作出球形，并乐在其中。但这并不意味着幼儿已经掌握了三维的组织形式，这种球形对幼儿来说可以代表一切固体物。如同命名涂鸦期一样，幼儿为他们制作出来的各种“圆形”命名，以食物、人物、动物命名居多。

3. 粘贴活动

粘贴活动是指利用胶水或胶棒等黏合剂将纸材等面状材料粘贴在一起的手工活动。3岁前的幼儿还不清楚胶水的作用，因而他们不会使用这类材料，也很少使用胶水进行美术意义上的粘贴活动。需要额外提及的是，玩带有背胶的贴纸玩具在严格意义上不能称为美术活动，因为机械的撕贴过程，对幼儿发展的作用是微弱的。

## 二、基本形状期（4～5岁）

### （一）基本形状期的含义

基本形状期又称直觉表现阶段，正如绘画发展的象征期一样，这一阶段的幼儿开始真正对手工活动产生兴趣，幼儿对使用工具表现出强烈的欲望，手工活动也由无目的游戏过渡到有意向的创造和尝试。他们会利用工具和材料尝试塑造出自己熟悉和喜爱的各种形象，但这一阶段能塑造的形象缺少细节，外形结构简单，如幼儿会团一个球，揪出四个小角作为动物的腿，捏扁一端当作头部。

### （二）基本形状期的主要特征

1. 剪纸活动

幼儿可以较好地使用剪刀，剪得也较以前顺手，但仍不能灵活地协调双手，控制剪刀和纸的配合，如不能配合剪刀的动作转动纸张。因此，他们只能剪直线或一些大线条、轮廓清楚、结构变化不大的简单形象，如气球、没有烟囱的房子、梯形的裙子等。这种剪纸状态往往会持续较长一段时间，且不会在短期内产生较大进步。

2. 折纸活动

在此阶段，幼儿可以用正方形或长方形的纸片折叠一些简单的形象或玩具，如飞机、小青蛙、小船、纸盒等，折出的效果往往不够理想，如边角对不准，或折痕不直、不明显。幼儿会将纸握在手中，并不注重纸张的整洁和美观，作品多松松垮垮，不够贴实和挺括。

3. 撕纸活动

幼儿由无意识地玩纸、撕纸发展到了有意识地撕出一定形象的阶段。这时幼儿撕纸的准确度仍然受动作发展和对事物认识程度的局限，但他们会努力模仿成人动作撕出具体形象，或者把纸撕成条状，贴在嘴边当胡子或贴在动物的头上做毛发，或者把纸撕成纸屑当作雪花，也可能在纸上撕出几个洞做面具。总之，此时的幼儿能够运用撕纸的技能来进行有目的的撕纸活动，并能基本按照自己的意图撕出具体形象。

4. 泥工活动

随着对黏土感知的深入，幼儿在团团搓搓的过程中发现团搓后的泥条、泥团和泥块似乎与生活中感知过的某些形象很像。于是，他们开始控制手的动作，使动作的结果与自己的生活经验产生联系。如把泥搓一搓做成“小蛇”“香肠”，把泥条盘起来做成“棒棒糖”、团成球、做成苹果等（图3-1）。虽然此时幼儿塑造出来的形象大多非常粗糙而简单，但这却是幼儿用手中材料对事物的诠释，蕴含着他们对动作、材料的控制和对事物的理解。此外，这一阶段幼儿塑造（或制作）棒状物或棒状物的组合以及各种“体”，并不意味着他们已经熟练地掌握了三维的组织结构，此阶段的幼儿创作出的作品更像是一件二维的浮雕（图3-2）。

5. 粘贴活动

4～5岁的幼儿有时会因为急于涂抹胶水而不太关注图形的正、反面，造成作品形象模糊、难以辨认。此外，他们往往不注意胶水的用量或不会正确涂抹胶水的方法，以至于常把画面弄得皱皱巴巴，同时，也可能因为胶水太少粘不住，有些部分脱落，造成画面形象不完整。在贴的过程中，还有不少幼儿顾及不到粘贴的顺序和位置，总是拿起图形就贴，然后用粘过胶水的小手去抚摸画面，结果贴出的形象主次不分、位置不当，甚至会把颜色蹭到画纸上，弄脏整个画面。

图3-1　幼儿黏土制作

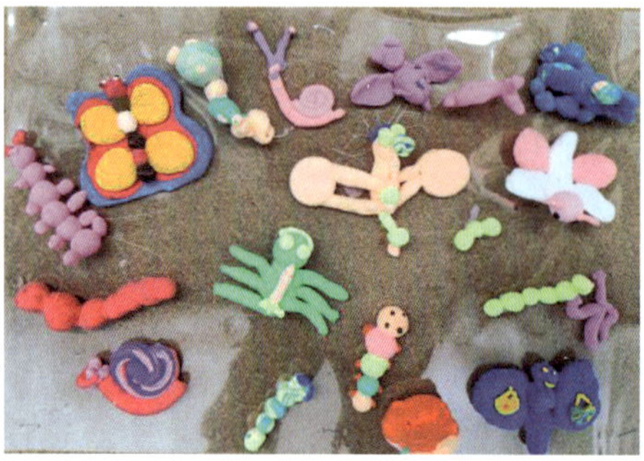

图3-2　幼儿黏土制作《虫虫王国》

总的来说，基本形状期的幼儿的手工技能，在泥塑、粘贴和撕纸等方面较之此前有明显的发展，但折、剪对其还具有较大难度。

## 三、样式化期（5～7岁）

### （一）样式化期的含义

样式化期又称灵活表现阶段，这一时期的幼儿由于手部精细肌肉的发育、手眼协调能力的增强，又学习了一些基本手工工具和材料的使用方法，所以他们的表现手段逐渐丰富，表现欲望更加旺盛。他们喜欢用各种工具材料进行制作，以表达自己的愿望。同时，随着幼儿思维水平的不断提高，幼儿的手工作品也表现出立体感和空间感，可以从多角度、多侧面去观察和表现事物，有些幼儿可以用手工材料表现有情节的场景。

### （二）样式化期的主要特征

1. 纸工活动

5岁以后的幼儿已经可以运用撕、剪、折、粘等技能，能够较精准地对齐并压出较明显的折痕，折出比较复杂的作品。同时，幼儿也能够认识基本的折纸符号，能独立地在折纸符号的引导下折出简易的折纸作品。在单个折纸作品的基础上还能通过组合的方式，完成一些套装作品。

5～6岁的幼儿理解与操作能力进一步提高。在使用剪刀方面，不仅能连续剪直线，而且能双手配合剪出较复杂的线条，也能剪出自己希望的形状。此外，能够设计制作出变化丰富、题材多样的团花剪纸图案，剪出一些形象较为复杂、轮廓曲折多变的形象，如雪花、人脸、鱼等，且剪出的轮廓也显得光滑、准确、流畅。当然，对于形状过于复杂、结构过于精细的部分，剪起来还是困难的，也会时常出现剪断、剪坏的情况。

2. 泥塑活动

此阶段的幼儿察觉到的东西越来越多，并能够注意到物象的很多细节，其视知觉也越来越敏感。在此过程中，幼儿的动作开始从手掌逐步发展到手指，并且对泥的操作越来越精细，越来越精准，塑造的形象更加丰富、复杂、生动。他们能搓出弯曲、盘绕的棒状物，还能制作各种形体（立方体、圆柱体），并能用制作出的各种形体组合出一些复杂的物体。在连接方法上能用较为流畅的方法来连接，制作出一个整体。此外，此时的幼儿还会借助辅助工具来表现所制作物体的细节、特征。随着幼儿手臂的发育，肌肉力量不断增强，幼儿可以尝试使用陶泥拉坯或是制作一些更大的作品。

3. 综合手工活动

样式化期的幼儿是在撕纸、剪纸、拼贴和综合材料的制作中进行粘贴的。此阶段的幼儿能逐渐较灵活地撕纸，能根据自己的意图撕出多种需要的形状，也会学习用对折的方法撕出对称的形象，进而将所撕出的形象进行拼贴，以组合成更丰富多样的新形象。他们还可以利用纸盒、瓶罐、吸管、线绳、羽毛等通过拆装组合的手段完成各种立体的造型。此阶段的幼儿不仅能通过剪、挖、粘等技法进行建构，还能对作品进行细节的装饰，力求完美。

**精彩回放**

**扫码学习**

中班纸工活动“乘着气球去旅行”

精彩回放

## 第二节　学前儿童手工活动的内容

学前儿童手工活动是幼儿在教师的引导下，利用各种材料和工具完成半立体或立体美术作品创作的艺术活动形式。学前儿童手工活动的内容按照所用材料和工具，可分为纸、泥、编织、扎染和综合材料等形式。手工活动不仅能制作各种赏心悦目的作品，更能制作出很多实用的装饰品和玩具，其游戏性和操作性深受幼儿喜爱，是帮助幼儿建立空间思维，培养幼儿动手能力、观察能力、操作协调能力、耐力和计划性的重要活动形式。在选择学前儿童手工活动内容时，教师要注意将艺术知识和适合幼儿年龄发展特点及审美需求的手工相结合，创造条件让幼儿尽可能安全地使用工具，锻炼各方面能力全面发展。

### 一、纸工活动

纸材料是学前儿童手工活动主要使用的材料之一。纸材料因其容易获得、品种繁多、花色丰富等特点深受幼儿喜爱。学前儿童纸工活动主要有折纸、撕贴、剪纸、染色、造纸等形式，教师可根据实际需要灵活运用各种纸艺技巧，创造出更有趣味的纸工活动。

#### （一）折纸

1. 折纸的工具材料

折纸活动选用的纸张应具备一定的韧度，可以反复折叠而不撕裂，表面色牢度高不易掉色，容易定型等特性。可使用80 g彩纸、纸鹤折叠纸、包装纸、珠光纸等纸材，所需工具有格尺、剪刀、胶棒等。折纸活动能够帮助幼儿树立几何及数理观念，培养幼儿按顺序工作的好习惯。

2. 折纸的基本技巧

活动前，教师应向幼儿介绍基础技巧和教程图的观看方法。开展活动时，教师可采取分步演示、语言指示、图示演示的方法讲解折纸步骤。常用的折纸方法有对边折、对角折、集中一角折、四角向中心折、双正方形、双三角形、菱形折、双船折等。

① 对边折：将纸两条边以中线对称折叠（图3-3）。

② 对角折：将纸相对的两个角沿对角线折叠（图3-4）。

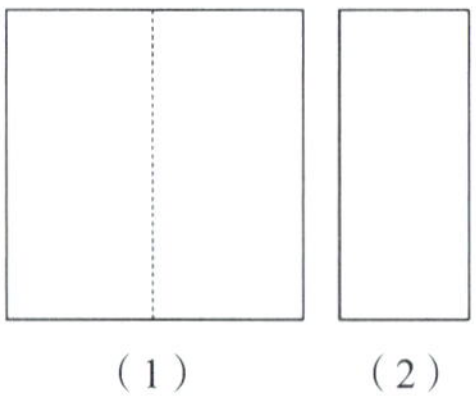


图3-3　对边折

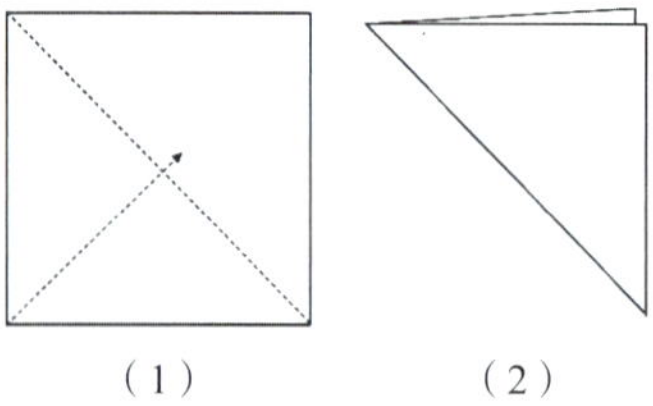


图3-4　对角折

③ 集中一角折：先将纸对角折出对角线，再将相邻两边沿对角线向中心折叠（图3-5）。

④ 四角向中心折：找出纸的中心点和四条边的中点，将四个角分别沿两条边的中点连线向中心点折（图3-6）。

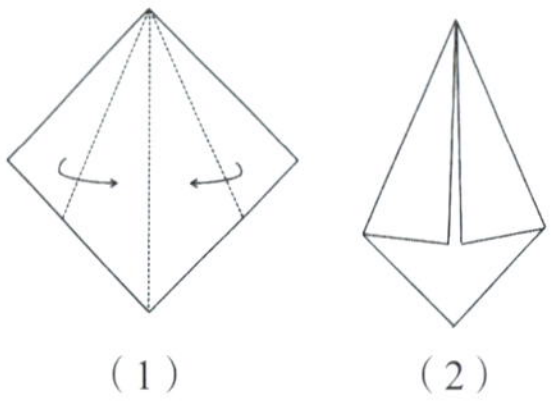


图3-5　集中一角折

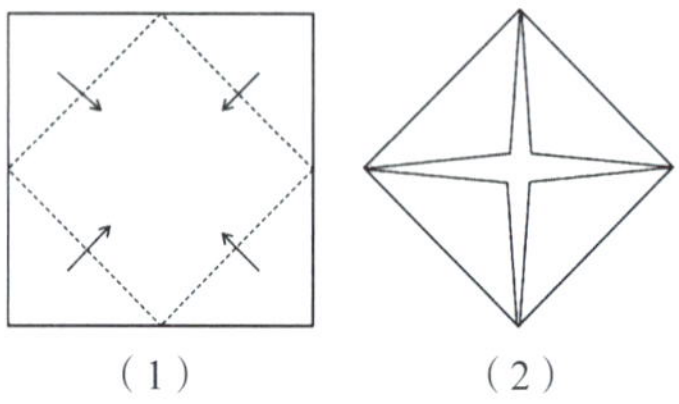


图3-6　四角向心折

⑤ 双正方形：先将纸对边折，再根据中线，一角向前、一角向后折成等腰直角三角形，然后从中间打开压平（图3-7）。

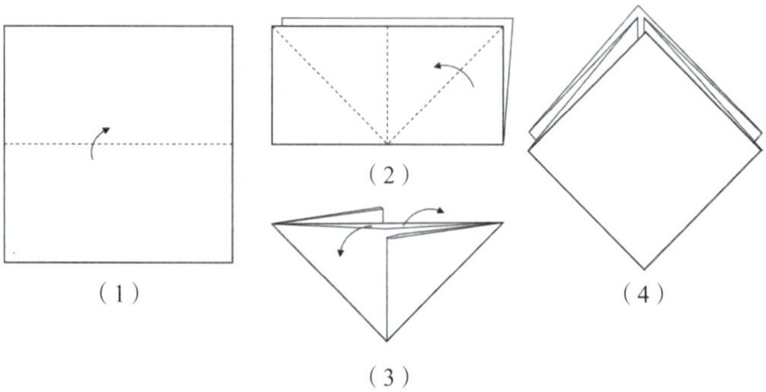


图3-7　双正方形

⑥ 双三角形：先将纸对角折，再根据中线，一角向前、一角向后折成正方形，然后从中间打开压平（图3-8）。

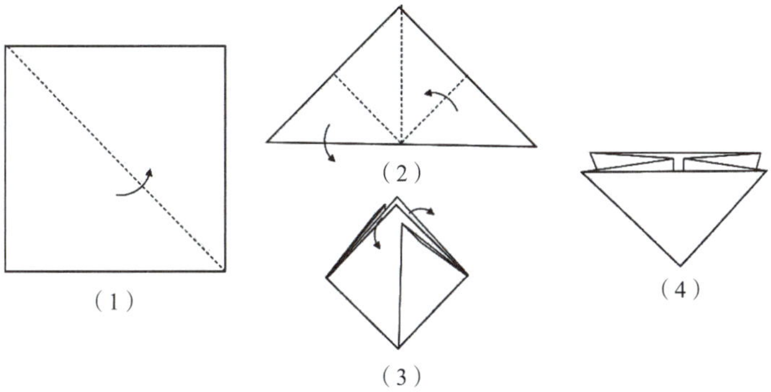


图3-8　双三角形

⑦ 菱形折：先将纸折成双正方形，再依据中线将开口端的四条边向内折叠，然后向下拉成菱形（图3-9）。

⑧ 双船折：先将纸对边折，将每两条对边向中线折，将四个角向外拉，压平。若将四角再向内折叠，可得到四正方形。双船折是花篮的基本折法（图3-10）。

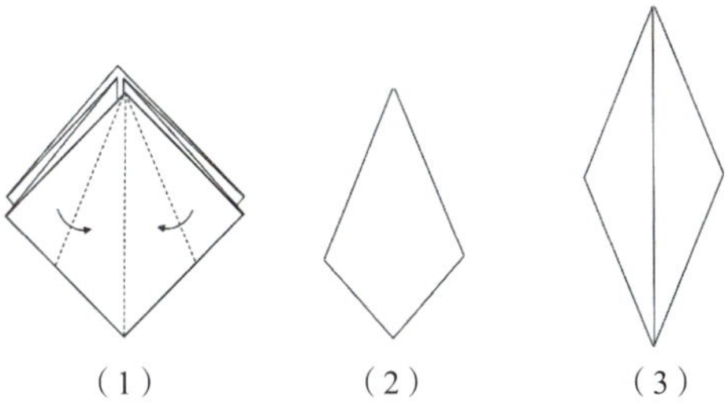


图3-9　菱形折

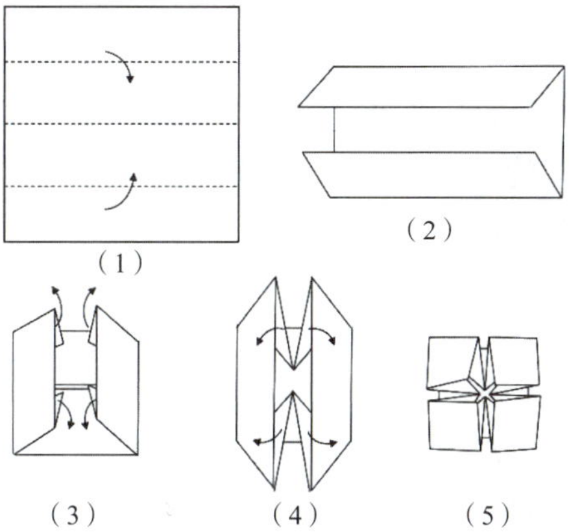


图3-10　双船折

### （二）撕纸

撕纸画是将纸材徒手撕成条状或块状，拼贴作画的手工形式。撕纸画轻松有趣，经常进行撕纸活动能够锻炼幼儿的注意力。撕纸画具有造型稚拙、色彩对比强烈的独特美感。

1. 撕纸画的工具材料

撕纸画可使用的纸材品类较多，各种旧杂志、包装纸、彩纸、鸡蛋托等都可使用。使用前，可先对纸材喷雾，增加湿度，降低撕纸时产生的粉尘对幼儿的刺激。幼儿可以使用乳白胶或固体胶棒粘贴纸片。还可加入小纸团、皱纹纸、纽扣、亮片等材料，丰富幼儿的创作材料。

2. 撕纸画的基本技巧

开展撕纸活动时，教师应鼓励幼儿大胆尝试。可以按照自己的意愿和对纸张局部色彩、图案的喜好自由撕纸，也可规定好形状或沿印绘好的图案轮廓撕纸。

拼贴作品时，先将撕好的纸张摆在背景上进行构图设计，再进行拼贴。教师在开展活动时要向幼儿介绍胶水的用量，示范贴纸的顺序和方法，并为幼儿准备好擦手的毛巾和吸取多余胶水的纸巾。吸取胶水时要用纸巾按压胶水，不可擦拭，避免胶水涂抹得到处都是，影响画面美观。

### （三）剪纸

对于小班幼儿，剪纸活动主要为体验剪刀的使用方法；中班幼儿熟练掌握剪刀的用法后可开展具体图形的剪纸活动，使用沿轮廓剪的方法进一步锻炼使用剪刀的能力；大班幼儿可尝试各种折叠技巧，可尝试制作圆形、四角形、五角形等纹样的剪折，也可尝试二方连续纹样、四方连续纹样、拉花等难度较大、效果更丰富的剪纸。

1. 剪纸的工具材料

剪纸需要用到纸张和剪刀，幼儿开展集体性剪纸活动时应使用安全剪刀和较薄的纸。对称剪纸和轮廓剪纸可使用A4纸或卡纸，折叠剪纸可使用蜡光纸、红色宣纸，拉花剪纸可使用皱纹纸、镭射纸、珠光纸等装饰性强的纸材。幼儿也可通过压花器进行剪纸游戏，压花器的花纹图案丰富，操作简单安全，非常适合幼儿自主活动时使用。

2. 剪纸的基本技巧

剪纸是一种熟能生巧的手工活动，技巧的纯熟需要经常练习和体验。开展活动时，教师可以用生动的语言帮助幼儿更好地控制剪刀的开合。例如："小朋友们，我们来让手中的小鳄鱼一口一口地吃掉图案边缘的黑面条吧。"形象地帮助幼儿练习剪纸技巧。剪纸时，可先让幼儿将需要剪的部分从整张纸上大致剪下，再精细修剪。幼儿容易出现左手不动，右手边剪边拉动的情况，会撕裂纸张，因此应告诉幼儿持剪刀的手只做开合动作，持纸的手不断调整纸的方向。

折叠剪纸中，五角形纹样、六角形纹样、二方连续纹样、四方连续纹样最具代表性。

**五角形纹样：**先将正方形纸对边折，然后找到长方形右半部分正方形的对角线交点。将左半部正方形左下角对准右半部正方形对角线的交点向右折，再将角向左翻折。将右半部分向左折叠，再对折，从斜下方剪，打开得到五角星，设计花纹剪出可得到五角形的剪纸（图3-11）。

**六角形纹样：**将正方形纸对角折，再将左右两角相向翻起，在开口端横剪去多余的部分即可得到六角形纹样的基本形。这种方法可以剪出漂亮的雪花，非常适合与冬季相关的活动（图3-12）。

**二方连续纹样：**将纸张先对折，再将中线两侧分别向中线对折，在两条边一侧绘制图案，图案应有部分连接在一起，打开后是两个连在一起的形象，比如"囍"字（图3-13）。

**四方连续纹样：**将长方形的纸对折后两侧分别对折2次，再各沿折痕反复折叠3次，以四条边一端为轴绘制图案，注意另一侧要有连在一起的部分，剪完打开后得到一串四个图案连在一起的作品。这种折叠方法折出的纸较厚，幼儿使用安全剪刀操作较吃力，

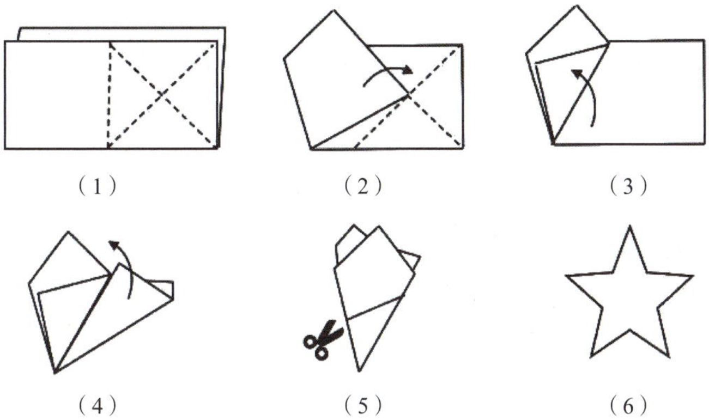


图3-11　五角形纹样折叠方法

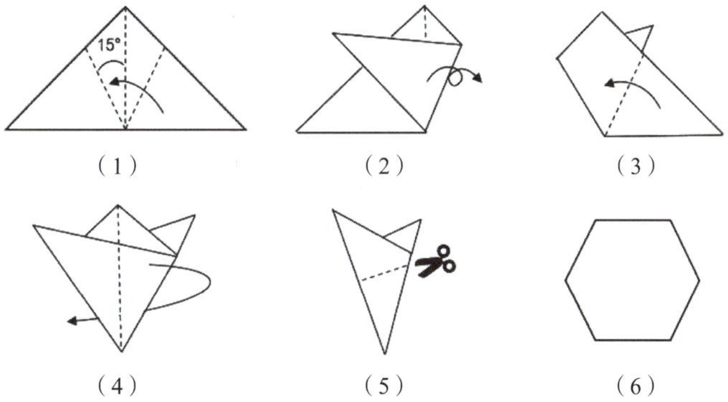


图3-12　六边形纹样折叠方法

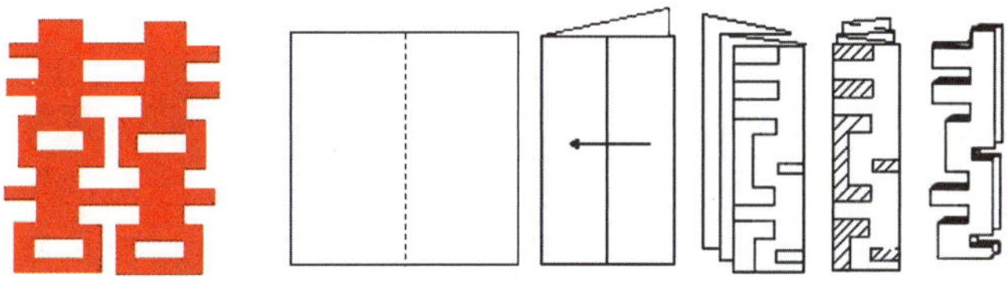

图3-13　“囍”字的剪法

适合大班幼儿尝试（图3-14）。

图3-14　四个连在一起的图案的制作

### （四）造纸

学前儿童造纸活动是一种废旧纸张材料再利用的环保活动，不仅具有很强的趣味性，能够充分激发幼儿的操作欲望，更能帮助幼儿养成节约用纸、爱护树木的好习惯。各种纸张都可以回收再利用。开展造纸活动需要准备画框、绣绷等边框材料，各种废旧纸材，乳白胶，压平的花材，60～80目的滤网，擀泥棒，塑料压板，防水桌布，盆等材料。制作时，教师先帮助幼儿将废纸撕碎或用粉碎机打碎，在盆中加入纸屑，并倒入水和少量乳白胶调和成纸浆，然后指导幼儿使用绷好滤网的捞纸框在盆中捞纸。制作好后用压板盖住纸面，用擀泥棒擀压出多余的水分，取下纸片贴于玻璃上晾干即可。做好的纸片可以穿上纸绳做成挂饰，也可用于绘画，还能作为礼物送给其他人（图3–15）。

图3–15　造纸活动

## 二、泥工活动

泥工活动是锻炼幼儿手部肌肉力量、空间思维能力和立体造型能力的主要途径。幼儿在接触不同材质的泥料时，通过团圆、搓条等技巧锻炼双手的协调性，通过对泥料的组合与塑造提升想象力和创造力。制作过程中对工具的使用也能培养幼儿的观察力，帮助幼儿养成工作的条理性、耐心和毅力。学前儿童泥工活动主要使用陶泥、超轻黏土、面等材料，这些材料可自然风干，软陶需要烘烤定型，操作难度较大，较少使用。在幼儿具有一定的泥塑创作经验和能力后，教师应引导幼儿学习塑造各种形象，组合成有情节的泥塑群像。

### （一）陶泥活动

陶泥是含有铁质而带黄褐色、灰白色、红紫色等色调，具有良好可塑性的黏土，可用来烧制陶器。矿物成分以蒙脱石、高岭土为主。陶泥是最天然的泥料，虽然在使用时较费力，但能够充分锻炼幼儿的手部力量。陶泥活动形式有揉泥、拉坯、泥条盘筑等。

1. 陶泥活动的工具材料

陶泥活动主要使用高岭土，这种泥细腻，黏性好，不易开裂，可自然风干。开展陶泥活动需要准备PVC材质的桌布、垫板、竹片刀等工具，为使作品更有趣味，也可准备羽毛、木珠、牙签等材料，甚至是扫帚的尼龙毛也可用作动物的胡须。有条件的园所可配备拉坯机，让幼儿体验陶艺的制作过程。陶泥作品在通风阴凉处自然干燥即可。

陶泥可回收重复利用，将干了的黏土砸碎加入清水，充分揉泥后即可使用。但拉坯活动时刮下的泥浆中混有幼儿的汗水等杂质，需要进行杀菌处理后沥干多余的水分再使用，否则在高温的夏天会变质，影响使用。

2. 陶泥活动的基本技巧

（1）搓条

将泥团放在手中，双手伸直前后搓动即可得到短圆柱体。适合表现胡萝卜、麻花、面包棍等短小的物体。搓长泥条时，可以指导幼儿将泥团放在桌上，双手并排均匀用力搓出长条，也可用压泥板左右擀压成条（图3-16）。

图3-16　搓条

（2）团圆

将泥团置于手心，双手并拢，左手不动，右手逆时针将泥团搓动成球体，在此基础上稍稍拉长可得到长卵形球体。适合表现球状的水果、动物的身体、珠子等（图3-17）。

图3-17　团圆

（3）拍压

将泥团放置在桌面上，用手或压泥板拍压，可用压泥板对泥饼进行塑造，压制成有棱角的立方体、方柱体。适合表现房屋、饼干、书本等（图3-18）。

（4）抻拉

从泥团中按照物体的形象抻拉出各部分，如动物的四肢、脖子等。陶泥延展性较差，适合制作微微突出的形象，且所用的泥需要湿润（图3-19）。

图3-18　压扁

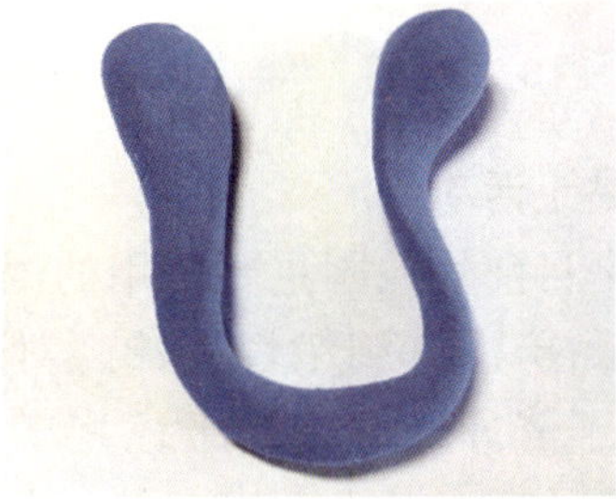

图3-19　抻拉

（5）捏塑

拇指和食指配合，塑造一些细节部分，如碗、饺子、叶子、花瓣等（图3-20）。

（6）分割

通过目测，使用工具将泥分割成所需的大小（图3-21）。

图3-20　捏塑

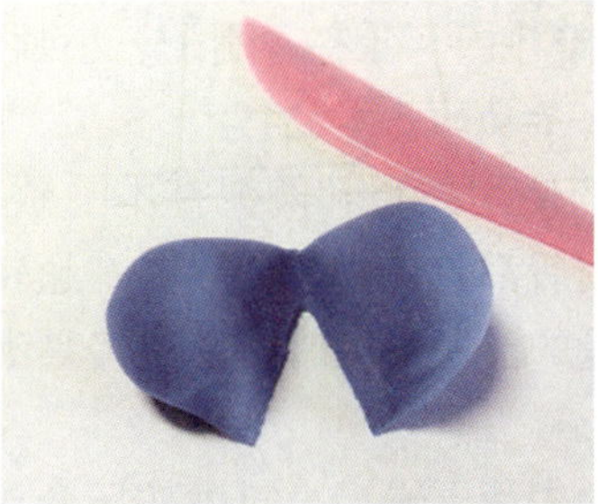

图3-21　分割

（7）挖

在泥团上用手指或球形棒压出凹陷，或用工具挖去一部分。这种方法可以制作面部、碗、花盆等物体。也可用笔帽等管状工具挖去中心，制作中空的泥筒（图3-22）。

（8）嵌接

嵌接较小的物体时，可利用泥料的黏性用清水湿润主体表面，将部件粘上去，也可以用小棒穿透部件和主体使之相连，如嵌接耳朵。嵌接较大的部分时，可在主体上挖孔，部件一端做长后插入砌合，或用牙签插接两个部分，并用泥浆贴合（图3-23）。

（9）泥条盘筑

制作花瓶、碗等器物时，可使用细长的泥条，一圈一圈盘起，组合成花瓶。这种方法可以代替拉坯机制作中空的泥工作品（图3-24）。

图3-22　挖

图3-23　嵌接

图3-24　泥条盘筑

### （二）超轻黏土活动

超轻黏土是目前幼儿园主要使用的泥塑材料，质量良好的超轻黏土没有刺激性气味，对幼儿健康无害，使用后便于清理。超轻黏土色相丰富，制作简单，作品自然风干后可长久保存，给幼儿很大的探索空间，深受幼儿喜爱。超轻黏土不仅可以用于开展手工活动，还能用于环境创设，是一种可塑性极强的材料（图3-25）。

图3-25　周宇飞《向日葵小站》

1. 超轻黏土活动的工具材料

开展超轻黏土活动时，教师除了准备足量的黏土，还可准备PVC垫板、擀泥棒、压泥板、分泥刀（塑料）、球头棒、象牙棒、牙签、刷子、小画框等工具。

2. 超轻黏土活动的基本技巧

超轻黏土的使用技巧和陶泥基本一致，但因其特性，个别技巧略有差异。超轻黏土使用前和使用后都需认真清洗双手。超轻黏土适合表现圆润厚实的形象，可在表现食物、动物等可爱的卡通形象时使用超轻黏土。

（1）拍压

超轻黏土的表面干燥后，过度按压会导致表面出现裂痕，因此在拍压时尽量趁黏土湿润时一次成型。可用亚克力材质的透明压泥板拍压，这样能够观察到压扁后的直径。

（2）抻拉

超轻黏土的延展性好，在制作线条时，可在黏土中加入几滴水调和湿润后，双手捏住黏土抻拉出细线，也可在制作天空或池塘时用白色和蓝色混成泥团，压扁后双手抓住边缘抻拉后堆叠，重复2～3次会出现色彩调和的效果。

（3）嵌接

超轻黏土在晾干的过程中会出现不同程度的变形，制作时要分步进行，如先制作兔子的耳朵，放在一旁晾干后制作头部、身体，各部位干后再用黏土或白乳胶粘贴组合。

（4）支撑

使用超轻黏土制作较大的物体时，可使用木棍、竹签等材料支撑。内部可以使用锡纸、废纸团、泡沫等材料作为芯材，缩短干燥时间。

（5）晾干

超轻黏土可以自然风干，短时间内可置于窗台上晒干，长久保存时应避免暴晒。制作时可以使用吹风机加速需要提前干燥的部件表面风干。

### （三）面塑活动

面塑是指以面粉、糯米粉等原料制成熟面团后，捏塑成花、鸟、鱼、虫、景物、器物、人物、动物等具体形象的手工技艺，俗称面花、礼馍、花糕、捏面人。中国的面塑早在汉代就有文字记载，经过几千年的传承和发展，形成了现在极具民族特色的艺术形式。民间在孩子满月、婚礼、老人寿宴上都会制作花馍，如陕西面塑、菏泽面塑等。

面泥是易于捏塑，色彩可自己调和，材料用食物制作，健康环保，可以自然风干，耐存储。面塑作品具有很强的传统艺术造型特点，学习和体验面塑艺术是幼儿体验中华优秀传统文化的重要途径。

1. 面塑活动的工具材料

（1）面泥的制作方法

制作传统面泥需要的材料有：低筋面粉500 g、糯米粉75 g、玉米淀粉50 g、白糖40 g、水500 g、甘油50 g、盐20 g。将面粉、糯米粉、玉米淀粉等原料倒入盆中，加水和甘油和成黏稠的面糊，发酵30分钟后放入蒸锅中蒸40分钟，蒸好后每100 g面团加5 g凡士林进行揉制，面团制作好后表面抹一层凡士林，装入保鲜袋置于冰箱存储。面泥中可以加入水粉颜料或食用色素调色。

（2）面泥使用的工具

开展面塑活动时，可以让幼儿尝试制作一些简单可爱的卡通形象，重在让幼儿体验中华优秀传统文化。可以为幼儿准备小剪刀、擀面杖、垫板、象牙棒、铁丝圈等工具。

2. 面塑活动的基本技巧

（1）剪

表现刺猬、兔子的脸颊等毛茸茸的形象时会用到剪面的方法。其做法为在揉好的面团上用小剪子均匀剪出小面尖表现刺或毛。

（2）卷

将面团剪出分叉后，翻卷面泥可以呈现出各种花纹，丰富面塑的表现形式。

（3）旋转渐变

旋转渐变是传统面塑的常用技巧，做法是在泥条周围均匀贴上彩色的细条，将泥条放在手中搓捻，各色泥条就会形成螺旋状花纹。

（4）压花

使用吸管、勺柄、木梳、牙刷等工具在面泥上压出装饰性花纹。

自制面泥的缺点是夏季容易发酵变质，教师可按超轻黏土、陶泥、面泥等材料不同的特性决定使用的季节，可以考虑将面塑活动安排在气温较低的秋冬季节进行。

注意事项：

第一，开展泥工活动时，教师应重点关注幼儿的参与度，鼓励幼儿发挥想象力，自由地创作，肯定幼儿在活动中的进步，引导幼儿从审美的视角审视自己的作品。

第二，不管使用哪种材料，完成后都需要将作品充分晾干才能长久保存。做好的作品应置于干燥通风的环境，不能暴晒，以防作品褪色、干裂或发霉。

第三，面塑作品做好后需要一定的空间保存。若幼儿园展示和存储的空间不足，教师可让幼儿将作品带走。能够重复利用的材料可以回收利用，可以处理的作品，教师应征得幼儿的同意，拍照建立档案库，并避开幼儿处理。

第四，质量合格的各类泥工材料虽对人体无害，但其中有很多化学物质对幼儿的生长发育可能造成影响，因此活动结束后，教师须带领幼儿认真仔细地清洗双手，之后再进食或饮水。

## 三、编织活动

编织活动是用双手或工具将线状材料进行交错或勾连组合成片状或条状的工艺，能够锻炼幼儿手指精细运动和思维能力。学前儿童编织活动主要使用纸条、毛线、布条、绳子等材料，主要技法有横竖交错编、编辫子、编带子等。

### （一）纸编织

1. 纸编织的工具材料

纸编织使用的材料为纸条、剪刀、胶水等。教师可收集日常生活中的废旧纸张、杂志、挂历等材料裁成纸条备用。

2. 纸编织的基本技巧

纸编织主要采用横竖交错编织的方法。教师可提供三种不同颜色的纸条，首先在背景纸上色彩相间地贴出一排经线，如红和黄，然后指导幼儿将其中一种颜色的经线向上折，将纬线插入，再抬起另一种颜色，再次插入纬线。重复此步骤，培养幼儿对穿梭编织的理解。刚开始尝试时可从6条经线编起，熟悉后再增加经线数量。作品可作为画面中的桌布、杯垫等。横竖交错编织是一切编织活动的基础，能够帮助幼儿理解编织的基本原理。

### （二）线编织

1. 线编织的工具材料

线编织使用的材料主要有毛线、棉线、麻绳、布条等，使用的工具有画框、钉子、小锤子、钩针、剪刀、塑料穿线针等。

2. 线编织的基本技巧

（1）编麻花辫

编麻花辫可以充分锻炼幼儿的手眼协调性和手部精细运动。编麻花辫时，教师可以做一个小女孩的卡通形象，将毛线钉在板上，毛线长度在30～40 cm，教师可准备发绳、头花等装饰品。幼儿可以两两一组，为一幅图板编辫子。

（2）编毯子

编毯子或布垫是利用布条或绳线等材料横竖交错进行编织。编织时，教师可以给幼儿事先准备好的有钉子的框，幼儿先将经线缠好，再用塑料穿线针或钩针来回穿梭，横竖交错，完成毯子或布垫编织。教师可以将这些布垫用在幼儿园的环境创设中，增强幼儿对环境的美化意识和归属感。有条件的园所还可以为幼儿准备儿童用织布机，激发幼儿对机械工作原理的兴趣，引导幼儿设计花纹并尝试编织出来。

**（三）自然材料编扎**

自然材料编扎是指用玉米叶、芦苇秆等自然材料制作民间工艺品，可编扎成动作丰富的群体造型作品，也可将玉米叶编织成三股辫后通过盘扎做成垫子。自然材料的色彩柔和，有天然、温馨的美感，非常符合现代幼儿园的装饰风格。有条件的园所可以在种植区种植玉米，秋天收获后留下玉米叶子供幼儿手工编织使用。

注意事项：

编织活动难度较大，幼儿刚接触时不能很好地理解编织的原理和操作方法。教师在实施时一定要循序渐进，从少量、简单的方法做起，重在体验，避免活动内容难度过大，打击幼儿的积极性。

## 四、扎染

扎染古称扎缬、绞缬，是民间传统而独特的染色工艺。扎染工艺分为扎结和染色两部分。扎结的制作技法有上百种，各有特色。扎染时，织物的部分被扎结、缝合或夹住，不能着色，会出现布料本色的花纹图案。染出的布料晕色丰富，变化自然，给人无限的想象空间。扎染是中国传统的手工染色技术之一，其独特的艺术效果是机械印染工艺难以达到的。

学前儿童扎染活动是向幼儿介绍中国传统的色彩美学和织染文化的重要途径。开展活动时，教师可以向幼儿介绍中国传统染料中蕴含的民族文化，幼儿能通过扎染锻炼动手能力，通过观察、尝试各种扎法并染色锻炼色彩搭配能力和想象力（图3–26）。

图3–26　扎染

1. 扎染的工具材料

教师可以准备天然的染料如姜黄、苏木、石榴皮、洋葱皮等，提前制作好染液和明矾水等媒染剂供幼儿使用，也可使用现代的扎染颜料。教师可为幼儿准备丝巾、棉布、麻布等天然材质的布料，盆、棉线绳、小木片、皮筋套、长镊子、剪刀等工具。开展活动时，教师应为幼儿穿戴好围裙、袖套，戴好手套，做好防护措施，防止染液污染幼儿的服装。

2. 扎染的基本技巧

（1）过矾

先将布料置于明矾水中浸泡，有些天然染料是在染色后使用媒染剂固色的，需要根据使用染料的性质决定过矾的次数与顺序。

（2）扎缬

染色前需要用棉线或皮筋套捆扎好布料，教师可介绍几种基本方法，并鼓励幼儿自己探索不同的捆扎方式能够创造出何种花纹图案，培养幼儿的探究能力。也可利用乒乓球、玻璃珠、木片、木棍等材料创造出千变万化的图案。

（3）浸染

染色时将布料完全浸泡在染液中，若使用现代染色颜料，则可使用长镊子夹住布料后向布料滴入色彩。扎染服装等布料较多的作品时，染料用量一定要充分，浸泡时间要充足，否则会导致颜色浅淡，不美观。使用天然染料时，媒染剂会使色彩发生变化，教师可带领幼儿寻找自然界中能够制作染料的植物，如荏草、鼠李等。

（4）固色与晾干

染色结束后，可将作品放在塑料袋中存放一天，然后再次将作品浸入明矾水中固色。之后可将作品置于清水下投洗，在没有色彩渗出后即可置于阴凉通风处晾干。

除了扎染，还可以使用洗脸巾、纸巾进行折叠浸染，可使用洋葱皮、苏木等天然染料制作贴花彩蛋，培养幼儿对生活的热爱。

## 五、综合制作

综合制作是运用多种材料与工具，融合各种手工技巧的手工活动。综合制作对于培养幼儿的观察力、想象力、设计能力、动手实施能力和美感经验有非常重要的意义。在日常的园所生活中，教师可引导幼儿注意观察生活，积极搜集可用的材料，从幼儿的兴趣出发，通过操作让幼儿感受各种材料的特性和质感。

### （一）综合材料的收集

综合材料涵盖范围极广，日常生活中的废旧纸材、塑料制品，自然界中的树枝、落叶、果实、贝壳、羽毛等材料都可使用。收集材料时，教师可在美工区创设操作台和晾晒架，讲解各种材料收集、处理、存放的方法，可在走廊空旷且不影响交通的地方设置资源分类回收箱，帮助幼儿树立资源回收和垃圾分类的意识。

### （二）综合制作的基本技巧

综合制作在融合纸、泥、编等基本手工技巧的基础上，还可采用以下四种办法进行造型。

1. 纸胶塑形法

纸胶塑形是指使用乳白胶和纸对物体表面裱糊，待乳白胶干燥后形成硬壳的造型手段，常用在组合形体、气球脱模等制作上。如幼儿可以在纸面具上用纸巾和乳白胶制作小犄角、小耳朵装饰，或用气球缠满浸泡过乳白胶的麻绳制作鸟巢，或是在制作恐龙时将多个纸巾筒连接后外层用纸裱糊连接。

2. 缝合法

利用针、线进行连接。

3. 接合法

利用订书器、双面胶等材料将物体快速接合在一起。

4. 插接法

把材料切开，将另一部分插入，如塑料瓶、纸箱等。

注意事项：

第一，教师应为幼儿提供丰富多样的制作材料，在日常教学活动中引导幼儿共同做好分类整理工作，在制作过程中不断激发幼儿的制作灵感。

第二，开展综合制作活动时可与游戏结合起来，一是为幼儿创设情境，让幼儿在游戏的情境中完成制作；二是可以将制作过程设计成游戏，增强趣味性；三是可以将作品用于游戏，如自制的水桶鼓、葫芦卡巴萨、面具等。

第三，幼儿通过手工活动应建立起有计划的工作意识，养成观察—设计—实施的好习惯，并能够在完成后将环境整理干净，收纳好使用的材料。

**精彩回放**

**扫码学习**

中班纸工活动“七彩风车”

精彩回放

## 第三节　学前儿童手工活动的组织与指导

### 一、不同年龄阶段手工活动的指导方法

#### (一)0～3岁

3岁前的幼儿手工活动具有明显的随意性，这一阶段的幼儿对手工活动的工具材料及操作过程充满好奇，往往没有明确的制作目的，只是将其作为一种玩耍游戏。结合这个年龄段幼儿的发展特点，教师需要为幼儿准备各种材质的纸张、超轻黏土等活动材料，让幼儿在游戏中享受玩耍的乐趣。这一阶段指导要点包括以下方面：

① 引导幼儿初步体验操作泥、纸等手工材料的愉悦感。

② 引导幼儿了解纸的性质，尝试撕出纸条或小纸片，并能粘贴出简单的形状。

③ 引导幼儿体验泥的可塑性，学会团圆、压扁、揉捏等基本泥工技能。

④ 引导幼儿尝试用自然材料（豆子、石子、树叶、木料）拼摆造型。

⑤ 鼓励幼儿尝试用印章、海绵等材料蘸上颜色在纸上印画。

#### (二)3～4岁

3～4岁幼儿手部肌肉发育不够成熟，认知能力有限，对工具还没有产生使用的意识，在制作前通常很少构思，所以不能有目的地制作出具体的形象。教师在指导时应重点提供种类丰富且安全、卫生的工具和材料，给幼儿充分接触材料、探索工具的机会，使其逐步掌握一些基本、简单的手工技能。这一阶段指导要点包括以下方面：

① 培养幼儿参加手工活动的兴趣，使其愿意尝试各种工具和手工材料。

② 鼓励幼儿用胶水等工具将自然材料（各种豆、鹅卵石、木片、树叶、干花）贴出简单图形。

③ 引导幼儿初步学会撕纸、染纸等简单技能，并能用固体胶粘贴成画。

④ 启发幼儿体验泥的可塑性，学会搓长、团圆、嵌接等技能，塑造简单形象，如小猪、小鸡等。

⑤ 引导幼儿用有特殊形状的蔬菜、特殊图案的器物在纸上印画，添画成具体形象，如花朵、衣服等。

**（三）4～5岁**

4～5岁幼儿在手工活动中已经开始由无目的的动作逐步转变为有意图的尝试。此时幼儿会出现构思的过程，对工具的使用产生强烈的欲望，逐渐开始选择工具完成自己的手工制作意图。因此，教师在指导时应鼓励幼儿大胆按照自己的意愿进行尝试，培养他们对手工活动的兴趣，同时也要引导他们熟悉基本的手工技能技巧。这一阶段指导要点包括以下方面：

① 引导幼儿认识多种手工工具和材料。

② 帮助幼儿用更丰富、更复杂的材料粘贴出简单形象。

③ 引导幼儿学习集中一角折、双正方形折、双三角形折等技能，折出简单玩具和物象。

④ 引导幼儿学习黏土制作的技巧，用泥塑造出物体的基本部分和主要特征，尝试在平面上用黏土制作浮雕作品。

⑤ 启发幼儿撕出简单物体形象，结合浸染和点染技能进行染纸，能跟随教师折纸。

⑥ 鼓励幼儿初步学习用自然材料和废旧材料制作造型简单的玩具。

⑦ 帮助幼儿正确使用剪刀、泥塑刀、擀泥棒等手工工具。

**（四）5～6岁**

5～6岁幼儿由于手部肌肉精细动作得到了发展，手眼协调能力逐渐增强。教师应注意引导他们综合运用手工技能技巧，并探索同一材料、工具的多种用法。这一阶段指导要点包括以下方面：

① 帮助幼儿较熟练地选择和使用手工工具和材料，创造性地用手工活动表达自己的创作意愿。

② 带领幼儿了解各种手工材料的特点，能根据自己的创作意愿选择材料。

③ 带领幼儿收集各种常见的自然材料和废旧材料进行手工制作，创设材料整理区角和处理材料的工作坊或区角。

④ 引导幼儿综合运用泥工技能表现人物、动物等较复杂结构的形体，鼓励幼儿表现形体的主要特征和细节。

⑤ 引导幼儿运用多种折纸技能折出简单玩具，能按照形状大致撕出自己喜欢的物体轮廓。

⑥ 引导幼儿用目测方法单独或折叠剪出窗花、拉花，并能将折纸和绘画、粘贴、环境布置联系起来。

## 二、不同手工制作类型活动的指导方法

### （一）纸工活动

#### 1. 纸工活动的难点与教学策略

纸工活动主要分为剪纸、折纸、撕纸、染纸、造纸等活动。其中，剪纸中剪刀的使用、撕纸时手指动作的练习、折纸中的各种技法和对教程图的理解、染纸的折叠方法等都是活动难点。教师可以运用生活练习法、儿歌辅助法、图示辅助法、尝试操作法、分步示范法、对比发现法等教学策略。

（1）生活练习法

生活练习法是幼儿通过生活中的一些动作练习纸工技能技巧的方法。如通过叠毛巾、叠被子帮助幼儿理解三折、对边折、对角折等基本折叠技巧。教师还可以通过手指操、手指游戏等让幼儿锻炼手指的灵活性，为撕纸、剪纸的手眼配合做好准备。

（2）儿歌辅助法

儿歌辅助法是将操作步骤总结成儿歌的教学方法，朗朗上口的儿歌能加深幼儿对动作的印象，使其更易掌握操作技巧。如剪纸时，教师可以用儿歌告诉幼儿剪纸时持剪刀的手只做开合，持纸的手不断调整纸的方向："小剪刀，要剪好，右手固定剪形状，左手拿纸来回跑（教师右手做剪刀的开合运动，左手从上到下运动，体现剪刀开合）。"

（3）图示辅助法

图示辅助法是用照片、图片、图形等方式提示纸工活动操作步骤的方法。教师一边讲解一边借助图示，以直观的图像帮助幼儿更好地理解操作技巧。看懂图示是剪纸、折纸、染纸等活动的重要手段，也是中班后期到大班阶段幼儿需要锻炼的一种能力。

（4）尝试操作法

尝试操作法是幼儿自己尝试和体会操作技巧的方法，一般在初次使用某种材料时使用。教师可以先将材料发给幼儿，让他们自己根据图示或教程尝试制作，对幼儿不理解的问题再给予指导。

（5）分步示范法

分步示范法是教师带领幼儿一步一步操作的方法，对于3～4岁幼儿，教师需要一步一步去做，对于4岁半以后的幼儿，教师可完成1～2步后让幼儿模仿制作。分步示范法适用于较基础的技巧学习，如折纸、染纸等，而对于综合性较强的活动，教师可重点演示几个难度较大的动作，给幼儿更多的想象空间。

（6）对比发现法

对比发现法是幼儿通过自己对比、探索掌握纸工技能技巧的方式。如染纸活动中，教师可以鼓励幼儿尝试不同的折叠方法浸染，从而对比发现折叠与图案之间的关系。

#### 2. 纸工活动中应注意的问题

教师应注意让幼儿探索各种纸材的特性、学习用纸材拼贴形象、正确保存作品等。

进行纸工活动时，教师需引导幼儿了解不同工具材料的性质。如染纸用的是生宣、面巾纸等吸水性强的纸材，剪纸用的是比较薄的彩纸，撕纸用的是旧杂志或广告等比较

易撕的纸材，不同纸工活动所用纸的性质不同，表现力也不一样。教师应鼓励幼儿自主探索纸的软硬、吸水性等性质，从而根据自己的创作需求更好地选择纸材。

纸工活动往往会和粘贴、绘画活动相结合。如撕贴活动、剪贴活动中，教师要注意引导幼儿对撕贴或剪贴作品进行添画，更完整、形象地表现出一定的情节或事物。

教师应了解不同纸工作品的保存方式。如染纸作品需要阴干保存，不能暴晒；剪纸作品可贴在背纸上保存；平面型纸工作品收纳和取出时注意不要毁坏作品等。

### （二）泥工活动

#### 1. 泥工活动的难点与教学策略

泥工活动基本技能的学习是泥工活动的难点，包括搓长、团圆、压扁、连接、盘绕、挖空、抻拉等。教师除了讲解示范外，还应注重循序渐进地指导幼儿学习各种技能。首先帮助幼儿学习做基础形状；其次引导幼儿通过具体形象的制作锻炼泥工技能，如制作糖葫芦、苹果练习团圆技能，制作棒棒糖练习扭转技能，制作水杯、篮子、花瓶等练习盘筑技能；最后鼓励幼儿表现形象细节，尝试组合成群像。教师应为幼儿提供塑料或硅胶质地的黏土工具，满足幼儿对工具的探索欲。

#### 2. 泥工活动中应注意的问题

幼儿造型能力不强，通常会将各色黏土混在一起形成一个球。教师应注重引导幼儿用双手感受黏土的触感和培养制作的兴趣，不强调造型的准确性。

选择材料时，教师要对泥的质量进行把关。以超轻黏土为例，质量合格的黏土不应有刺鼻的酸味，黏土湿度适中，好抓取且不粘手、不掉色。

教师应引导幼儿注意卫生习惯，安全正确地使用黏土，如手上粘有黏土时不触碰食物和口鼻，不贴近黏土嗅闻，黏土不入口，粘在衣服上及时寻求教师的帮助，活动结束及时认真仔细清洗双手等。

教师应注意对泥塑作品的保存，如放置在保护罩中，不暴晒，空气湿度要适宜等。

### （三）粘贴活动

#### 1. 粘贴活动的难点与教学策略

粘贴活动的难点在于各种黏合剂的使用方法，教师可以通过演示与示范、空手练习等方式指导幼儿学会运用粘贴工具，引导幼儿养成细致、耐心的好习惯。教师要注意物与物之间的色彩搭配，构图、造型之间的关系。如材料与底色、某一形象的不同部位之间的色彩要有一定差异，造型轮廓要相对简单。

粘贴活动常用的胶有固态的胶棒、双面胶、泡沫胶、纳米胶和液体的胶水、乳白胶等，固体胶带适合粘贴纸张，乳白胶适合粘贴木头、纸板等较重的材料，热熔胶存在烫伤幼儿的隐患，不建议使用。

#### 2. 粘贴活动中应注意的问题

教师在指导幼儿粘贴活动时，需注意画面的艺术性和整洁性，培养幼儿良好的制作习惯。在艺术性方面，教师可引导幼儿从大小、位置、色彩等方面凸显主体形象，运用一定的色彩搭配规律使画面色调统一和谐等。在整洁性方面，教师要引导幼儿注意粘贴时不涂抹太多胶水，为幼儿准备湿润的毛巾，及时擦去手上多余的胶。教师还需帮助幼儿养成良好的习惯，如双面胶撕掉的衬纸要扔进垃圾桶，用完胶水及时盖住盖子等。

### （四）综合制作活动

1. 综合制作活动的难点与教学策略

综合制作活动是一种综合性的幼儿美术活动，幼儿将使用纸、泥、绳、布、自然材料等多种材料和工具。综合材料制作的难点在于创作前的大胆构思。教师应引导幼儿展开联想，从模仿开始，逐渐迁移、创造，让幼儿体会到材料变形的快乐。

制作综合材料手工前，教师可以提供一些采用多种材料制作的造型夸张有趣的实物、玩具或民间工艺供幼儿欣赏、对比发现和探索，为幼儿提供灵感。教师应启发幼儿充分利用手中的材料进行组合表现。

活动开展时，教师应引导幼儿自主探索，提供丰富的材料供幼儿尝试。综合制作活动可以与环境创设、玩教具、游戏等活动充分融合，让幼儿在一种游戏情境中获得综合制作的乐趣。综合制作活动还可以和其他领域活动相联系，如在音乐活动中使用幼儿自制的沙锤、饼干盒手鼓，在健康活动中使用幼儿自制的小足球门，在语言活动中使用幼儿自制的绘本等。幼儿用自己制作的物品参与活动，会有更高的积极性和成就感。

2. 综合制作活动中应注意的问题

（1）综合性

构思要制作的作品时，教师应综合考量班级人数、幼儿手工活动经验、制作水平、场地、材料、工具等方面对作品完成的影响。应让幼儿从与材料的接触中获得创作灵感，但教师提供给幼儿的材料要分类整理好，不要堆积过多的材料影响幼儿的选择。

（2）安全性

开展综合制作活动时，幼儿会接触多种材料，如纸张、剪刀、胶水，各种扣子、亮片、木头片等，这些材料存在划伤、刺伤的安全隐患，幼儿误吞特别大的扣子会有窒息的风险。因此教师在开展活动前，须明确告知幼儿各种材料的使用方法和注意事项。

（3）秩序性

由于活动中会使用多种材料，因此教师可以和幼儿协商制作的顺序和秩序，如先制作头部再制作身体，不能拿着剪刀乱跑，做完要将工具和材料放回相应的区域等，引导幼儿养成良好的习惯。

（4）游戏性

综合制作可以与游戏相结合。一是在游戏情境中制作玩具，二是用游戏的形式开展制作，三是将制作的作品当作游戏道具，提升作品的实用性和幼儿的成就感。

#### 精彩回放

**扫码学习**

1. 大班纸工活动“红双喜”
2. 中班编织活动“小蜘蛛织大网”
3. 小班染色活动“扎染”

精彩回放

4. 中班泥工活动“森林里的小花伞”
5. 中班树叶拼贴画活动“鱼趣图”
6. 大班综合制作活动“环保时装秀”

## 实践演练

**一、活动准备**

手工活动用具、教学课件、作品概念图，按照教学组织需要摆好桌椅、摄像设备。

**二、活动组织**

1. 学生6人一组，其中一名学生担任组长，负责组织组员在备课与模拟讲课过程中收集案例、研课、磨课、录像。

2. 每组选出一名代表进行模拟讲课，其余学生配合完成。

3. 每组完成后，组长需组织组员对其进行点评和补充，优化课程设计。

**三、活动实施**

以小组为单位，选择以下任一情境设计和实施教学活动。

情境一：学习安全地使用剪刀是幼儿要掌握的一项基本技能，如何将剪的动作巧妙地融入活动，引导幼儿正确地使用工具，是创设手工活动时教师必须考虑的。请设计一次手工活动，引导幼儿学习剪刀的使用方法和注意事项。

情境二：一次优秀的手工活动绝不仅仅是教师带领幼儿一步一步做手工，在活动中教师应将各领域知识与手工、绘画相结合，充分激发幼儿的好奇心与探索欲。请设计一次手工活动，引导幼儿探索声音、风、太阳能、光等科学现象。

情境三：我国有很多艺术性和趣味性极强的传统玩具，如布老虎、陀螺、不倒翁、投壶等。请设计一次手工活动，带领幼儿共同设计制作一件具有传统美学特点的玩具。

**四、活动评价**

请依据表3-2评价活动实施情况。

表3-2　活动评价表

| 评价项目 | 评价标准 | 等级 | | | | |
|---|---|---|---|---|---|---|
| | | 优秀 | 良好 | 中等 | 合格 | 不合格 |
| 活动设计 | 能根据幼儿的年龄发展特点设计手工活动，活动形式新颖，内容有吸引力，对工具的使用方式和注意事项有明确的讲解，活动能激发幼儿的探索欲和创造力 | | | | | |

续 表

| 评价项目 | 评 价 标 准 | 等 级 | | | | |
| --- | --- | --- | --- | --- | --- | --- |
| | | 优 秀 | 良 好 | 中 等 | 合 格 | 不合格 |
| 难度界定 | 活动难度符合幼儿年龄发展水平，具有一定的挑战性，且大部分幼儿能独立完成 | | | | | |
| 教学语言 | 教学语言规范，有语言组织能力，能清晰表达自己的想法和对幼儿的要求 | | | | | |
| 教学技术 | 会使用一种或多种教学技术，能够将课件、图片等形式引入教学中 | | | | | |
| 教育意义 | 活动主题对幼儿的艺术修养发展具有教育意义，并与其他领域有一定的联系 | | | | | |
| 优化建议 | | | | | | |

## 思考与练习

思考与练习

**一、名词解释**

1. 无目的活动期
2. 基本形状期
3. 样式化期

**二、简答题**

1. 列举你认为适合幼儿学习的手工活动内容，这些内容在实施时有哪些注意事项？
2. 结合具体课例谈一谈，幼儿在使用陶泥时容易遇到哪些问题？如何解决？

**三、实践题**

搜集各种民间工艺形式和优秀的工艺作品，以小组为单位进行汇报分享，积累手工活动设计素材。

# 第四章

# 学前儿童美术欣赏活动

## 学习情境描述

陈老师很喜爱绘画，每次设计美术欣赏活动时，陈老师都会精心选择一幅世界名画，开展活动时，她会向幼儿详细介绍画作的作者、生平、流派、绘画种类、创作手法等专业知识，她认为一定要让幼儿从小就接受审美的熏陶。她采用的教学方法多为讲授，但她发现小朋友们在听她讲解时经常“溜号”，东张西望，你碰碰我，我拍拍你。活动结束的第二天，当陈老师问小朋友们欣赏的作品时，小朋友们除了记得画面的色彩和画面中的主体物外，对教师讲的知识并没有印象。请思考：陈老师认为美术欣赏活动就是欣赏世界名画，这种想法是否正确？她在开展欣赏活动时讲述很多专业的绘画知识，是否妥当？如果你是教师，你会如何设计符合幼儿年龄特点和审美需求且充满趣味的美术欣赏活动呢？请在学习本章节后填写表4-1。

表4-1　学习情境分析

| 问　　题 | 你的想法 |
|---|---|
| 美术欣赏是单纯地欣赏世界名画吗？ | |
| 美术欣赏活动的内容是教师介绍美术作品的专业知识吗？应如何开展？ | |
| 想要设计符合幼儿年龄特点和审美需求且充满趣味的美术欣赏活动需要注意哪些原则？ | |
| 幼儿在美术欣赏活动中应有哪些收获？ | |

## 核心知识地图

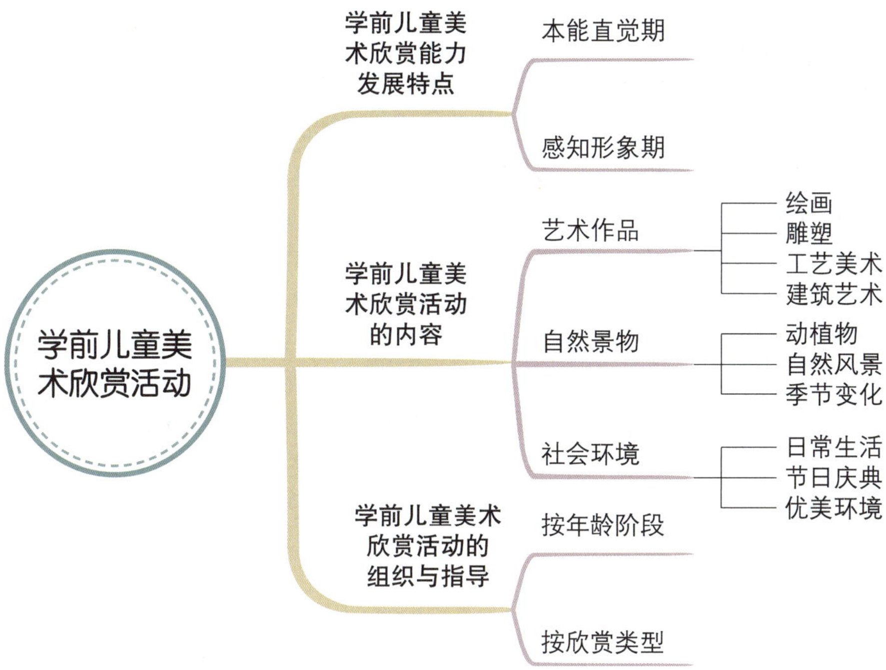


## 学习目标

1. 能够列举学前儿童美术欣赏能力发展特点，掌握选择欣赏对象和指导欣赏的依据；
2. 能够叙述自然景物和艺术作品的审美内涵和独特意义；
3. 能够根据幼儿审美能力发展特点选择内容，创设学前儿童美术欣赏活动；
4. 能够归纳指导幼儿美术欣赏的方法，运用谈话欣赏等方法引导幼儿进行作品欣赏。

## 基本知识

# 第一节　学前儿童美术欣赏能力发展特点

幼儿对作品形象的感知和理解受其自身感知能力发展的影响，是一个不断发展变化的过程。从已有文献来看，对学前儿童美术欣赏能力发展的研究多数是从认知的角度划分幼儿对图画的感知。在综合国内外学者关于儿童美术欣赏目的发展阶段理论的基础上，本书将学前儿童美术欣赏能力发展分为本能直觉期（0～2岁）和感知形象期

（2～7岁）两个阶段。

## 一、本能直觉期（0～2岁）

这一时期的欣赏主要表现为对形式审美要素的知觉敏感性和注意的选择性，是纯表面的和本能直觉的。幼儿主要通过视、听、动的协调活动进行信息交换。此阶段的幼儿对形状、颜色等美术基本要素的视觉偏爱是由其生理机能决定的，是一种本能的快感，还不能形成真正独立的美感反应。具体表现出以下特征。

### （一）形状知觉

婴儿出生后的头6周里，对清晰复杂尤其是黑白对比鲜明的轮廓外形非常感兴趣，此时的婴儿会把视线集中到物体的外形或轮廓上；婴儿出生后两个月，视觉集中现象比较明显，即视觉偏移渐渐集中到视觉观察的物体的中心区域。在偏爱形状上，如果向婴儿呈现一个圆形和一个横条形，婴儿将更多地注视圆形。通过习惯化行为测量发现，出生2天的新生儿就能注视像面孔一样的模式刺激物，即使是一个椭圆上准确地标出“眼点”的也比一个单纯的椭圆或非脸部图形更吸引婴儿。同时，他们正在学会对形状的细节和整体做出反应。

### （二）深度知觉

吉布森和沃尔克（Gibson & Walk）的“视觉悬崖”实验发现，2～3个月的婴儿已经可以感受到深度，5个月以后的婴儿不仅具有深度知觉，而且更爱看立体而不是平面的东西。

### （三）颜色知觉

基本的颜色知觉在婴儿出生后很短时间内就出现。斯塔普里斯（Fred R. Staples）给婴儿展示两个亮度相等的圆盘，一个彩色，一个灰色，测试婴儿对二者的注视时间。结果表明，婴儿对有颜色圆盘的注视时间明显更长；4个月的婴儿的颜色感知能力已经接近成人水平。他们更容易被纯度高的色彩所吸引。奥斯特和沙勒（Oster & Schaller）采用“偏爱法”研究证实：颜色色调是婴儿辨别颜色的主要因素。伯恩斯坦（Marc H. Bornstein）等人的研究表明，婴儿也像成人一样更偏爱纯度高的颜色。以上研究表明，婴儿在出生后的较早时期就已经对美术的形与色有了一定的审美感知能力，这些本能的直觉行为为日后更高层次的美术欣赏活动做好了心理上的准备。

为了引导此阶段婴儿的视觉运动，成人可以有意识地在婴儿所处的环境中创设一些有利于婴儿观察的视觉形象，给婴儿适当的视觉刺激，如色彩鲜明的玩具、可旋转的挂饰等。另外，成人和婴儿自己身上的衣物以及摇篮中的被褥也是婴儿重要的视觉对象，因此，成人应注重衣物和被褥的色彩和图案。

## 二、感知形象期（2～7岁）

幼儿美术欣赏能力的发展不仅与生理机能有关，而且受其社会认知的制约。随着幼儿认知能力的发展，其美术欣赏感知和理解方面表现出下列特点。

### （一）对内容的感知先于形式

幼儿的注意具有无意性，因此往往被自己感兴趣的生动有趣的形象和色彩鲜艳的事物所吸引。在欣赏一件美术作品时，他们首先感知到的是这件美术作品的内容，很少有意识地注意作品的形式审美特征；只能说出各物体的名字和动作，看不出画面中形象之间的联系，更不能区别主要形象和次要形象，以及画面所表达的情节和主题；不一定关注画面的主体物，却会突然说出画面其他区域隐藏的形象，发现一些成人没注意到的细节，如“这个人拿着一个瓶子倒水”“这个青铜器上有个老虎的脸”。这一阶段的幼儿还没有完全形成真正意义上的审美态度，还不能理解模糊、虚空的表现手法传达的意境。如在欣赏作品《蛙声十里出清泉》（图4-1）时，幼儿能一眼看出画面中有蝌蚪、小河，但不能理解蝌蚪与蛙声的联系。更进一步说，幼儿对美术作品内容的感知欣赏只限于画面上画了些什么。此时的幼儿仅仅是在浅表层次上感知美术作品的内容，还不能深入地理解美术作品的深刻主题和精神内涵。究其原因，可能与幼儿本身的认知能力和知识积累有关。

这一点还体现在幼儿对具象作品和抽象作品的欣赏上。在欣赏蒙德里安（Piet Cornelies Mondrian）的《红、黄、蓝的构成》（图4-2）时，教师介绍构成的概念并引导幼儿说出自己通过画面联想到什么时，幼儿表现出疑惑和沉默，有的幼儿想说些什么但不能形成连贯的语言。而当教师出示该作品的服装、鞋子、雨伞等物品时，幼儿再次变得活跃，并展开了热烈的讨论。这些都说明了此时的幼儿能感知作品的内容，但还不能自发地理解作品形式审美因素。所以，教师需要耐心地引导幼儿有意识地观察和赏析。

### （二）对作品线条与形状的感知先于整体形象

此时的幼儿总是喜欢把线条和形状与具体的形象联系起来认识。幼儿在感知一幅美术作品时，起初只会在意作品的局部。如在欣赏北京的天坛时，教师提问天坛看起来像什么，幼儿的回答是“像帽子”“像甜甜圈”“像蛋糕”，这说明幼儿在观察时仅关注到了天坛的房顶或是侧壁的形状，并未从整体观察其形象特征。

这一时期幼儿的注意力容易被边界清晰的独立形象吸引，如动画片中的各种形象、一片风景中近处的大树和远处的太阳等。与周围事物反差大、特征鲜明、具有一定动态的形象特别容易引起幼儿的注意，而风景中的山川、密

图4-1　齐白石《蛙声十里出清泉》（中国画）

图4-2　蒙德里安《红、黄、蓝的构成》

林等静态、成群、成片、交融、延绵的形象则难以引起他们的注意。随着幼儿年龄的增长，他们注意的广度和深度会增加，能够注意到形象因相互联系而产生的意义，会注意到事物更多层次与细节产生的微妙感，更会被事物的曲折变化与未知悬念所吸引。逐渐地，幼儿的关注点从事物的局部与细节向整体转移，他们开始探寻事物的联系，根据美术作品中的形象感受其中所表达的情感、气氛、事态等。也有实验证明，4岁是幼儿感知图形的敏感期，因此在这一阶段，成人应为幼儿提供观察和欣赏的机会，促进幼儿的知觉能力和空间感的发展。

### （三）对作品色彩视觉效果的感知先于情感和象征效果

研究者通过观察幼儿的涂色行为发现，幼儿在感知色彩时，最先开始辨认颜色并乐于给彩笔按照彩虹的顺序排列，逐渐向指认和命名发展。大多数研究者认为，幼儿最先认识红、黄、蓝等常见的标准色，而后扩展到波长较长的暖色以及明度较高的颜色，而对间色、复色或色相差别较小的颜色认识较困难。如在欣赏凡·高的《星月夜》时，幼儿会第一时间发现黄色的月亮、蓝色的天空、黑色的树，却不易观察到画面下方深蓝色的山峦。

在这一阶段，幼儿对色彩视觉效果感受性最强，而对色彩的情感和象征效果感受性相对较弱。具体来说，在色彩视觉效果感受方面，幼儿3岁左右开始对色彩的冷暖色性有了一定的识别力，能够根据画面的色调识别画面的轻重感，开始选择自己喜欢的颜色涂鸦，且对鲜艳明快的色彩更感兴趣；4～5岁时，幼儿能够分辨冷暖色，并说出具有不同色性的事物，但这种经验的获取多依靠成人的讲述，幼儿还没有形成强烈的自我情感体验。而对非再现性的色彩构成，4岁幼儿已具有相当明显的先天直觉美感，甚至胜于5～6岁的幼儿；随着感知觉的发展和生活经验的累积，5岁以后的幼儿对色彩的识别能力有较大提升，不仅能识别色彩的变化，还能根据一定的色彩搭配规律有意识地进行色彩搭配，对色彩的审美趣味也由鲜艳、对比强烈的色彩构成向协调、柔和的色彩构成偏爱转变。此时的幼儿已具有一定的色彩情感体验，并逐渐向情感联想发展，能将色彩、图形和人物的情感联系在一起。但在较高层次的色彩审美把握上，幼儿存在较明显的个体差异。

### （四）对作品形象与情节的感知先于构图空间

2～3岁幼儿进行欣赏活动时，感知与认识的对象一般都是单个物体。由于语言还不能连贯，此时幼儿在观看绘本、画作等作品时会关注画面中的独立形象，说出单个物体的名字和动作，但看不出形象之间的联系，如画面的主次关系、情节联系，还不能把若干形象组成的画面看作一个整体。在欣赏美术作品时，幼儿只在意画面中的局部特征，往往被好玩、有趣、色彩鲜艳的形象所吸引。如在观看绘本《你好，灯塔》时，幼儿会指出女主人裙子上的小船锚图案，但并未意识到这些细节与故事情节的联系，也不会学习作者的艺术表现手法。

4～5岁幼儿能看出少量物体间的简单关系，能够大致理解画面的情节，但还不能根据画面构图感知空间。他们会尝试对画面构图进行总结，但这种感知往往局限于对画面局部和画面中形象所处位置的认知，并不会结合画面构图的空间感考虑故事情节。他们不会把事件与环境相联系，也不会将事件与事件串联成连贯的情节。幼儿能够结合自己已有的生活经验简单概括一些情节片段，会用基础的并列句表达出来。如在观看绘本

《笨拙的螃蟹》中玩耍的场面时，幼儿能够说出“乌龟在跳，螃蟹也在跳”，但当教师问幼儿谁是后加入的、谁是故事的主角时，幼儿则无法通过螃蟹的位置得出答案。

5～6岁幼儿已经能连贯地描述画面中的人物、事件、情景之间的特定关系，还能看出画面形象的空间联系，能够区分前景、中景、远景等。如在观看绘本《海底的秘密》时，幼儿能够根据明亮的画面和脚下的影子说出故事发生的时间、地点、天气，能够通过观察画面构图，说出近处和远处的事物，能够通过观察画面中的物体，说出人物被海水淋湿和沙滩上出现了一部相机等推进故事情节的信息。这表明他们能够将人物、事件与背景看作一个空间与时间上的连贯整体，开始理解作品的情节。

**（五）对作品风格的认知可通过训练强化**

感受作品的风格是学前儿童美术欣赏教育的一项重要内容，但幼儿在欣赏美术作品的风格时往往容易受作品内容的影响，感知美术作品的风格需要通过专题性欣赏、对比归纳、作品临摹才能实现。通过适当的练习，幼儿完全有可能感知美术作品的风格。幼儿在经过一定的美术训练后，能够尝试对美术作品中的一些艺术特点进行总结，也会尝试在自己的作品中加入这些艺术语言。感知艺术家作品的风格实质上是帮助幼儿丰富自己的艺术表现语言，促进幼儿的艺术个性与创造力的发展。

总之，学前儿童美术欣赏能力的发展，既受先天无意识的影响，又受后天认识能力发展的制约，既有连续性又有阶段性，是一个由量变到质变的过程。其审美感知具有形象性和功能性的特点，处于直观感受水平。经过成人有意识的指导之后，大部分幼儿都可按照自己已有的知识经验对自己熟悉的作品或者形象进行简单描述，这标志着他们的美术欣赏能力已经发展到了一个新的阶段。因此，教师在组织美术欣赏活动时，要为幼儿创设富有美感的环境，和幼儿一起感受美、发现美，为幼儿接触多种形式的美术作品创造条件，丰富幼儿的美感体验。

## 第二节　学前儿童美术欣赏活动的内容

学前儿童美术欣赏活动是教师引导幼儿欣赏和感受美术作品、自然景物与周围环境中的美好事物，了解对称、均衡、变化等形式美的原理，感受造型、色彩、构图等艺术手法及情感的表达，从而丰富幼儿的审美经验，培养其审美情感、审美评价能力和审美创造能力的教育活动。学前儿童美术欣赏活动的内容主要有绘画、雕塑、建筑艺术、工艺美术、园林景观、自然景物和社会环境；组织形式主要有专题性欣赏和随堂欣赏两种。

### 一、艺术作品欣赏

**（一）绘画欣赏**

绘画作品讲述有关信仰、生活、风俗、历史事件、地理风貌和著名人物的故事，记录着人类文明的脚步。绘画的主要形式有中国画（图4-3）、油画（图4-4）、版画（图4-5）、丹培拉、水粉画、水彩画等。学前儿童绘画欣赏活动也可赏析绘本中的插画、卡通动画中的优美画面、儿童的绘画作品等。教师可以引导幼儿从绘画的创作主题和表现形式两方面进行欣赏，启发幼儿用语言表达自己的审美感受，提高幼儿的美术兴趣和创造力，提升幼儿的审美趣味，帮助幼儿建构积极向上的审美心理结构。

### （二）雕塑欣赏

雕塑一般可分为圆雕和浮雕两类。圆雕是独立主体的雕塑形式，如《莫高窟第45窟胁侍菩萨》（图4-6）、《兵马俑》（图4-7）、古希腊的《掷铁饼者》（图4-8）、意大利罗丹的《思想者》（图4-9）等，作品可从各个角度观赏。浮雕是附着在一个平面上，只有一个面面向观赏者，雕刻出凸起形象的雕刻。浮雕也分高浮雕和浅浮雕。高浮雕作品形象更突出，如人民英雄纪念碑四周的群雕（图4-10），欣赏时需从正面观赏。教师可以引导幼儿从雕塑的创作主题、表现手法、材料质感、作品蕴含的情感等方面欣赏雕塑作品，透过作品展开联想，感受作品表现出的生命力。

### （三）工艺美术欣赏

工艺美术按照用途可分为实用工艺美术和观赏工艺美术两类。实用工艺美术主要指装饰美化后的生活实用品，既有审美意义，又有实用功能，如陶瓷工艺、家具工艺、玻璃工艺、染织艺术、金属工艺等。观赏工艺美术主要指专供欣赏的陈设品，如绘制精美的陶瓷盘子（图4-11）、玉雕、木雕（图4-12）、装饰绘画和琉璃装饰品等。还有很多有趣的民间工艺作品，如北京鬃人（图4-13）、南京绒花、淮阳泥泥狗（图4-14）、宣纸、湖笔、各民族传统服饰（图4-15）等也有很高的艺术价值。教师不仅要带领幼儿了解工艺美术作品的制作技艺，更要通过技艺的传承与发展历程，让幼儿了解工匠精神，培养幼儿一丝不苟的优秀品质。

### （四）建筑艺术欣赏

建筑艺术记载着人类政治、经济、文化发展的历史。依据其营造的目的和使用功能，可分为宫廷建筑（图4-16）、宗教建筑（图4-17）、陵寝建筑、公共建筑（图4-18）、军事建筑、园林建筑（图4-19）、民居等。在开展建筑艺术欣赏活动时，教师可以从我国的名胜古迹入手，如天安门、黄鹤楼、四合院、围屋等，激发幼儿的兴趣，再不断延伸，欣赏世界各地著名的建筑。在欣赏具体建筑时，先观察建筑的整体风貌，再观察建筑的外形特点，结合其蕴含的历史人文知识形成对建筑较为全面的感受。

图4-3　于非闇《荷花蜻蜓》（中国画）

图4-4　凡·高《在圣马迪拉莫海边的渔船》（油画）

图4-5　郑震《薄暮时分》（版画）

图4-6 《莫高窟第45窟胁侍菩萨》

图4-7 《兵马俑》

图4-8 《掷铁饼者》

图4-9　罗丹《思想者》

图4-10　刘开渠《人民英雄纪念碑浮雕·胜利渡长江》

图4-11　明洪武青花缠枝花卉纹菱口盏托

图4-12　木雕

图4-13　白大成《大闹天宫》(鬃人)

图4-14　彭伯虎《辈辈侯》（泥泥狗）

图4-15　傣族女性头饰

图4-16　北京故宫

图4-17　莫斯科圣瓦西里大教堂

图4-18　悉尼歌剧院

图4-19　苏州园林

## 二、自然景物欣赏

### （一）动植物欣赏

动植物的种类繁多，动植物天然的形态、结构、色彩非常容易激发幼儿的探索欲。幼儿在欣赏动植物时，通常着眼于个体，即独立的动植物。色彩斑斓的鸟类（图4-20）、蝴蝶（图4-21），结构精密的海螺和贝壳，强壮的老虎和狮子，可爱的猫咪和小狗等，都是幼儿欣赏的对象。教师可以在科学区饲养孔雀鱼等生命力强的小鱼，或是小兔子、豚鼠等温顺的小动物，可以在植物区种植不同习性的植物，让幼儿近距离接触动植物，观察和总结它们的外形特点，也可以去动物园、植物园、公园等地参观。

图4-20　周宇飞摄　黑天鹅

图4-21　周宇飞摄　蝴蝶

**（二）自然风景欣赏**

自然风景是天然形成，未经人工雕琢的自然景观，包括地理、物象、水文、天象等自然造化。自然美是大自然长期运动演化生成的结果。摇曳弯曲的柳条，流水侵蚀的河床，布满青苔的古树盘根，鲜红如火的落日晚霞都是自然界的美好景象。幼儿在欣赏自然景物时，可着眼于风景的整体性与多样性，如天空的变化、海底世界、热带雨林、湖泊山影等。自然美不仅在于形色，还有质地、声音、气味等，潺潺的溪流、清脆的鸟鸣、青草和蒲公英的味道都是大自然之美的综合体现。

**（三）季节变化欣赏**

四季的变化让大地呈现出不同的色调：春天树枝的新绿，夏天午后的雷雨，秋天金黄的落叶，冬天飘落的白雪。季节的更替与幼儿的生活息息相关，幼儿脱下厚厚的冬衣，穿上轻薄的春装，通过观察四季的变化，幼儿会感受到节气和自身生活的关系，体会春耕秋收的自然规律（图4-22）。教师在开展自然欣赏活动时，可以用富有诗意的语言描绘景色，重点引导幼儿欣赏自然景物的形式美及其生命力，让幼儿热爱自然、敬畏自然。自然之美的丰富性、综合性可以调动幼儿的多种感官，丰富幼儿的审美趣味。永恒与神秘的大自然既能引发幼儿感性的体验，又能激起幼儿理性的思考，因此，对自然

图4-22　四季的色调

美的欣赏是任何人文欣赏都不可代替的。

### 三、社会环境欣赏

#### （一）日常生活中的美好事物

日常生活中有很多美好的事物。教师可以从幼儿熟悉的交通工具、美食、服装、玩具等事物入手创设活动，幼儿可以在活动时展示自己的收藏品、服装或玩具，介绍这些物品的来源、意义、外形特征和自己最喜欢的地方，与老师和伙伴分享、交流自己的经历和美感体验。

#### （二）节日与庆典

节日是生活中值得纪念的日子，是人们在生产生活中形成的重要民俗文化，各个国家都有自己的节日。中国的传统节日与节气和传统民俗有着密切关系，如春节、清明节、端午节、重阳节等，一些节日源于对某类人群或事件的纪念，如国庆节、教师节等。还有很多国际性节日，如劳动节、儿童节、父亲节、母亲节等。每个节日的形成都有其来源和纪念的事件。中国的传统节日具有深厚的文化内涵和多样的民俗习惯，广袤的中华大地上，不同的地区和民族庆祝节日的方式也不一样，是中华民族悠久的历史文化的重要组成部分。

庆典是为纪念、庆祝特定的人或事物所举行的活动。庆典活动具有一定的礼仪规程，是加强群体的共同精神信仰和情感凝聚的重要活动，如祭孔大典、国庆阅兵等都是我国非常重要的庆典。

在开展节日与庆典的欣赏活动时，教师应关注各种节日具有象征意义的美学元素，如国庆节天安门广场的环境布置、春节的橘子树装饰、中秋节的月饼造型等，并通过这些节日文化的美学元素让幼儿感受节日的含义和气氛，通过欣赏能独立或合作制作出装点节日氛围的美术作品。

#### （三）各种优美的环境

社会环境中的美好事物是指人工创设的各种事物，如幼儿园的环境布置、街景、不同民族的家居环境布置、庭院绿化等。在欣赏幼儿园环境时，教师可引导幼儿开展想象，对园所环境进行赏析，并提出自己的设计方案；在欣赏不同民族的民居环境时，能够领略各民族的风土人情；在欣赏庭院绿化时，让幼儿了解身边植物的生态习性和绿化价值。教师在引导幼儿欣赏时，应把重点放在环境创设整体的色调、布局、独特的功能，以及人类创设环境的智慧与情感。

## 第三节　学前儿童美术欣赏活动的组织与指导

### 一、不同年龄段美术欣赏活动指导要点

#### （一）0～3岁幼儿

3岁前的幼儿还处于美术欣赏的准备阶段，他们对于艺术美的欣赏是表面的、直觉

的。考虑到这个年龄段幼儿认知水平不高，生活经验不丰富，教师可以从幼儿身边的环境入手，选择贴近幼儿生活实践的欣赏对象，如幼儿经常接触的玩具、经常穿着的衣服等，有计划、有选择地让幼儿在生活中提高审美经验，为日后的美术欣赏打下基础。指导应侧重以下方面：

① 引导幼儿关注生活中熟悉事物的色彩、图案，并不断重复形状的名称。

② 引导幼儿有意识地感知室内和户外环境的美。

③ 引导幼儿观看绘本、欣赏内容简单的艺术作品，尝试用自己的语言描述看到的事物和感受。

### （二）3～4岁幼儿

结合3～4岁幼儿年龄特点，教师可以创设条件，让幼儿观看自然界中美好的事物和各种形式的艺术作品，选择具象、色彩鲜艳、生动有趣的作品让幼儿欣赏与评价。如中国传统文化故事绘本，马蒂斯、米罗等艺术家的绘画作品。指导应侧重以下方面：

① 创设条件帮助幼儿感知、体验自然景物和人文景观中美的事物。

② 引导幼儿观看、欣赏艺术作品，发现艺术作品中视觉艺术的美，激发幼儿对美术作品、图书中各种形象的兴趣。

③ 经常与幼儿讨论交流对美好事物的感受。

④ 启发幼儿初步体验作品中不同“性格”的线条，并尝试表现线条的力度感、节奏感。

⑤ 启发幼儿初步感受美术作品的造型、色彩、构图等要素。

⑥ 引导幼儿学习运用语言、动作、表情等表达自己欣赏后的感受。

### （三）4～5岁幼儿

4～5岁幼儿已具备初步的审美能力，在美术欣赏过程中，教师要充分给予幼儿独立欣赏的时间和自由，为幼儿提供艺术风格、艺术形式更为丰富的审美对象。尊重幼儿的审美感受，运用多种教学策略帮助幼儿了解作品的主题和基本内容，鼓励幼儿和审美对象自由对话，培养幼儿对美术欣赏的兴趣。指导应侧重以下方面：

① 帮助幼儿理解作品所要表达的主题。

② 引导幼儿观察作品中的线条、形状，体会其表达的含义。

③ 引导幼儿感受作品的材质美，如绘画的笔触、泥塑的肌理等，感受不同质地的材料产生的艺术效果。

④ 引导幼儿感受作品的色彩变化及其相互关系，初步了解色彩的变化规律。

⑤ 启发幼儿感受作品中形象的鲜明性和象征性，并体验其情感表达。

⑥ 引导幼儿观察作品的构成，体验作品的对称、均衡、节奏美。

⑦ 引导幼儿产生与作品相一致的感受，鼓励幼儿用自己的方式表达对美术作品的喜爱。

### （四）5～6岁幼儿

5～6岁幼儿的审美能力和语言表达能力都有了很大提升，教师可以针对不同的美术作品，鼓励他们表达自己的独特观点，并在欣赏的基础上，自己模仿或创作相应的艺术作品，提升审美能力。指导应侧重以下方面：

① 帮助幼儿了解作品的形状、色彩、结构等美术要素，感受作品的色调、色彩之间关系的变化。

② 引导幼儿了解作品的表现手法、艺术风格和创作意图，感受作品中形象的象征性、寓意性。

③ 引导幼儿将欣赏中获得的灵感大胆运用到自己的艺术创作之中。

④ 引导幼儿感受作品的形式美、意境，如中国画的留白、抽象艺术、表现艺术等。

⑤ 鼓励幼儿在欣赏和评价他人的作品时，发表自己独特的观点。

⑥ 鼓励幼儿在活动中分享和交流自己的美感体验。

## 二、不同类型美术欣赏活动指导要点

### （一）美术作品欣赏活动

1. 绘画

绘画欣赏一般引导幼儿从内容（画面的形象、情节和主题等）和形式（线条、形体、色彩、构图、表现手段等）两方面进行欣赏。对于不同类型的绘画作品，教师要引导幼儿感受其独有的艺术表现手法。欣赏中国画时，要注意工笔画与写意画艺术特色的区别与联系，工笔画工致而含蓄、写实且典雅，写意画追求墨色的变化，不求形似的写意、生动而洒脱，二者都蕴含中国绘画艺术特有的留白与意境；欣赏西方古典绘画时，要注意它崇尚理性，注重写实，画面注重表现明暗关系，构图讲究均衡，色彩是其艺术表现的主要手段等，教师可引导幼儿从不同角度欣赏作品；欣赏现代派绘画时，要注意它远离理性，追求形式上的创新，致力于表达超现实的画面和艺术家内心世界的特点，教师要着重引导幼儿就作品中的线条、形体、色彩所传递的意象和情感表现方面展开丰富的想象和体验。如教师可以提供多幅作品，选择一名幼儿描述自己看到的画面，其他幼儿闭眼倾听，然后猜测是哪一幅画作，也可通过画面中的色彩展开联想，探寻和感悟每种颜色代表的意义。

2. 雕塑

雕塑的基本特征是作品自身的实体性，教师应着重引导幼儿体验雕塑作品的形体所表现出的光影效果与量感，感受雕塑的形体美和不同体量的雕塑作品呈现出的气势。同时，还要引导幼儿感受雕塑作品的借景构成关系，联系周围的环境来欣赏雕塑，体验雕塑是如何借助周围环境丰富自己的表现力的，以及周围场景和文化背景又是如何赋予雕塑丰富的内涵的，如丹麦哥本哈根海滨公园倚坐在水边礁石上的《美人鱼》。雕塑作品不能像绘画那样复杂精细地描绘画面形象和环境空间，因而形象更加单纯，通常赋予形体和体积以象征性和寓意性来表达主题。因此，教师在引导幼儿欣赏时，要注意引导幼儿感受其表现的单纯性与精神内涵的丰厚性。教师应引导幼儿建立观看雕塑作品的良好习惯，不随意触碰、攀爬雕塑作品，允许触碰和需要观众参与互动的作品，应佩戴手套轻柔触摸，感受不同材质独有的表现手法以及材质与雕塑作品内容表达的关系。材质的光滑与粗糙、坚硬与柔软都会引起幼儿的心理反应和情绪体验。对于一些小型的雕塑作品，教师可以带领幼儿选择摆放的地点，或模仿雕塑自己制作一件作品。

3. 建筑艺术

优秀的建筑艺术总是与环境融为一体，是人文景观与自然景观的完美结合。在选择欣赏对象时，教师应从幼儿身边熟悉的建筑开始，如园所的建筑，城市的地标建筑，如北京的天安门、四合院等，逐渐扩展到世界各地的建筑，如埃及的金字塔、印度的泰姬陵等。欣赏建筑艺术时，首先观察建筑物的全貌，引导幼儿从建筑的地理位置、文化背景等方面来感受其文化价值和审美价值。然后在建筑物所处的环境中观察其整体的艺术效果。接下来通过提问，引导幼儿观察建筑物的造型、色彩和结构，从而理解建筑艺术的对称、均衡、规律性和稳定性等形式美的特征。

4. 工艺美术

工艺美术是实用价值和审美价值有机融合的艺术，教师在选择欣赏内容时，应选择与幼儿生活有关的、幼儿能够理解的实用工艺美术，如漂亮的包装、扎染的布料、精致的油纸伞、生动的泥塑作品等。教师引导幼儿欣赏工艺美术作品时，应重点欣赏其造型美和装饰美，以及这些形式美所蕴含的工匠精神，感受不同的工艺美术作品的地域文化特色，体会作品洋溢的趣味、情调和生活气息。

### （二）自然景物和社会环境欣赏活动

1. 自然景物

教师在引导幼儿欣赏自然景物时，要重点引导幼儿欣赏自然景物的形式美及其蕴含的生命力，教师应创设条件让幼儿更多地接触大自然，实地观察和感受自然景物。带领幼儿尝试栽植不同品种的植物美化园所环境，通过郊游采集自然界中漂亮的树叶、落在地上的松塔、干枯的绣球花等。带领幼儿听雨赏雪，亲近自然。教师应调动幼儿的多种感官感受自然之美，请幼儿触摸小动物柔软的皮毛、用鼻子轻轻闻花草的香气、用耳朵听风吹过松林的“涛声”等。教师应引导幼儿以语言、动作和自己的创作表达对自然之美的感受。如幼儿想要表达对花朵的感受时，告诉他们除了“好看”还可以说“颜色鲜艳”“姿态婀娜”等，而当幼儿手舞足蹈时，教师可以带领幼儿挺身举起双臂模仿大树，张开双臂感受大海的辽阔，旋转身体表现大风吹过的样子等。教师还可通过分享艺术家对自然的审美体验帮助幼儿领略大自然的美。教师可以借助绘画、摄影、戏剧等艺术作品丰富幼儿的审美体验，还可以利用形象化的文学语言唤起幼儿自然的审美情感。

2. 社会环境

教师在引导幼儿欣赏社会环境时，可以从幼儿周围的日常生活开始逐渐向外扩展，例如教师可以先带领幼儿参观园所的食堂、办公室、医务室等场所，感受不同人工作的氛围，也可以让幼儿分享自己居住的社区有哪些让他们特别留恋的地方。教师可以通过开展情境游戏让幼儿模仿社会角色，实现他们对社会生活的认知，重温观察欣赏过程中的情感体验。当幼儿被某种社会生活情境打动时，会产生再现这一生活情境的冲动和表达内心感受的需求，教师要察觉幼儿的表达需要，引导幼儿通过艺术符号的创造实现对社会情境的再现。帮助幼儿找到适宜的表现语言，将内在感受外化为美术作品，实现表达与分享。教师可借助美术和文学作品深化幼儿对社会生活的审美体验。例如现实主义画家米勒（Jean-Francois Millet）的很多作品都在描绘劳动者的生活场景，他的作品《喂食》描绘母亲轮流给三个孩子喂食，《针织课》描绘母亲教女儿织毛衣，《第一步》

描绘婴儿在妈妈的搀扶下向伸开双臂的爸爸走出第一步等，很多画面都非常温馨，体现了浓浓的亲情，这样的作品会启发幼儿对日常生活中亲历同样情境的情感呼应。这些优秀的艺术作品会为幼儿打开眺望社会生活美的窗口。

## 三、学前儿童美术欣赏活动常用的指导方法

孔起英提出，幼儿审美过程可以分为审美注意、审美感受和审美判断三个阶段，因此，幼儿美术欣赏教育的实施和指导可以据此分为审美注意形成阶段的指导、审美感受形成阶段的指导和审美判断形成阶段的指导。其中，审美注意是指幼儿注意到欣赏对象的内容或形式的环节，是审美的第一个阶段，此阶段教师要引导幼儿将注意集中到审美对象的形式和结构上来。审美感受是指幼儿对欣赏对象进行感知和想象，在感知其形式美的基础上，体验欣赏对象的内容美，这是美术欣赏指导的关键阶段，此阶段教师要通过各种教学策略让幼儿充分感知和体验，并引导幼儿用简明、浅显的语言表达对于艺术语言和形式美的理解。审美判断是指幼儿在感受的基础上，运用一定的审美标准，对美的事物进行评价或判断。此阶段指导宜侧重对作品的判断和理解，以及揭示作品对于人类美术活动的意义。下面结合幼儿审美欣赏的心理特点，介绍四种常见的欣赏活动教学策略。

### （一）谈话欣赏法

谈话欣赏法是教师以语言为中介启发幼儿，与之交流对作品的感受和看法的方法。在对话过程中，教师需要尊重幼儿对作品的理解和感受，体现教育的民主与平等，注重对艺术的沟通与理解，幼儿的审美潜力将在对话碰撞中得到提升。

1. 审美注意阶段

在这一阶段，教师可以通过提问的方式激发幼儿对作品的注意，幼儿根据教师的提问对作品进行整体欣赏，描述作品的内容。教师要引导幼儿观察画面中出现了哪些事物，他（它）们在哪里，在做什么，与环境有什么关系。

例：

“画面中都有什么人？”

“他们在做什么？”

“女人的脚下有什么？”

“这个房间的灯是什么样的？”

“后面的墙上挂着什么？”

“你注意到画面中还有谁？他们在哪里？”

“你还发现了哪些细节？”

2. 审美感受阶段

审美感受阶段又可分为审美感知和审美体验两个阶段。审美感知主要是教师通过对话的方式引导幼儿感知对象的形式美，如色彩、造型、线条、空间等，针对作品形式美的要素，引导幼儿展开想象。对形式美的分析是学前儿童美术欣赏教育的关键环节。

例：

“画面中的人物穿着什么颜色的服装？”

“背景里的房子是什么颜色的？”

“你觉得人物的大裙子和背景配在一起对比鲜明吗？”

“这幅画的色调是什么样的？是明亮的还是昏暗的？”

“这幅作品是如何构图的？”

在审美体验阶段，教师可以通过创设情境的方式，引导幼儿运用多通道感知作品的情绪情感，并鼓励幼儿大胆表达自己对欣赏对象的感受。

例：

“画面中的大人在做什么？”

“画面中的小朋友在做什么？”

“他们为什么这样做？”

“哪两位小朋友能够模仿一下他们的动作？”

“请你们猜一猜，他俩在说什么呢？”

3. 审美判断阶段

在这一阶段，教师可以通过对话引导幼儿对审美对象进行判断和评价。幼儿由于发展水平、知识经验等的限制，还缺乏自主评判的能力，因此，教师可以通过谈话帮助幼儿表达自己的审美判断，提升审美能力。

例：

“你觉得画面里的人物是什么关系，为什么？”

“你觉得这个地方是温暖还是清冷？”

“这幅作品给你带来什么样的感受？”

“你能为这幅作品起一个名字吗？”

“你能根据这幅图片编一段故事吗？”

“你能尝试画出一会儿他们要去做的事吗？”

在幼儿与美术作品展开对话时，教师应为幼儿提供充足的欣赏时间，尽可能让幼儿充分感知、畅所欲言，自由、独立地表达自己的看法与体会。

### （二）角色扮演法

角色扮演法是指教师通过让幼儿角色扮演、创设故事情境、进行环境布置等方式，引导幼儿体验作品表达的情绪情感的教学策略。如在欣赏约翰·埃·密莱（John Everett Millais）的名画《盲女》时，教师设计让幼儿扮演盲人的环节导入欣赏主题，使幼儿体验盲人的不便和内心的不安全感，从而更能体验小女孩对盲女的关爱之心。而后在欣赏作品中美丽的自然风景时，教师让幼儿闭着眼睛扮演盲女，在班得瑞轻音乐《清晨》的烘托下，教师用优美的语言描绘画面中的自然景色，幼儿在倾听中充分想象，体会作品表现的美丽景色。在美术欣赏活动中，角色扮演可以帮助幼儿积累相关的感性经验，并能快速带领幼儿进入角色，体验作品的内涵。

### （三）对比欣赏法

对比欣赏法是指教师为了提升幼儿对作品的表现形式、表现风格和表现内容的审美理解能力，借助类似或者反差很大的作品进行对比欣赏，帮助幼儿感受作品表达的不同情感。进行美术欣赏时，教师可以就同一主题的不同手法引导幼儿比较欣赏，感受同一主题不同表现手法给人审美感受的差异，如对比欣赏吴炳的《出水芙蓉图》和莫奈的《睡莲》、周昉的《簪花仕女图》和达·芬奇的《蒙娜丽莎》等作品，可以帮助幼儿直观地理解东西方绘画中的文化差异；可以就同一画家不同主题的作品进行欣赏，感受作品的艺术风格，如毕加索的《加鲁普的海滩》和《梦》等；也可以就同一画家相同主题的作品进行欣赏，感受艺术家创作时的情感体验和对画面构成的思考，如凡·高的向日葵系列、朱耷的写意花鸟画等；还可以就主题和表现手法截然不同的作品引导幼儿比较欣赏，如在欣赏丰子恺的绘画时，教师将作品《大碗岛的星期天的下午》与之一起展示加以比较，让幼儿进一步体验东西方绘画的差别。教师也可采用游戏的方法加深幼儿对艺术作品的观察与理解，如利用课件展示印有世界地标建筑、名画、动植物的卡牌，幼儿进行配对游戏，教师可按照题材、作者、表现形式、地域等多种分类方式制定规则，循序渐进，让幼儿为卡牌寻找“朋友”。

#### （四）综合欣赏法

美术欣赏不仅仅是视觉的感知，教师可以提供多种材料和媒介，帮助幼儿充分运用听觉、视觉、触觉等感知自然、生活和艺术中的美。将美术作品与其他形式的艺术作品结合起来欣赏，能够使幼儿体会相同的事物或情感在不同艺术形式中的呈现方式，从而展开丰富的想象。

教师可以播放和欣赏对象相关的音乐、诗歌、故事，引导幼儿模仿欣赏对象的动作、姿态，激发幼儿的想象。如观赏徐悲鸿的《鹅戏图》前，教师可以为幼儿讲述骆宾王作《咏鹅》背后的故事；观赏图片时，教师可以播放钢琴独奏版《咏鹅》营造氛围；欣赏后，教师可以带领幼儿边听儿歌《咏鹅》边模仿鹅的动作，加强和升华欣赏效果。

教师也可以通过相互联想法引导幼儿欣赏美术作品。教师可以引导幼儿欣赏美术作品，然后播放一首歌曲或朗诵一首诗歌，让幼儿选择自己觉得最匹配的美术作品，也可以先播放歌曲或诗歌，引导幼儿展开联想，发挥想象，为歌曲或诗歌创作插图。

教师还可以引导幼儿从作品形式的关联上寻找不同艺术之间的联系。如凡·高的《向日葵》让人联想到节奏轻快的乐曲；《高山流水》磅礴的气势让人联想到巍峨的高山；等等。需要注意的是，这种联想方法要在幼儿已经积累了一定的审美经验后才能运用。在选择作品时应避开已经配合欣赏过的作品，让幼儿自己去寻找不同艺术之间的联系，建立艺术通感。

另外，教师应该充分给予幼儿和作品对话的自由，运用集体教学活动、区域教学活动、环境创设等多种方式激发幼儿积极参与审美活动的主动性。如教师在带领幼儿欣赏和表现热带植物后，可以将幼儿的作品制作成挂画、照片墙、靠垫、地毯、纸盘画等，带领幼儿布置园所的自然区，放置新鲜绿植作为环境创设的一部分，增添环境的生命力。这样不仅将欣赏渗透到一日生活之中，而且潜移默化地增加了幼儿审美感知的体验。

### 四、学前儿童美术欣赏活动实施中应注意的问题

#### （一）学前儿童美术欣赏活动的准备

1. 教师提高自身的审美素质

教师需要为幼儿架起通往美的世界的桥梁，因此，教师不仅要掌握学前儿童美术

教育发展规律的理论知识，还应加强自身的艺术修养，能够合理阐释美术作品蕴含的意义，对艺术的形式有一定的理解与欣赏能力。作为幼儿了解艺术的引路人，教师要引发幼儿对美术作品的真实情感，尽量以客观和开放的心态提高自身的审美修养。在欣赏中国画前，教师要深入了解绘画作品的历史背景、创作手法、表现的意境、笔墨的层次等美学要素；在欣赏西方名画前，教师要深入了解作品的历史背景、流派、画面中的形象、色彩等审美要素，以及东西方艺术的区别。如在欣赏《韩熙载夜宴图》前，教师应对作品的创作背景、构图、设色等内容有所了解，还应掌握作者在表现夜宴场景时，让韩熙载出现5次以及在一个画面中表现5个不同时空的表现手段。

在欣赏民间艺术之前，教师要充分了解作品的历史文化背景、制作技能的传承过程和独具特色的艺术风格。如在欣赏民间剪纸艺术前，教师要了解祖国各地剪纸艺术的创作风格，了解作品蕴含的吉祥寓意，体会剪纸作品的线条美、造型美等，能够根据作品图样变化的规律总结剪纸艺术的造型特点。教师对自然中的美景和艺术作品的了解与喜爱会潜移默化地感染幼儿，培养幼儿对艺术的热爱之情。虽然不需要让幼儿理解作品的所有内涵，但教师应做好充分的经验准备，帮助幼儿扩展知识经验。

2. 认真研究活动目标和欣赏内容

认真研究活动目标和欣赏内容是欣赏活动有效开展的前提。在制定美术欣赏活动的目标时，教师要充分考虑美术欣赏的总目标和各年龄阶段目标，结合具体的欣赏对象和幼儿的实际发展水平确定活动目标。在为幼儿选择欣赏对象时，教师应充分考虑幼儿的兴趣、生活经验和理解接受能力，选择符合幼儿年龄特点和思维发展特点的题材。对于小班幼儿，教师应从他们的生活实践出发，激发幼儿欣赏的欲望；对于中大班幼儿，教师可以选择艺术性更强、形式更复杂、内涵更丰富的作品，拓宽幼儿的视野，丰富幼儿的审美体验。

### （二）学前儿童美术欣赏活动的开展

1. 强化美术欣赏活动的审美特性

美术欣赏活动区别于其他领域活动的明确特征是审美性，主要体现在对事物的视觉感知上。在创设美术欣赏活动时，教师应以欣赏对象的造型、色彩规律、构成、情节性为欣赏内容，而不宜将人文、历史知识作为美术欣赏活动的重点。如很多教师会以“端午节”为主题创设美术活动，在活动中用大量的时间讲解端午节的来历、习俗，但并未引导幼儿欣赏节日中视觉美的要素，这样的活动就变成了社会活动，虽然教师带领幼儿用捏泥的方式制作粽子，但并未给幼儿带来美感体验，活动也不能算是美术欣赏活动。再如，在专题美术欣赏活动中，教师着重讲解作者的创作生平和作品创作的年代、流派，幼儿会出现注意力很难集中的情况，甚至离开座位去做别的事。因此教师在创设美术欣赏活动时，一定要注意挖掘欣赏对象的美的要素，加深幼儿的视觉印象，引导他们展开欣赏和交流，提升自己的美感体验。

2. 创设良好的欣赏环境，注重幼儿的体验

欣赏活动一般包括三种组织形式：一是专题欣赏，二是随堂欣赏，三是参观欣赏。专题欣赏是利用整节课时，围绕某一美术种类的作品或某一件美术作品进行较全面的介绍、赏析，教师可以采取游戏、新媒体技术、作品实物等手段提升活动的趣味性。随堂

欣赏是从某一技法或内容的角度进行示范性美术欣赏，教师可以将欣赏活动与绘画、手工等活动结合，使幼儿更直观地了解具体美术种类的形式特征和表现技巧。参观欣赏是组织幼儿参观美术展、博物馆等，教师可以将园所中的环境布置成展厅，给幼儿创造临场感，也可以组织幼儿实地参观。

不管采用哪种组织形式，教师都应注重欣赏环境的营造，尊重幼儿情感体验，如选择符合画面意境的背景音乐，将环境布置成和欣赏对象一样的场景等。教师可以通过调动幼儿的多种感官，使幼儿积极参与美术欣赏活动，体会到欣赏美的愉悦。

3. 欣赏完成后可引导幼儿自由创作

美术欣赏活动并非单纯地观看美术作品，教师可采用随堂欣赏的形式，将美术欣赏与绘画、手工、音乐等活动结合在一起，加深幼儿对作品的理解，通过表现与创造进一步提高幼儿的欣赏水平。如在欣赏过“鬃人”后，教师可以带领幼儿模仿“鬃人”的身段，随着京剧鼓点模仿“鬃人”跳着运动的样子；在欣赏过马蒂斯《国王的悲伤》后，教师可以引导幼儿根据不同形状和色彩的纸展开联想，选择符合自己心情的图形；在欣赏过青花瓷后，教师可以为幼儿提供各种纸形或立体纸模，让幼儿自由地选择和创作。教师应鼓励幼儿抓住欣赏过程中产生的灵感，利用线条和色彩的合理搭配，创作出一件件富有个性、充满创意的美术作品。

## 精彩回放

**扫码学习**

1. 小班美术欣赏活动“落叶知秋”（自然景观欣赏）
2. 中班美术欣赏活动“青铜大立人”（雕塑作品欣赏）
3. 大班美术欣赏活动“优美的肖像画”（绘画作品欣赏）
4. 中班美术欣赏活动“我们的文字”（汉字与书法欣赏）

精彩回放

## 实践演练

### 一、活动准备

综合性的美术活动用具、教学课件，按照教学组织需要摆好桌椅、摄像设备。

### 二、活动组织

1. 学生6人一组，其中一名学生担任组长，负责组织组员在备课与模拟讲课过程中收集案例、研课、磨课、录像。
2. 每组选出一名代表进行模拟讲课，其余学生配合完成。
3. 每组完成后，组长需组织组员对其进行点评和补充，优化课程设计。

### 三、活动实施

以小组为单位选择以下任一情境设计和实施教学活动。

情境一：端午节即将到来，各式各样的荷包、葫芦、五彩绳非常漂亮，电视上还报道了全国各地的赛龙舟盛况，教师想将这些充满传统美学意味的元素运用到活动中。请设计一次端午节主题的美术欣赏活动。

情境二：美术欣赏活动的开展有很多实施手段，除了欣赏，幼儿还可以用各种“语言”表达自己的感受和创意。请设计一次能够体现综合性的美术欣赏活动。

情境三：艺术领域中，美术与音乐既有区别又相互联系，如果能将美术欣赏与音乐结合起来，一定会碰撞出更新奇的火花。请设计一次美术与音乐相结合的美术欣赏活动。

**四、活动评价**

请依据表4–2评价活动实施情况。

表4–2　活动评价表

| 评价项目 | 评价标准 | 等级 | | | | |
| --- | --- | --- | --- | --- | --- | --- |
| | | 优秀 | 良好 | 中等 | 合格 | 不合格 |
| 活动设计 | 能根据幼儿的年龄发展特点设计美术欣赏活动，活动形式新颖，内容有吸引力，能给幼儿带来浸润心灵的美感体验，使欣赏与创造表现能够巧妙结合，促进幼儿美术能力的全面发展 | | | | | |
| 难度界定 | 活动难度符合幼儿年龄发展水平，具有一定的挑战性，且大部分幼儿能独立完成 | | | | | |
| 教学语言 | 教学语言规范，有语言组织能力，能清晰表达自己的想法和对幼儿的要求 | | | | | |
| 教学技术 | 会使用一种或多种教学技术，能够将课件、图片等形式引入教学中 | | | | | |
| 教育意义 | 活动主题对幼儿的艺术修养发展具有教育意义，并与其他领域有一定的联系 | | | | | |
| 优化建议 | | | | | | |

## 思考与练习

**一、简答题**

1. 幼儿的美术欣赏能力发展分为几个阶段，分别是什么？
2. 学前儿童美术欣赏活动的内容有哪些？
3. 学前儿童美术欣赏活动的主要方法有哪些？
4. 幼儿审美过程可以分为几个阶段，分别是什么？

思考与练习

**二、实践题**

以小组为单位，搜集具有美术欣赏价值的艺术作品、名胜古迹的照片、摄影作品、绘本等素材，形成清单，通过交流完善素材库。

## 篇章学习指导

**一、学习建议**

想要掌握学前儿童美术教育活动的设计与指导方法，就必须理解、掌握、运用学前儿童美术教育的基本知识与基本原理，对幼儿美术能力的发展有基本的认识，熟记《纲要》和《指南》中的相关论述，注重实际操作部分的研究与学习。课后需积极利用网络资源和实践观摩的机会，接触更多教学实例，认真观察一线教师在实践教学中的表现，更好地理解抽象的理论。幼儿的美术作品是非常直观的，很多关于活动设计的疑惑会在看见幼儿创作的瞬间得到答案。因此在学习时，要带着课题深入到幼儿中去，提升个人对美术知识的储备和审美经验，将更多美的事物带给幼儿。

**二、参考书目**


[1] 紫都，岳鑫.世界名画全集[M].北京：中央编译出版社，2004.

[2] 支英琦.读画——中国历代名画精赏[M].济南：济南出版社，2014.

[3] 郭浩，李健明.中国传统色：故宫里的色彩美学[M].北京：中信出版社，2020.


**三、其他资源**

1. 世界名画欣赏及高清图片下载：名画网 https://www.juhaohua.com.cn
2. ArtLib世界艺术鉴赏库：https://www.artlib.cn/
3. 艺道网：http://www.iartdao.com/product/productlist_2_1

# 中篇

# 学前儿童音乐教育

## 内容导读

音乐教育是学前儿童艺术教育的另一重要组成部分。如果说美术是感性与情感相结合的艺术形式，那么音乐就是理性与情感高度统一的艺术形式。音乐活动能够锻炼幼儿以情感为依托的逻辑思维能力，提升幼儿的观察力、记忆力、想象力，促进幼儿语言表达、情感涵养等各方面发展，其教育价值是不可替代的。教师应明确音乐对幼儿全面发展的重要意义和音乐教育在幼儿成长过程中不可替代的作用，了解学前儿童音乐教育活动的设计、实施与指导方法。

## 精彩回放



## 拓展阅读

# 第五章
# 学前儿童音乐教育概述

## 核心知识地图

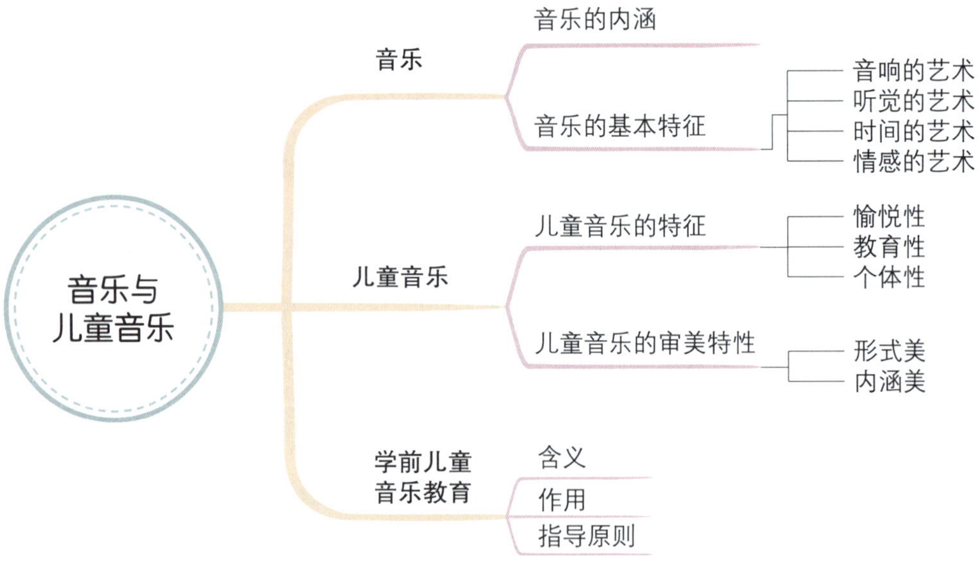


## 学习目标

1. 能够复述音乐的内涵和基本特征；
2. 能够阐述学前儿童音乐的概念和基本特征；
3. 能够辨析学前儿童音乐教育的概念和作用；
4. 能够列举影响学前儿童音乐教育活动的基本要素。

基本知识

# 第一节　音乐与儿童音乐

## 一、音乐的内涵

音乐是通过有组织的音响运动塑造艺术形象、表达思想感情、反映现实生活的艺术形式。“音乐”（music）一词源于希腊神话中掌管人类各种艺术创作、表演、文学的女神——缪斯（拉丁语Musae），从词义关系中不难发现，古希腊人认为音乐同“美”“灵感”有直接的关系。中文“乐”字的小篆字体（图5-1）就像一个架着战鼓的木架，《说文解字》指出：“乐，五声八音总名。象鼓鞞。木，虡也。”而繁体字“樂”就像古琴一样，下面是木头，上面是丝质的琴弦，演奏乐器能给人带来愉悦的心情，因此“乐”也读作“lè”，表示喜悦和愉快。

图5-1　小篆“乐”字

音乐是一门很特殊的艺术。一方面，音乐表现出与数学极其相似的高度抽象性，另一方面，它又能用最深刻、最细腻的手法准确地反映人的情感。波兰音乐学家丽萨（Zofia Lissa）认为，音乐是通过声音运动的形式来表现人的情感，通过声音的高低、长短、强弱、频率的不同运动形式所构成的旋律、调式、音区、节奏、节拍、速度、力度、音色等基本表现手段，以及和声、曲式、织体等音乐的组织手段来表现人的情感世界。因此，音乐是理性和情感高度统一的艺术表现形式，有助于人们理性与情感的平衡统一。

音乐是生活的一部分，也是艺术的组成部分之一，它源于生活，高于生活，所以音乐绝不是对现实生活中各种声音的自然模仿，也不是对现实生活的直白描述。通过人体的共振、共鸣、感染、感化等现象，音乐直接或间接地作用于人的身心健康。学习音乐有助于人们欣赏音乐美、自然与社会的美和其他各种艺术形式的美，激发人们追求更高层次的精神享受和对美的创造能力。

总之，音乐作为人类生活中必不可少的一种艺术形式，既是社会生活的主观反映，又是社会审美生活的主观反映。音乐教育可以使人在理性和情感两个方面得到提高，是实现人的全面发展的有效途径。人们可以用音乐来交流对世界和生活的观念和情感，也可以用音乐来建立融洽的人际关系，提高个人的生活质量和生命质量。

## 二、音乐的基本特征

### （一）音乐是音响的艺术

人们想读懂一幅古典主义油画作品时，可能要了解作者的生平、创作背景、创作年代等知识，需要看到作品的全貌，而模糊不清的图像资料会降低观赏者对作品的审美体验。受文化差异的制约，人们可能很难直接理解它的内涵。但音乐可以直接跨越这些障碍，只要聆听，人们就会获得情感体验，这是音乐与美术最大的不同之处。音乐以音响的形式引起人们的情感共鸣，达到其审美作用。可以说，音乐是声音的艺术，通过声音反映人们的思想、情感与社会生活的经验。这种声音不是生活中杂乱无章的音响的随意堆砌，而是人们从自然界中选择概括出来的具有高低、长短、强弱、音色等特性的乐音，音乐中主题的发展、曲式的结构、调性的安排、和声的布局都呈现出极其严谨的逻辑特性，并按照一定的关系构成有机的乐音体系，通过旋律的起伏、和声的张弛、音色的变化等直接表达人瞬息万变的情感，并且包含丰富的内涵。

### （二）音乐是听觉的艺术

听觉是人体主要的感觉之一，个体对外界刺激的感知很多是通过听觉来实现的。听觉能够给人带来丰富多彩的感受，人通过听觉既能感受纯音和复合音，又能区分噪声，还能认知事物，判断其位置、距离和运动状态，进而了解事物本质。由于音乐是声音的艺术，而人们又是用听觉来感知声音的，因此音乐是听觉的艺术。各种音乐活动，如歌唱、舞蹈、音乐欣赏、音乐游戏、器乐演奏等都离不开听觉，听觉是形成各种音乐能力的前提和基础。倘若失去了听觉，也就失去了感受音乐的条件，那么音乐艺术便失去了存在的意义。因此，声音的听觉感知是音乐艺术的特性之一。应该强调的是，音乐虽然是一门听觉的艺术，但音乐的感受不仅用听觉，有时人还能通过全身来感受音乐，比如节拍、节奏和力度等就不仅仅是通过听觉来感受的。对于听障人士，人们研发了“可视的音乐”“可触的音乐”帮助他们感知音乐，但听觉仍是感知音乐的基础和关键。

### （三）音乐是时间的艺术

和美术作品的静态性与永固性不同，音乐是在时间中进行的，随着时间的进程，音乐的各个组成部分陆续呈示，最后才展现出完整的作品。因此，音乐具有流动性。音乐是在时间进程中运动着的艺术，必须把一定的时间作为前提。鲜活的声音动态才能使欣赏者感受到具体可感的听觉意象，优秀的作品经过一代代演奏家不断地传播（也依靠录音手段）才得以保存，并在社会音乐生活中有持久的生命力。这也正是音乐作为听觉艺术与视觉艺术最明显的区别。与欣赏美术作品不同，虽然人们会在美术作品前驻足停留，认真观赏，但美术作品不会再发生变化，凝固的色彩和造型将时间凝滞，变化的只是观者的视角。而音乐艺术却相反，它随着时间的进行而不断变化发展，完善其组织结构。无论在何种音乐行为方式中，音乐艺术需要音乐表演这个中间环节作为作曲家和听者之间的纽带，从而使听者的情绪情感体验不断得到积累和深化，在时间的流动中长久地沉浸于音乐之中。

### （四）音乐是情感的艺术

音乐通过声音来抒发人们对客观事物的各种愿望和情感，借声传情是音乐艺术的特殊手段。音乐利用旋律、节奏等要素直观地将所要表现的情感展现给听者，通过有组织的乐音，经过艺术加工创作，反映生活、表达思想感情。优秀的音乐作品体现出的民族精神、时代特征和社会要求能传递正确的道德感和价值观。在欣赏音乐时，听者不仅可以感受和理解音乐作品表现的情感，更可以丰富自己的情感体验，使自己的情感更真挚、深刻和细腻，并进一步学会用音乐的理性驾驭情感，以恰当的方式将自己情感表达出来。例如贝多芬的《田园交响曲》在抒发对大自然的依恋之情时，使用象征性的暗喻，通过感情的抒发和表达来打动人、感染人，听者欣赏音乐时，仿佛能看到广阔的田野、奔流的小溪，感受到和煦的阳光，听到集会时人们的欢声笑语。明快的节奏、跳跃的旋律再加上透明的音色，表现出一种欢快明朗的情绪。正因为音乐具有以情动人、以情感人的艺术魅力，音乐才被人们称为“情感的艺术”。

## 三、儿童音乐

热爱音乐是幼儿的天性，胎儿从6周左右听觉神经就开始发育，第15～20周时开始有听觉，出生后他们会寻觅母亲温柔的声音和环境中丰富多变的音响；逐渐地，蹒跚学步的婴儿会跟随音乐扭动身体，挥舞双手；再长大一些，幼儿玩耍时会不自觉地哼唱歌曲或模仿自然界中的声音，并试图表现其中的不同，如蜜蜂和蚊子的“嗡嗡”声强弱的不同。我国著名教育家陈鹤琴先生曾提出“儿童生活音乐化”的思想，他认为，“我们要凭着音乐的生成和兴味，渗透到儿童的生活里面去，使儿童无论生活、工作、学习或劳动的时候，都能有意志统一、行动合拍、精神愉快的表现。使儿童的生活音乐化”。

音乐是世界通用的语言，是一种人人都可以理解的可以直接交流情感的工具。两个能弹奏同一首曲子的人坐在钢琴前，能够通过演奏的节奏和力度领会彼此的意图，配合演奏一首乐曲，这是不需要语言交流与沟通的。虽然幼儿和成人对音乐有不同的理解，但对于音乐的喜爱却是不分年龄的，每个人的生活都离不开音乐，都享有接受音乐文化的愿望与权利。学前儿童音乐是指学前儿童开展的音乐艺术活动，它反映了学前儿童对音乐的感受、理解、表现和创造，也表现出学前儿童对周围世界的认识、情感和思想。幼儿天真纯洁的心灵与美好的音乐是相通的，音乐的审美性与娱乐性使他们对音乐有着天然的亲近和向往，幼儿的生活与发展都离不开音乐。

### （一）儿童音乐的特征

#### 1. 愉悦性

音乐能使人们在欣赏时获得身心的愉快和放松。音乐艺术之所以能够触动人内心的情感，是因为其本身具有的强烈的愉悦性、感染性。轻快激扬的乐曲能够使人们的内心洋溢起难以名状的喜悦，精神振奋，心情舒畅；沉重凄婉的乐曲则能使人们心头涌上一丝愁怨和烦忧，甚至伤感落泪，但忧伤的情绪却会通过音乐得到释怀，这就是音乐的愉悦性和感染性。

幼儿在听音乐时，会不由自主地陶醉在乐曲营造的情境中。儿童音乐中的歌唱、韵律、音乐游戏等活动形式，能够充分满足幼儿好动的天性和社会性需求，同时，幼儿专注且投入地感受音乐的旋律与节奏，一直处在愉快欢乐的状态中，这种情绪上的愉悦在学前儿童音乐活动中体现得尤为明显。如在一次美术活动中，教师夸赞一名幼儿“你笑起来真好看”，其他幼儿居然齐声合唱了起来，每个孩子的脸上都洋溢着欢乐的笑容，一边认真涂色一边欢快地唱歌，气氛轻松愉快，这正是儿童音乐愉悦性的体现。

#### 2. 教育性

音乐艺术不仅能启迪幼儿的智慧，诱发他们的灵感，更能潜移默化地陶冶幼儿的情操，净化幼儿的心灵。这种教育性并非像文字般直白地阐述经验，而是一种润物无声的隐性教育。借助音乐娱乐性的特点，教师可以引导幼儿在玩中学、在乐中学，使幼儿在寓教于乐的音乐感受和音乐表现活动中养成勤劳、友爱、诚实、勇敢的优秀品质，促进幼儿人格的全面发展。例如《劳动最光荣》就是一首极富教育意义的歌曲，将太阳、雄鸡、花儿、鸟儿、喜鹊、蜜蜂的劳动和小蝴蝶的贪玩形成对比，歌颂了劳动的意义，朗朗上口的旋律和充满童趣的歌词，让幼儿很快就能理解和熟记，在生活中也能养成热爱劳动的好习惯；再如《我的好妈妈》是一首教育幼儿尊重长辈和他人的歌曲，这首歌曲调优美、歌词浅显易懂，幼儿在感受演唱与演唱歌曲的一系列音乐活动中，能形象化地体验妈妈劳动的辛苦，在妈妈下班后边唱边扶妈妈坐下，同时幼儿也会向老师说“老师，您辛苦了”。这种教育能在幼儿的心灵深处引起震撼，比说教更有说服力、更为深刻。

3. 个体性

音乐是一门极富个性的艺术，音乐的呈现以表演者作为作曲家与听者的纽带，每一位作曲家对作品的表达、每一位表演者对作品的诠释、每一位欣赏者对作品的感受都是不同的。每个幼儿对外部世界的认知和体验都是不同的，表达自己的情绪和情感的方式也各有差异，而音乐能反映幼儿的发展水平和个体差异。受幼儿认识发展水平的制约，也受个人情感、个性等发展状况的影响，即使同一个班级的幼儿听同一首音乐作品，每个幼儿的听觉感受和情感体验也是各不相同的。每个幼儿都会自觉或不自觉进行感知、想象、理解等个性化的心理活动。幼儿会自发地运用音乐自娱自乐，比如他们会用刮动木梳的方式探索音调的高低、用树枝刮动栏杆发出不同的声响，有些幼儿发现敲击不同的碗能发出不同的声音，这都是幼儿个性化发展的主动探索。总之，儿童音乐在一定程度上反映着幼儿的认知情感和个性发展的状况，在唤醒幼儿的主体意识、促进幼儿的主体性发展上具有特殊的教育价值。

### （二）儿童音乐的审美特性

儿童音乐既包括“为儿童创作”的音乐，也包括适合幼儿欣赏与演唱的各种成人音乐。为幼儿创作的音乐是作曲家以幼儿的视角为切入点，写给幼儿表演或欣赏所用。作品呈现的是充满童真、童趣的孩提世界；适合幼儿的成人音乐，其音乐形式、风格、体裁和题材往往以符合幼儿的生活经验和音乐体验为特点。这种审美特性主要表现在形式美与内涵美两个方面。

1. 形式美

如果说绘画的美源于线条、构图、色彩等绘画要素，那么音乐的美就体现在音区、力度、节奏、旋律、音色、织体、曲式、和声等音乐要素上。这些要素按照一定的规律组合起来，便形成了音乐作品的整体艺术结构和独特的艺术审美特征。下面主要介绍音色、节奏、旋律、力度四个与儿童音乐审美特征联系最为紧密的音乐形式美要素。

（1）音色

音色即声音的品质，对于音乐艺术，音色是指人的嗓音或乐器的音质。人的声音与乐器都具有不同的音色，在创作儿童音乐时，作曲家会根据幼儿的审美爱好选择能够吸引幼儿的音色。如用沉闷的定音鼓模仿打雷的音色，用大号表现笨笨的大象，用长笛为小鹿伴奏等。对作曲家来说，各式各样的声音特质就像画家手中的调色盘一样，会令儿童音乐作品产生独特的魅力，更易吸引幼儿的注意。

（2）节奏

音值指音延续的时间长短。不同长短的音按照一定的时间规律组合起来，形成节奏。在自然界和人们的生活中就有很多节奏的踪迹，如潮汐的涨落、蝉的鸣唱等。节奏是一种动态的存在形式，包括节拍、速度等要素。因此，强弱、快慢、松紧是节奏的决定因素。音乐作品的节奏可分为两大类：一类是节拍或重音规则交替进行的节奏，另一类是较为松散的节奏。儿童音乐作品以规则鲜明的节奏为主，如强弱对比鲜明的二拍子适合表现活泼欢快、刚劲果敢的情绪；动荡摇曳的三拍子常用于表现旋转、摇摆、悠缓的意境。幼儿在玩耍和激烈运动时心跳加速，因此兴奋、欢乐、活泼的情绪与快节奏相呼应；阳光明媚、春意盎然的自然风光与适中的速度相匹配；平和稳定的情绪、较为深沉的回忆、宏大的颂歌等则多与慢速度相关。儿童音乐中，快速和中速是常见的类型，因为它比较符合幼儿的生活经验和情感体验。

（3）旋律

乐音通过一定的音高变化勾勒出不同的旋律。正如文学家用文字来叙述小说的情节，音乐的“情节”是依靠旋律表达出来的。旋律是构成音乐美的主要艺术手段，它由不同音高组成的富有逻辑规律的单声部音乐所构成。在音乐作品中，旋律既可是单声部音乐的整体，也可是多声部音乐的主干声部。儿童音乐作品旋律的表现是多种多样的，它是作曲家体验幼儿情感并进行艺术表现的主要方式。儿童音乐旋律的表现形态主要有平稳式的进行、上升式的进行、下滑式的进行、弧形的进行，以及以上各种旋律状态不同组合的进行。不同的旋律走向会影响幼儿在音乐体验中的情绪。旋律和日常语言关系十分紧密。在儿童音乐中，旋律的曲折变化往往依附于语言，也就是将语言的音高加以夸张得来的。另外，音区的运用在儿童音乐的旋律写作中十分重要，高音区一般清脆尖锐，而低音区往往给人浑厚深沉感。音区的对比能够为旋律营造新鲜感和情绪的变化。

（4）力度

力度是指音乐的强弱程度。力度的变化对音乐形象的塑造起着很重要的作用，是音乐丰富表现力的体现。通过力度变化产生的音响可以表现暴风骤雨、江河奔流等激烈的情境，也可以表现如泣如诉、喃喃细语等内心的微妙感受，还可以表现空谷回声、黄昏钟鸣、高山流水、小溪潺潺等大自然的奇观美景，甚至是温暖的阳光、凉爽的微风等看得见摸不着的物体。如贝多芬的《暴风雨奏鸣曲》第一乐章就运用了鲜明的力度变化，刻画出紧迫与松弛的巧妙对比，使得音乐形象在主题上达到了完美统一。力度的强弱能引起幼儿不同的情感体验。力度强烈的音乐让幼儿兴奋、愉悦、充满向往；力度轻柔的则让幼儿的情绪安定平和。渐强、渐弱、突强、突弱、强后弱等力度变化，不仅能吸引幼儿的注意力，也能让他们对音乐的体验更投入。

2. 内涵美

（1）直观

幼儿的思维比较直接，因此具象的事物更易引起他们的注意。一方面，儿童音乐常常模仿自然界的声音以暗示某种场景，或通过音响运动状态象征某种视觉形象，以此吸引幼儿的注意力，提高幼儿对音乐的兴趣，这便是音乐的造型性。写实式的拟音是表现自然音响较恰当的形式。自然音响中，最富音乐性的要数鸟鸣了。如圣-桑的《动物狂欢节》第9首《林中杜鹃》，就是以写实手法表现自然音响的典型例证。乐曲用钢琴和弦表现幽静神秘的森林，单簧管反复奏出两个单音“布谷！布谷”，清脆的“布谷”声，将隐藏在树梢上悄悄鸣唱的杜鹃展现给听者，使人宛如身处大自然之中。

另一方面，许多儿童音乐作品会生动直观地描绘幼儿的形象。与描写成人时侧重刻画内心世界不同，儿童音乐作品往往通过表现幼儿生活情景的活动来塑造幼儿的形象。如德国作曲家舒曼的《童年情景》第9首《竹马游戏》，特意改变3/4拍常规强弱重音，左右手声部重音交错，模仿重心不平衡的感觉。通过别具一格的节奏律动表现孩子骑竹马时前摇后摆、上下颠簸的动态形象。正是这一节奏和力度的变化表现，活灵活现地刻画出一个玩耍的孩童无所顾忌、兴致勃勃地骑着竹马一颠一跳的样子。

（2）稚拙

幼儿的世界充满了独特的童真与童趣。在儿童音乐作品中，稚拙不仅表现为音乐形式的朴素，也表现为心理内涵的单纯。这种朴素和单纯是回归幼儿思维本性的艺术再现，是闪烁着灵感的高级的纯朴。许多儿童音乐常用清晰流畅的旋律、和谐明朗的和声与简洁透明的织体来表现幼儿活泼率真的本性，故儿童音乐总是洋溢着浓郁的谐趣和欢愉之美。如舒曼的《童年情景》，这部作品不仅为儿童所写，也表现了成年人对童年时光的回忆。作品手法简练，形象刻画生动准确，心理描写逼真，饶有童趣。在其第三乐章《捉迷藏》中，作曲家回忆起童年时代与同伴做游戏的生动场景，快速上下行音阶式的音型在声部间此起彼伏，逼真地展现出孩子们你躲我藏、追逐游戏的情景。稚拙的儿童音乐总是呈现出柔和、淡雅、原始、质朴、明净、透彻的美，它摒弃了成人音乐精雕细琢的创作手法，追求原始艺术的美学特征。

（3）幻想

幻想是幼儿的天赋和本能。幼儿凭借幻想在脑海中营造自己的小世界，在他们的心中，万事万物都具有生命，都有喜怒哀乐的情绪。儿童音乐因其直观、稚拙的本质而具有幻想的审美特性。就如舒曼的《童年情景》中，在孩子们嬉戏玩乐的热闹场景中，也有儿童安静地沉思遐想。其中第七乐章《梦幻曲》就运用缓慢平稳的节奏和起伏均匀的旋律表现了作曲家童年时代天真烂漫的幻想和对未来的憧憬，在流连婉转和丰满温和的和弦衬托下，营造出甜美轻盈的梦幻世界，深受幼儿的喜爱。再如约纳森的《杜鹃圆舞曲》，以轻快活泼的节奏和清晰流畅的旋律描绘了一幅生机盎然的春天景象，长笛的音色清脆明亮，直观地表现出林中杜鹃的鸣唱，欢快的旋律让幼儿幻想着杜鹃唱歌时的可爱模样，在音乐的氛围中，幼儿会不由自主地开始手舞足蹈。

## 第二节　学前儿童音乐教育

### 一、学前儿童音乐教育的含义

在音乐教育的价值取向上，同样存在以音乐为本位和以教育为本位两种学前儿童音乐教育价值观。以音乐为本位的教育价值观强调教育为手段，对幼儿实施音乐的早期启蒙，以发展幼儿的音乐潜能，使幼儿获得音乐艺术内涵的教育。而以教育为本位的教育价值观是通过听、唱、跳、奏等音乐实践活动来促进幼儿身心的健康成长，培养幼儿的审美情趣，引导幼儿良好的个性及创造力的发展。前者更多考虑和看重借助教育形式来发展幼儿的音乐技能和音乐能力；而后者强调把音乐教育作为一种手段，通过音乐这一媒介促进幼儿在身体、认知、情感、个性、社会性等方面的和谐发展。对于学前儿童音乐教育而言，应以教育价值取向为主，以音乐价值取向为辅，二者互为补充。把握学前儿童音乐教育，既要遵循音乐学习规律及幼儿音乐心理发展特点，对幼儿进行音乐潜能的培养和音乐基本知识、技能的教育和熏陶，也要以全面发展为中心，通过音乐的手段促进幼儿在身体、智力、情感、个性、社会性等方面的和谐发展。

## 二、学前儿童音乐教育的作用

### （一）促进幼儿认知的发展

音乐教育能促进幼儿感知能力的发展。音乐是听觉的艺术，音乐活动的进行主要借助听觉器官，音乐认识活动也必须建立在听觉感知的基础上。因此，音乐教育对幼儿听觉感知能力发展的促进作用是其他学科不能代替的。

音乐教育还能促进幼儿记忆能力的发展。音乐活动除了能培养听觉感知、听觉辨别、听觉注意能力外，还能培养听觉记忆能力。听觉记忆能力是指人记忆音乐、再现音乐的能力。学前阶段是培养幼儿听觉能力的最佳时期，幼儿的音乐学习和体验能有效增强他们听觉的敏感性，发展听觉感知和记忆表象的能力。如在歌唱活动中，教师通过旋律的哼唱将歌词教给幼儿，幼儿的记忆力在哼唱中得到加强，而幼儿演唱歌曲时，对音乐的再现能力又进一步得到提升。

音乐教育还可以提高幼儿的思维能力。比如视唱教学中手势语的运用，就对幼儿空间概念的形成和巩固有很大作用。

音乐教育还可以发展幼儿的想象力。幼儿在音乐的刺激中产生与音乐相一致的新的情感体验和美好的幻想。幼儿的想象越丰富多彩，他们从音乐活动中得到的愉悦就越多。越来越多的教育者在学前儿童音乐教育实践中注意到，音乐教育活动应为幼儿提供参与、探索、迁移、表现和实践的条件，使他们有更多机会独创、试验自己的艺术想象，进而最大限度地挖掘幼儿的创造潜能。

### （二）促进幼儿情感与意志的发展

音乐教育能促进幼儿情感的发展。音乐艺术通过优美的旋律和丰富的音响手段来表现人类最为细腻的心理活动和感情波动。幼儿正处于个人情感由低级向高级逐步发展的重要阶段。随着幼儿社会交往活动日益增加，情感体验日趋丰富，情感分化更加细腻，富有情感性的音乐活动就逐渐成为促进幼儿情感发展的有效手段之一。音乐技能不仅能帮助幼儿明确构建自己的感情，更能成为幼儿与他人感情沟通的语言。表现不同情感、内容的音乐，使幼儿的感情世界逐渐变得丰富而充实。

音乐教育也能促进幼儿意志品质的发展。教育活动是一种有目的、有计划的实践活动，无论是学习唱歌还是器乐演奏，都要学习一定的音乐技能，没有坚持不懈、刻苦拼搏的精神和克服困难的勇气与意志是无法完成的。幼儿不仅需要调控自己的行为配合音乐，还需要协调自己与他人的动作，这样才能达到和谐统一。学前儿童音乐教育最终的目的不是音乐特长或演奏技能的训练，而是通过音乐培养人、塑造人，促进幼儿的精神成长，丰富幼儿的情感体验。

### （三）促进幼儿个性的发展

音乐作为一种与幼儿关系最为密切的艺术形式，其愉悦性和娱乐性能让幼儿直接体验到快乐，从而对音乐产生浓厚的兴趣。生活中幼儿经常自发地哼唱、打起节拍、按照自己创设的节拍蹦跳。而通过参与集体的音乐活动，幼儿对音乐的兴趣会更加浓厚、稳定且持久。幼儿不仅在活动中获得了认知、情感和音乐操作技能等方面的有效发展，获得了快乐的情感体验，更初步养成了对人和事物的积极态度，为建立积极的人生态度奠定了基础。

音乐教育还能促进幼儿自我意识的发展。在音乐活动中，幼儿会意识到为了与音乐或他人保持协调一致，必须调控自己的身体动作和活动。对音乐的感受和表现需要幼儿有意识地认识到自己的活动状况，幼儿逐渐开始意识到自身与他人的区别，会在比较的过程中产生简单的自我评价。在集体音乐活动中，幼儿的自尊心迅速发展，他们迫切地希望表现自己，以获得同伴、教师的积极评价，在这一过程中，幼儿的自信心、自尊心、自我评价、自我态度将逐步形成。

### （四）促进幼儿社会性的发展

幼儿的社会性在与周围人群的交往活动中逐渐发展起来。音乐活动为幼儿提供了大量人际交往和合作交流的机会。在集体音乐活动中，幼儿需要与其他人相互配合、共同合作才能奏出优美动听的乐曲，这不仅能够让幼儿体验到集体协作的快乐，逐渐学会理解、尊重、接纳和欣赏他人，音乐本身的节奏、韵律，合作中各声部间的配合及律动，舞蹈动作的编排，音乐游戏的规则等都能使幼儿在一种愉快的、“不强迫”的情境下养成自愿遵守规则的习惯，从而培养幼儿自律，形成责任感和自我激励的意识。在音乐活动中，幼儿与人交往的需求与自信逐步建立，幼儿能在感受美与抒发美的教育中不断提高自身素质，为将来参与有秩序的社会交往活动奠定基础。

## 三、学前儿童音乐教育的指导原则

### （一）制定合理的活动目标

活动目标应依据音乐教育的总目标、幼儿的年龄发展特点和具体的活动内容进行设计。具体的活动目标既是对活动结果的预示，也是对幼儿提出的具体活动要求。在制定音乐教育活动目标时应注意体现发展性、系统性与行为化。

#### 1. 发展性

音乐活动目标的设计应着眼于幼儿的发展。将幼儿的原有基础与新活动提出的发展目标相结合，使活动目标既适应幼儿的已有发展水平，又能促进幼儿达到新的发展水平。从一个完整的目标体系来看，发展性既体现在音乐感及音乐能力的发展目标上，也体现在学习能力、情感、个性和社会性等方面的发展目标上。如中班音乐游戏活动“快乐小青蛙”中，教师考虑到幼儿已有关于小青蛙生态习性的知识经验基础，提出“熟悉音乐旋律，尝试双手同时在铃鼓上随音乐一下一下地演奏，表现小青蛙的歌唱；通过找害虫的游戏及教师的语言提示，能随乐用乐器表现青蛙跳，用动作表演躲猫猫和吃虫”的音乐感和音乐能力发展方面的目标。教师又从促进幼儿在情感、个性和社会性发展等方面获得有益经验的角度考虑，提出“在教师的启发引导下，探索用不同的乐器表现池塘中的鸟鸣与虫吟，能正确使用乐器并体验乐器活动带来的快乐”的目标。显然，该目标比较全面而具体地落实了幼儿的发展性。

2. 系统性

音乐活动目标设计的系统性主要体现在两个方面：一是认知目标、情感与态度目标和操作技能目标三个方面交织融合。在制定一个具体的音乐活动目标时，要综合、系统地体现以上三个方面的目标，做到均衡而全面。对于音乐教育活动而言，认知目标主要反映音乐知识、技能的获得和音乐感的发展；情感与态度目标主要反映情感智能与积极的个性、社会性的发展；操作技能目标主要反映学习技能、策略的获得和学习能力的发展。如小班音乐游戏活动“大猫小猫”的认知目标为“感受声音的轻重和音乐强弱的对比”，情感目标为“通过角色扮演，体验参与音乐游戏的快乐”，能力目标为“能完整演唱歌曲，并自主选择角色参与游戏”。二是必须把目标作为一个整体而有序的系列化结构来看待，使每一个活动的目标在总的方向上与其上一级目标（单元目标、年龄阶段目标、总目标）相一致。应根据幼儿的年龄和发展水平，由浅入深、循序渐进地提出目标，体现系列性和层次性。如“能跟随熟悉的音乐做身体动作”这一能力目标，就可以化为“能跟随熟悉的音乐有节奏地拍手”“能跟随熟悉的音乐有节奏地走步”“能跟随音乐有节奏地敲打铃鼓”“能跟随音乐有节奏地边敲打铃鼓边走步”等递进式的能力目标系列，或是“跟随音乐有节奏地摇动铃鼓”“听辨音乐的快慢，学习用铃鼓不同的音色表现”“探索将铃鼓伴奏运用在音乐中”等一系列递进式的、由直接经验到间接经验的目标和要求。

3. 行为化

制定具体的音乐活动目标时，应尽量使用行为目标的表述方法，体现目标的可操作性。目标中表述的行为应是教师可以观察、测量和评估的。这样的目标无论对教师还是幼儿，都是清楚而明确的。应一目了然地说明音乐活动中幼儿的具体行为、产生的结果等。教师在运用行为化方法表述目标时，必须注意以下两个方面。

（1）行为主体

教师在确定某项行为后，可以幼儿或教师作为行为主体来具体描述和叙写，但主体应统一，且尽量体现幼儿在活动中的主体性。必须注意目标的可操作性，避免出现空泛而笼统的目标。如在一份大班的歌唱活动计划中，某教师将目标定为“培养幼儿的音乐知识技能和音乐的记忆能力”“启发幼儿有表情地唱歌，并创造性地表演”“培养幼儿的社会性和合作交往能力”三条。虽然此目标的行为主体统一为教师，但目标过于空泛笼统，因而无法使人了解教师通过何种具体的活动来落实对幼儿何种能力的培养。

（2）行为条件

目标表述的行为应尽量反映该行为发生的附加条件或表明行为水平的限定语。如“在教师的启发与引导下”“尝试”“探索”“体验”“初步”“进一步”“大胆地”“快乐地”等，这些词语能够明确反映幼儿行为发生的前提条件和幼儿行为表现的水平。

如某教师制定的中班韵律活动“三只熊”活动目标：

① 熟悉音乐的旋律和结构，听辨熊走路（以平稳的四分音符节奏出现的A段）、熊跳舞（以附点八分音符节奏及跳音表现的B段）、熊骑自行车（以快速的十六分音符出现的C段）的音乐。

② 在教师的启发引导下，尝试探索性地学习用不同的动作表现三段音乐的不同，初步体验创造的快乐。

③ 学习寻找空地方做动作，初步获得与同伴共享空间的观念和技能。

此活动的目标表述使用了“熟悉”“尝试”“初步”等词语，这样的行为化目标设计表明幼儿在活动中的行为和表现水平可以是缺乏经验的、不熟练的，其在尝试、探索中出现的错误也是被允许的。

### （二）构建富有层次性的活动程序

活动程序是为实现教育活动目标而对活动内容的具体展开和教育方式、方法的具体运用，它是整个音乐教育活动设计的核心。设计音乐教育活动的结构时，教师应尽量细致地划分活动的层次，使每一个活动的层次能够最大限度地促进幼儿各方面能力和素质的发展。对于同一个音乐材料，应注意从不同的角度、用不同的方式让幼儿感知和表现，通过不同的活动形式、不同的活动要求反复感受和探索，以满足幼儿参与、交往、游戏和创造等多方面的需要。教师须对每一个教育活动的基本组成部分以及各部分间的顺序、分配和关系进行具体细致的处理，综合考虑活动的目标、内容和方法等因素对活动的制约，以及教师、幼儿、材料和环境等多方面因素的影响。

#### 1. 宏观把握

为了使组成音乐活动的各部分、各环节能充分地发挥内部的结构功能，在设计和考虑活动的结构时，首先要从宏观上把握音乐活动组织形式的结构功能。既要顺应幼儿生理、心理机能活动变化的规律，使一个相对独立的活动设计环节或片段对幼儿的生理、心理活动过程产生最佳的影响，注重活动的适应性功能，又要遵循幼儿学习的迁移规律和心理结构的建构规律，使新的学习活动能够建立在原有知识经验、技能和能力的基础上，使新经验在改造旧经验的过程中更加迅速而有效地形成，注重活动的发展性功能。认识音乐活动形式不同的内部结构功能，不仅能帮助教师正确地设计具体的音乐活动结构，也能在设计中避免盲目性和模式化。

#### 2. 微观调整

一是对目标要求进行适当的重点分析，如划分目标中必须完成的主要目标、通过幼儿学习和尝试能达到的次要目标等，从而突出重点。二是根据活动的方法和模式着手设计活动结构。如探索式的活动可选择层次细致且进度较慢的结构形式，模仿式的活动可选择以活动内容和材料为切入点设计活动的结构。三是从活动的具体执行进程着手调整活动的结构。一个音乐教育活动的组织结构从活动内容本身的性质来划分，可以分为开始部分（或活动导入）、基本部分（或讲授新课）和结束部分（或复习活动）。

在活动的开始部分，教师可以采用契合活动内容、材料多样化的导入方法，营造音乐艺术美的氛围，充分体现活泼、富有朝气的科目特点，帮助幼儿顺利地进入学习和探索活动。教师可采用语言导入、视觉导入、动作导入、欣赏导入、情境导入等方法。

① 语言导入：即把谈话、讨论交流或某个与活动主题内容有关的故事、儿歌、谜语等材料作为导入的形式，以引出主题。

② 视觉导入：即预先按照活动主题内容设计场景，以让幼儿欣赏表演或提供相关的玩教具、图片、视频等形式引起幼儿的兴趣，使其更快投入活动。

③ 动作导入：即组织幼儿跟随音乐进行动作模仿，或做已经学会的且与新学习内容有关的动作或游戏，以进入活动主题。

④ 欣赏导入：即让幼儿欣赏新的活动内容或与之相关的作品，以进入音乐学习。

⑤ 情境导入：即根据故事或生活中的场景创设情境，以任务为驱动，增强幼儿参与活动的动机和完成活动的意志。

活动的基本部分通常可以安排2～3项音乐活动内容，如欣赏、歌唱、舞蹈或欣赏、歌唱、节奏等。活动内容应丰富多样，既不可过于单一，从头唱到尾，也不可太过复杂，超出幼儿的能力范围。活动选取的教材应注意新旧搭配、难易得当，充分挖掘教材的教育潜力，教材的内容和情绪类型既有变化又统一。活动形式的安排应注意动静配合，从而突出教学活动的重点，保持幼儿学习的兴趣。

活动的结束部分应当营造兴致勃勃、井然有序的氛围，使幼儿意犹未尽。结束部分一般可以利用基本部分的最后一项内容，自然地过渡结束，也可以专门选择律动或舞蹈动作来结束，或是在班级的专属活动音乐中有秩序地离开活动场所。

学前儿童音乐教育活动的设计、组织和安排没有一成不变的模式，即使已经被充分证明合理而有效的系列层次活动方案，也不能不顾及幼儿的实际情况而盲目地模仿和照搬。虽然它的形式是灵活多变的，但它所依赖的基础却是非常明确的，一是要紧密结合本班幼儿在音乐能力、学习习惯、认知情感和社会性方面的一般特点和个性差异，二是要考虑音乐艺术自身的创作、表演、欣赏的特点与规律。以此为出发点去选择教材、确定目标、设计方法，才能做到有的放矢、卓有成效。

### （三）选择适宜的音乐教育活动内容

学前儿童音乐教育活动的内容主要为歌唱、韵律、打击乐演奏和音乐欣赏，不同的活动内容有具体的选材细则，但从整体上看，学前儿童音乐教育活动选择的材料应具备适宜性、审美性、教育性、操作性、多样性和整合性。

#### 1. 适宜性

适宜性主要指音乐教育活动选用的材料应该符合幼儿的年龄特点。活动内容的选择既要与幼儿现有的音乐能力相适宜，又要具有一定的挑战性，既要符合幼儿现阶段需要，又要有利于其长远的发展。作品的技巧应贴近幼儿的表现能力，是大多数幼儿能够掌握的，符合幼儿音乐能力最近发展区。幼儿思维的主要特点是具体形象性，他们更多依赖于鲜明生动的形象去认识理解事物。因此，音乐活动选用的音乐作品所表达的内容、形象与情感应贴近幼儿的生活。以歌唱教材为例，幼儿歌曲的节奏宜简单，速度宜中速或中速稍快、稍慢，歌词宜简单明了、主题鲜明；韵律活动采用的音乐应该具有旋律动听、活泼、节奏鲜明的特点，便于幼儿合拍地做动作；欣赏曲目所表达的情绪应当是幼儿能够体验感受的。

2. 审美性

审美性主要指音乐作品必须富有情趣和艺术表现力，能给幼儿以审美的享受，并引起幼儿学习的兴趣与需要。学前儿童音乐教育是一种审美教育，它应以美的形式、内容、方法和手段加以组织，在潜移默化中赋予幼儿审美的态度、眼光与情怀。因此音乐活动的音乐必须具备鲜明的音乐形象、动听的旋律、生动的节奏和一定的风格，在内容上能使幼儿在社会、情感、认知和身体等方面得到发展，能为幼儿理解和喜爱。同时，由于音乐是听觉的声音艺术，因此音乐内容的选择必须充分展现声音艺术的基本特征，教师在选择音乐内容时需注意音乐的声音质量和音响效果。

3. 教育性

音乐本身具有教育功能。教育性主要体现在音乐作品的艺术形象应是美好而积极的，应有助于陶冶与滋养幼儿的心灵，激发幼儿对生活的热爱，培养幼儿健康的审美情趣，引导他们用耳朵、用心灵去感受、理解音乐，并运用动作和声音等手段进行艺术表达和创造，全面提高幼儿的理解力、观察力、认识能力、感受与表达能力。通过让幼儿接触、欣赏有教育性的音乐内容，唤起幼儿学习的兴趣，激发幼儿内心的情感。幼儿音乐作品的教育意义和美好情操应当是幼儿在音乐实践活动中通过感受鲜明的艺术形象自然地获得的，而不是以说教的形式直白地把教育要求强加给幼儿。

4. 操作性

操作性主要指在音乐活动中采用的实物和动作材料应在幼儿胜任的范围之内，以便他们操作运用。由于幼儿的肺活量小，呼吸的支持力较弱，且幼儿的语言能力处在学习和发展的过程中，因此在选择演唱歌曲时要注意幼儿音域能接受的范围，不能选择超出幼儿音域的歌曲，以免在演唱时损伤声带；唱游和节奏活动需要考虑动作是否符合幼儿的生理发展规律，活动量是否适宜；节奏乐需要考虑配器是否易于幼儿使用；欣赏的曲目需要考虑形象是否鲜明，是否符合幼儿的音乐听觉能力发展水平等。

5. 多样性

多样性是指音乐活动中选择的音乐作品的内容、题材、表现形式、风格应尽可能丰富多样。教师应充分尊重幼儿个体文化和语言上的多样性，为幼儿建立开阔包容的多元文化音乐视野，能够从世界各民族丰富的民间音乐和古今中外的优秀创作曲目中选择多种不同风格的作品，丰富他们的情感体验和欣赏音乐的经验，让幼儿从小就浸润在古今中外多元的音乐作品之中，激发幼儿的想象力，逐渐获得欣赏、接受、包容各种不同音乐风格的眼光与胸怀。

6. 整合性

学前儿童音乐活动内容的整合性主要体现在以下四个方面：

第一，注重音乐教育分领域内各种内容的整合。学前儿童音乐教育主要由歌唱活动、韵律活动（律动、歌表演、音乐游戏、舞蹈）、打击乐活动、音乐欣赏四个部分组成。选择活动内容时，不应局限于某一种活动，应避免单纯地一唱到底、敲锣打鼓、看图听歌。教师应合理地将活动内容进行整合，提高音乐活动的趣味性。

**精彩回放**

**扫码学习**

大班音乐活动“熊出没”（韵律活动、歌表演）

精彩回放

第二，注重美术与音乐活动内容的整合。艺术给人带来的愉悦感和情感体验是共通的，因此教师应在音乐教育活动中适当融入美术活动的内容，如用生动的图例表现节奏型，用图式表现与音乐适配的乐器，鼓励幼儿用绘画表达自己对音乐的情感体验等，提高幼儿的艺术表达能力，加深幼儿对音乐的理解。

将音乐与美术结合起来组织综合艺术活动时，通常可采用以下步骤：

① 第一遍听音乐时，先要求幼儿把握乐曲明显的戏剧特征，从总体上把握音乐表现的基本情绪和表现内容的主要轮廓。

② 第二遍要求幼儿注意并把握音乐表现的细节和基本要素，如乐音的高低、长短、强弱、粗细等声音的基本特质，旋律、节奏、音色等音乐要素的变化、再现等构成的音乐的基本组织形式。

③ 第三遍运用通感、联想等方法让幼儿想象音乐所唤起的视觉因素，如色彩、线条、形状、材料、结构、情节、主题等。

④ 反复聆听音乐，要求幼儿根据对音乐的印象及其唤起的联想和想象，用绘画表现出他们脑海中的视觉形象。

⑤ 绘画作品完成后，请幼儿用自己的语言描述作品反映的内容和故事。

第三，注重音乐与其他学科领域的整合。在与语言领域的结合上，音乐艺术与文学艺术是密不可分的，优秀的儿童歌曲往往也是一首朗朗上口的诗歌。语言和音乐有许多共通点，它们都有重音、节拍、节奏，有声调的轻重、快慢、高低的变化。借助与音乐教学内容相贴切的文学意境，将音乐教育与文学教育有机结合，不仅能够提高幼儿学习音乐的兴趣，还能带给幼儿更丰富的审美体验，达到事半功倍的效果。

在与社会领域的结合上，音乐的情感表达功能体现得尤为明显。音乐教育强调对人灵魂的塑造，它能有效唤醒幼儿心中的艺术感觉、审美意识、人文素养和创造力，愉快的音乐学习过程不仅影响着幼儿对音乐学习的兴趣和态度，更影响着幼儿对学习、生活和自己的认识和态度。在社会教育中融入音乐教育，能使幼儿的情感分化更加细腻，为幼儿抒发情感、排解情绪、学习与他人相处奠定基础。教师应注意挖掘音乐作品蕴含的情感，创设情境，利用移情等方法引导幼儿体验作品情感，通过集体活动帮助幼儿学会尊重他人、配合他人，对幼儿实施真、善、美的社会教育。

在与科学领域的结合上，音乐理性的规律和感性的情感表达有助于幼儿的好奇心与科学思维的培养。科学与艺术之间是一种互利互惠的关系，科学思维的建立需要想象，而在艺术活动中，想象、情感、理性等诸多要素彼此渗透，使情感通过与理性的对话变得更深刻。教师可以带领幼儿探索声音的奥秘，感受节奏、音质、音色等音乐要素的规律；也可以在音乐活动中融入丰富的科学知识，用音乐激发幼儿的探索欲与表现欲，用科学提升幼儿的观察力与创造力。

在与健康领域的结合上，音乐对调节幼儿的情绪、促进幼儿身心健康发展有着重要意义。健康优美的乐曲能给幼儿带来轻松愉快的审美享受，音乐中不同的旋律、节奏、调式能刺激幼儿的听觉器官，调节幼儿的身体节律。同时，在音乐的带动下，幼儿能够跟随歌曲进行肢体律动，幼儿的肌肉、骨骼和其他身体部位都能够得到有效锻炼，这对提高幼儿的身体协调能力等具有重要作用。

第四，注重家、园、社会教育资源的整合。教师应有效地整合家庭、幼儿园和社会的教育资源，为幼儿音乐教育提供更广阔的空间。教师应充分利用节日、季节变化和生活中、社会中发生的重大事件，利用园所资源、社区资源、公共场所资源（如音乐厅、歌剧院）等引导幼儿观察和感受大自然与生活中的美，并大胆表达或表现自己的感受和想象。

**精彩回放**

**扫码学习**

中班音乐欣赏活动“毛毛虫与蝴蝶”

精彩回放

### （四）选择科学的音乐教育活动方法

学前儿童音乐教育的方法包含两个层面：一是教师为发展幼儿音乐素质和能力创设丰富多样的音乐活动和环境，以完成一定的教学任务的指导方法；二是幼儿在教师的启发与引导下，在与音乐环境和材料的交互过程中，为实现音乐教育目标而采用的学习方法，二者是辩证统一的。

1. 教师可采用的教学指导方法

（1）直观演示法

教师可通过直观地演唱、演奏、动作表演或展示相关图片、实物、投影、录像等直观性教学手段，使幼儿获得清晰的音乐形象，提高学习兴趣，从而提升学习效果。教师可以用现场演唱、演奏、动作表演，合唱的指挥、手势、表情等为幼儿提供形象、具体、直接和真实的活动指导，对活动要求做出直观的解释，为幼儿的探索与发现提供线索。在实施时，教师应注意示范的准确性与熟练度。示范之前应明确示范的目的，引导幼儿认真观察并根据要求做出反应；在示范的过程中可辅以一定的语言讲解和提示，采取多样化的示范方式。教师在演示时应注意照顾到每一名幼儿的观察角度，示范所使用的教具应适度适量，富有艺术性和趣味性，既不能过于繁杂，又不宜过于单一，通过直观、多样的演示与讲解，激发幼儿的审美需求。

（2）语言表达法

教师可利用讲解、描述、提问、反馈、激励等多种以语言为主要教学媒介的教学方法，帮助幼儿掌握一定的音乐技能，启发幼儿的音乐探索。教师在指导幼儿感受音乐形象、学习音乐技能、获得情感体验时，应注意根据具体活动目标和内容，有侧重地运用语言加深幼儿对活动内容和活动要求的理解。

运用讲解法时，教师应对音乐活动有关的信息及活动规则进行简述、说明和解释，帮助幼儿理解活动内容和要求。

运用提问法时，教师应注意有目的地引导幼儿提取原有经验开展观察、思维、想象和创造等活动，促进幼儿在观察的基础上更好地进行知识的迁移和探索。教师的提问应具有启发性和开放性，以便幼儿更好地理解、记忆和回答；提问的难度应逐渐升高，一层层引出新的问题。

运用反馈法时，教师应运用语言帮助幼儿及时了解自己对音乐的反应，并及时调整自己在活动中的行为，了解自己和他人的行为意图，逐步建立起在学习中自我监控、自我调整、自我建设的内部机制。教师应注意尽量以正面的肯定与激励，客观、平等地对幼儿进行反馈。

（3）角色变换法

教师可通过变换角色身份指导幼儿的活动。教师可以通过“参与”与“退出”活动引导幼儿的活动情况。角色变换法主要有以下两种方法：

一是参与法。参与法是指教师以活动者的角色与幼儿开展合作或扮演音乐表演中的某一特定角色。使用参与法时，教师与幼儿的身份是平等的，因此教师发表的观点、意见和行为不但可以给幼儿的音乐探索和表现提供间接的指导，启发幼儿的艺术表现，更能够使幼儿体会到师幼共同活动的乐趣。

二是退出法。退出法主要包括三层含义：一是退出“参与”的状态，重新以教师的身份对活动施以影响；二是退出主导的心理，鼓励幼儿主动地体验、探索；三是退出活动场地的中心，让幼儿占有更大的活动空间，以观察者、旁观者的身份从旁指导。退出法一方面可以尽可能创造机会，让幼儿自由地实践和表达，使教师能够合理、适时地对幼儿进行间接指导，同时加强教师对幼儿的随机观察和反馈，另一方面可以帮助幼儿形成和发展自我教育及相互教育的意识。教师要根据教学目标和内容，综合考虑幼儿的身心发展情况，灵活选择并调整教学的形式和方法，让多种方法综合互补，为幼儿带来更丰富的审美体验。

2. 幼儿可采用的学习方法

（1）模仿学习法

模仿学习法是指幼儿通过观察、模仿教师提供的活动范例并反复练习，最终记住并再现某一音乐作品或掌握某一音乐技能的方法。模仿学习法直观且高效，能够帮助幼儿在短时间内掌握基本的音乐技能，了解粗浅的音乐知识，积累音乐语汇。

模仿学习法多用于新授歌曲、律动、舞蹈、音乐游戏或学习用若干声部的打击乐器进行演奏等活动。教师可以采用多种形式提供示范，如在歌唱活动中，教师可以整体跟唱为主，对个别有困难的乐句分句跟唱、部分模仿，帮助幼儿清楚地感知歌曲，充分地理解和记忆歌词，从而有效地掌握新授的歌曲；在打击乐活动中，教师可以在讲解示范的基础上引导幼儿进行整体模仿练习，对个别较复杂的动作和节奏型可以适当分解模仿，帮助幼儿逐步掌握表现方法。

模仿学习大多需要进行练习，实施时应注意：一是明确练习的目的和要求，每一遍的练习都应有所侧重，避免机械重复；二是采用多样化的练习形式，适当安排练习的分量、次数和时间，随时注意观察幼儿的练习效果和状态，灵活调整练习的内容和方法，避免幼儿出现厌倦、疲惫、抵触等不良反应；三是有意识地启发幼儿练习的积极性和创造性，适时对幼儿练习的成效进行正面激励和反馈，以提高幼儿对音乐活动的兴趣和信心，使其敢于大胆地表现自我、想象与创造。

（2）探究创造学习法

探究与创造是幼儿的天性。幼儿探索与创造的内驱力是好奇心。好奇心的产生离不开已经习得的相关概念，如果缺乏概念激活的诱因，幼儿原有的认知图式就不会失衡，好奇心就不会产生。在音乐活动中，探究创造式的学习方法在教学目标上更侧重于促进幼儿的整体发展，如音乐与非音乐的能力、积极主动的个性、良好的自学习惯等；在教学手段上多采用引导—探索—创编的基本方法和程序。这种做法能够有效提升幼儿对音乐活动的需求，激发幼儿的观察能力、发现问题和解决问题的能力。幼儿在教师提供的范例或问题情境的启发下，能够步步深入，通过主动探索创造来掌握、发展甚至重组音乐的作品或材料。探究式学习方法建立在幼儿已有经验的基础上，能有效刺激幼儿的学习积极性，提高学习的效率，为幼儿的创造意识、探索精神和学习习惯的习得和养成奠定长远的基础。

（3）多感官参与法

多感官参与法是指调动幼儿的听觉、视觉、运动觉、言语知觉等多种感觉器官协同参与，以丰富和强化幼儿对音乐的感受和理解。幼儿受自身知识经验的制约，还不能仅通过听觉获得对音乐的感性体验或理性思考，因此在进行音乐欣赏时，需要借助某些可见、可控的外显操作，更深刻、细致地认识音乐所表达的内容。心理学研究表明，人们对各种不同艺术形式的感知存在共通的心理机制，将文学、美术、舞蹈等多种艺术门类渗透于音乐欣赏之中，不仅可以增进幼儿对音乐的理解，而且有助于发展幼儿的艺术思维能力和审美心理结构。因此，教师可以在分析音乐作品性质、风格和基本结构的基础上加入合适的辅助参与方式，如视觉辅助材料（图片、视频、投影、玩教具等）、动作辅助材料（韵律动作、奏乐动作、歌唱动作、戏剧表演动作等）、语言辅助材料（故事、诗歌、散文、谜语等），来丰富和强化幼儿对音乐的认识和理解，提高幼儿对音乐的表达与创造，充分调动幼儿参与活动的主动性和积极性。

**精彩回放**

**扫码学习**

小班音乐欣赏活动“小熊醒来了”

精彩回放

### （五）创设适宜的音乐教育活动环境及材料

幼儿的身心发展和学习特点决定了幼儿是在活动和游戏中学习的，幼儿园的同伴、教师和环境是非常宝贵的教育资源，教师应充分发挥这些资源的作用，合理地对活动的场地、空间、时间，活动音乐材料、其他辅助材料的运用进行设计与安排。

1. 活动空间设计

集体性音乐活动是帮助幼儿体会与同伴共享空间、开展合作的主要途径。目前我国大多数幼儿园存在空间小、幼儿多的状况，无法完全满足幼儿自由活动的需要，因而教师有必要对活动的空间、位置做一定的设计和安排。设计活动时，教师可以根据活动内容，通过编排队形、分组练习，调整动作幅度、表现形式等方法保证活动秩序；对于韵律活动、音乐游戏、有大幅度动作的音乐欣赏活动，教师应考虑为幼儿提供足够的活动空间或专门的活动场地；活动过程中，教师应引导幼儿控制自己的动作幅度，不干扰其他幼儿，让幼儿逐渐养成良好的自我克制习惯和空间共享能力。

2. 活动时间安排

对于音乐活动的时间设计和安排，教师可针对具体的活动内容及活动的具体实施灵活处理。教师应根据幼儿在活动中的行为表现、参与状态等灵活调节活动时间。当幼儿兴趣高涨时，教师可适当延长活动时间；当幼儿的积极性开始下滑，或明显注意力无法集中时，应及时结束或转入新活动，使幼儿保持对音乐稳定的兴趣。

3. 活动材料设计

音乐教育活动中的材料既包括音乐教材本身的音乐、动作、乐器等材料，也包括为完成音乐活动而借用的其他教具、学具、道具、音像等辅助性材料。

教师应为幼儿选择合适的音乐作品，并对原始的音乐作品进行恰当的处理。如根据幼儿的学习能力随时灵活地调整乐曲速度，教师既可以对原作品的感受形式做适当的调整设计，也可以对原作品的结构做一定的删编。对动作作品进行设计时，教师应注意合理选择动作难度和技巧，注重幼儿对动作难度的适应性，灵活调整动作的力度和幅度，同时加强动作与音乐的配合。

在音乐活动中使用教具和学具时，应依据活动内容和进程考虑所用教学具能否为幼儿更好地理解和表现音乐服务。教具的设计应具有一定的趣味性，但不可过于花哨，分散幼儿的注意力。学具应数量充足且便于幼儿操作。教师和幼儿使用教学具时应与音乐配合，从而获得更好的体验。

对图片、音像等可视材料的选择应注意根据歌曲或乐曲的性质、风格设计，或采用与音乐相关联的画面图像。由于很多情况下图像类可视化教具需要教师进行二次加工与创作，因此选择图像时应注意图片风格的统一与画面色彩的和谐，造型应生动可爱，符合幼儿的审美习惯。教学课件的制作尽量简单，易于操作，在开展活动前应进行现场设备调试，防止文件损坏或音量过大刺激幼儿的视觉与听觉，影响活动的开展。

4. 音乐环境的氛围营造

幼儿音乐能力的培养与园所、家庭的音乐环境、音乐氛围，以及教师和家长对音乐教育的关心程度有直接的联系。教师应为幼儿提供有益的音乐教育环境，激发幼儿对音乐的敏感与喜爱。

首先，教师必须发自内心地热爱音乐，有意识地在音乐活动、游戏活动和其他日常活动环节中经常带领幼儿歌唱，甚至把歌唱作为一种有效的教育手段，自觉地加以运用。例如在午睡前播放或演唱摇篮曲；在一日生活中，每天安排固定的时间和幼儿一起欣赏音乐或歌唱，也可为幼儿讲述著名音乐家童年的有趣故事；在幼儿进行美术活动时，教师可以有意识地播放一些符合意境的乐曲作为背景音乐；一起听适合幼儿欣赏的现场音乐会、歌舞剧等；尝试用音乐稳定幼儿的情绪，安抚幼儿的心灵。

其次，教师应为幼儿创造和提供更多音乐表演和艺术表现的机会。如在音乐区为幼儿提供足够数量的节奏乐器、声音材料，使幼儿自主选择活动内容，进行相应的声音探索活动和音乐小游戏。在环境布置中有意识地选择与音乐有关的装饰品或图片，如音乐家的肖像画、乐器或乐器静物的装饰画、微缩乐器装饰物、音符、五线谱等。

最后，教师与家长应共同努力，为幼儿创设良好的音乐表现心理环境。在不影响其他人的情况下，不随意打断幼儿自发哼唱与乐器的演奏。经常启发幼儿用听觉了解世界，感受大自然中的各种声音，体会自然的美与和谐，提高幼儿听觉的敏锐度，耐心启发和引导幼儿的兴趣和意志，为幼儿创设一个充满音乐美感且自由、轻松的音乐环境。

## 思考与练习

思考与练习

**一、名词解释**

1. 音乐
2. 学前儿童音乐

**二、简答题**

1. 音乐有哪些基本特征？
2. 学前儿童音乐教育应以何种价值取向为主？
3. 学前儿童音乐教育活动目标的制定应遵循哪些原则？
4. 设计学前儿童音乐教育活动时可采取哪些方法？

**三、论述题**

结合具体事例，论述学前儿童音乐教育对幼儿成长发展的意义。

# 第六章
# 学前儿童歌唱活动

## 学习情境描述

小李老师在开展歌唱活动时发现，中班有几个男孩子特别喜欢扯着嗓子喊着唱，有时还会像比赛一样，为了把声音盖过对方弄得面红耳赤，每次活动结束，明显感觉到幼儿的声音都变得嘶哑。小李老师为了不让这几个“小淘气”大声喊，就选择一些轻柔舒缓的曲目，希望通过改变歌曲风格改善这一现状。小李老师选择了《外婆的澎湖湾》《听妈妈讲那过去的故事》《友谊地久天长》等歌曲，但在开展活动时，她发现幼儿很难把音调唱准，有时唱着唱着就没有了声音；大部分幼儿不明白歌词的意思，也记不住歌词。小李老师犯了愁：选择节奏轻快的歌曲幼儿会喊唱，选择舒缓的歌曲幼儿又提不起兴趣。如何帮助小李老师找到更适合幼儿演唱的歌曲？如何开展适合各年龄段幼儿的歌唱活动？请在学习本章节后填写表6-1。

表6-1　学习情境分析

| 问　　题 | 建　　议 |
| --- | --- |
| 如何避免幼儿喊唱? | |
| 如何选择适合幼儿的歌曲? | |
| 歌唱活动的目的是什么? | |

## 核心知识地图

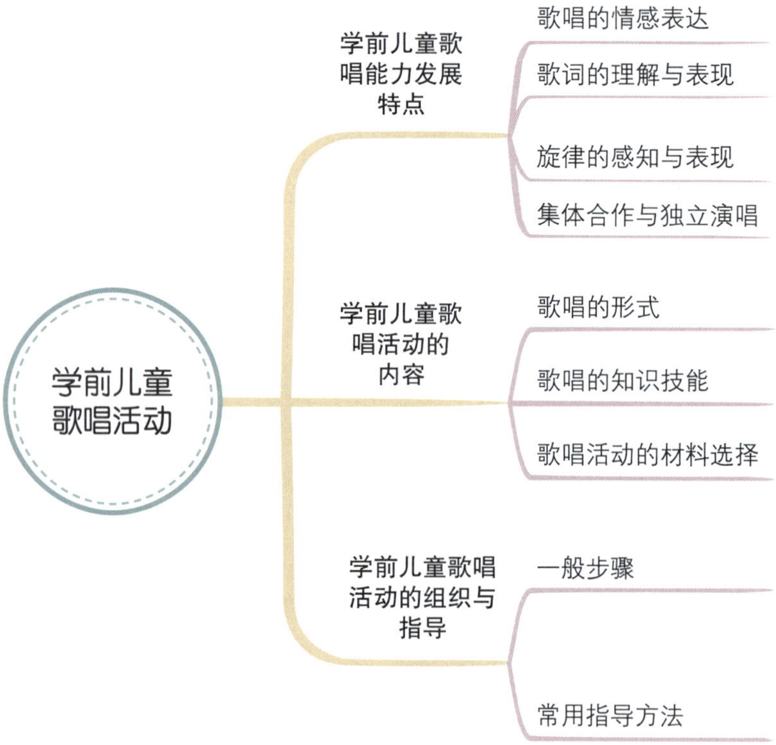


## 学习目标

1. 能够简述学前儿童歌唱能力发展的特点；
2. 能够简述学前儿童歌唱活动的主要内容；
3. 能够简述学前儿童歌唱活动的简单技能、表现形式，初步为各年龄阶段的幼儿选择适宜的音乐材料；
4. 能够根据学前儿童歌唱能力发展的特点设计符合幼儿年龄特点的歌唱活动。

## 基本知识

# 第一节　学前儿童歌唱能力发展特点

喜欢歌唱是幼儿的天性，歌唱能给幼儿的生活带来无穷的乐趣，是他们日常生活的重要组成部分。幼儿通过歌唱交流思想，自然地表达自己的情感。同时歌唱活动还起到培养幼儿对艺术活动的兴趣，陶冶情操、启迪智慧的作用。为了科学高效地开展学前儿童歌唱活动，教师一方面要接纳幼儿自发的歌唱活动，另一方面要了解幼儿歌唱能力发展的特征，为他们选择合适的音乐活动材料。只有把握好学前儿童音乐能力发展的规律和特征，综合运用各种歌唱活动形式，教师才能在歌唱活动中激发幼儿的兴趣与表现欲，有效地培养他们的审美情趣和创造意识。

## 一、歌唱的情感表达

幼儿对情感的理解与表达不够细腻，歌唱时还不能综合运用旋律、节奏等手段表现情感，因而歌唱往往比较平淡，有时会越唱越慢，拉着长声唱歌。随着年龄和唱歌经验的增长，幼儿对歌曲的理解和感受能力有了明显的提高，能够理解教师对歌曲的解读，并模仿教师歌声表现出的音乐情绪。中大班幼儿能够在演唱时较好地控制气息和发声力度，表现欲增强，积极参与独唱、小组唱、集体唱和问答唱等多种演唱形式。当幼儿辨认出自己熟悉的旋律时，会产生一种发现的快乐和极大的自豪感。

## 二、歌词的理解与表现

3～4岁幼儿已经能够完整地掌握比较简短的句子或较长歌曲中相对完整的片段，但受这一阶段认知发展的影响，他们还未能很好地理解歌词的内涵，加之听辨音能力较弱，因此唱歌时会用其他音节代替自己不理解的歌词，咿咿呀呀地跟随音乐哼唱。4～5岁幼儿识记歌词的能力提高，一般能比较完整、准确地再现熟悉歌曲中的歌词，能够理解歌词的内涵，并开始用相应的情绪表达歌曲传递的情感。5～6岁幼儿能够较完整地表现歌曲中熟悉易懂的歌词，在歌词的记忆、理解、发音、咬字、吐字等方面表现得更趋完善，但是遇到理解不了的内容，仍然会用自己熟悉或相近的词语来代替。

## 三、旋律的感知与表现

### （一）音域特点

幼儿处在生长发育期，由于声带短小柔嫩，音域较狭窄。3～4岁幼儿的音域一般在$c^1$～$a^1$，个别幼儿音域稍宽，可以达到a～$c^2$，这一时期的幼儿遇到音高较高、时值较长、多次重复的音时会感到吃力。4～5岁时，大部分幼儿的音域逐渐发展到$c^1$～$b^1$。随着声带的发育和歌唱经验的增加，大部分5～6岁幼儿音域可达到$c^1$～$c^2$，幼儿可以轻松自如地演唱处于这个音域范围内的歌曲。

### （二）节奏感知

3～4岁幼儿在有伴奏的情况下，基本能够演唱二分音符、四分音符、八分音符这种符合幼儿生理节律（心跳、呼吸等）与运动节奏（走步、奔跑）的相对简单的节奏。4～5岁幼儿可以掌握四分音符和八分音符的歌曲节奏，甚至能比较准确地再现二分音符的节奏以及带附点的节奏。5～6岁幼儿可以演唱节奏更为多样的歌曲，不仅可以准确地演唱二分音符、四分音符和八分音符，还能较好地演唱十六分音符及含有十六分音符的节奏型，以及节奏较简单的三拍子和六拍子。

### （三）音准能力

幼儿对于音准的把握有一定的困难，3～4岁幼儿尚未掌握如何处理音域较宽、音程关系较复杂的歌曲，会用自己的方式处理，如降低八度演唱，选择适合自己的音高等，故而这一阶段幼儿适合演唱一字一音的歌曲。4～6岁时，大部分幼儿能在钢琴伴奏或教师领唱下唱准自己熟悉的歌曲，但有的幼儿在独立演唱、不熟悉歌词或一字多音时仍会出现走调的情况，因此歌唱的音准问题需要教师长时间关注并加以纠正。

#### （四）乐句表现

3～4岁幼儿唱歌时音量不大，音色纯净，脆而亮。由于发音器官和呼吸器官发育还不完善，肺活量小，呼吸较浅，因此经常根据自己气息的长短而不是乐句的需要随意换气。有的幼儿会一字一顿地唱歌，有的会在强拍后或时值较长的音后换气，所以这一时期幼儿经常因换气而走调或中断句子。4～5岁幼儿对嗓音的控制能力增强，音量较之前有所提高，声音变得结实有力，开始逐步学习用较长的气息歌唱，能够在教师的指导下按乐句的需要换气，有些幼儿能自己体会一些共鸣的发声方法。5～6岁幼儿气息保持的时间更长，能够按照歌曲的情绪要求或歌词大意选择合适的气口较自然地换气。但有时，幼儿会故意用不自然的声音演唱，出现喊叫、嘶吼的行为，教师须及时纠正，帮助幼儿养成良好的歌唱习惯。

### 四、集体合作与独立演唱

#### （一）集体合作

3～4岁幼儿集体演唱时还不会相互配合，往往各唱各调。他们会把集体演唱当作比赛，比一比谁的声音高、谁的声音怪。通过一段时间的练习，小班后期的幼儿基本能够同时开始和结束演唱，能够通过改变声音的强弱、快慢、音色等来表现歌曲，并能初步体会集体歌唱活动中协调一致的快乐。4～5岁幼儿不仅能够比较协调地演唱，还能注意调节自己的声音与集体保持一致。5～6岁时，随着幼儿合唱经验的积累，他们能够正确地与他人合作，比较积极地参与各项集体活动，并与集体保持一致。同时他们也能够大胆地提出歌唱中不协调的因素并予以纠正，从而享受合作带来的愉悦。

#### （二）独立演唱

3～4岁阶段，很多幼儿能够在集体歌唱活动中跟随大家一同演唱，但不能一个人独立演唱，许多小班幼儿还不能独立连贯地唱完整首歌，需要别人的提示或助唱。4～5岁幼儿的歌唱技能有所发展，对速度、力度、音色变化的把握有了一定的进步，随着他们对歌曲形象、内容的情感体验和理解能力的提高，幼儿的表现欲逐渐增强，他们开始表现出独自唱歌的愿望和兴趣，会运用已有的歌唱和表达经验即兴创编歌词或简短的小曲。5～6岁的幼儿独立演唱能力明显提高，大部分幼儿产生了创造性歌唱表现的意识，喜欢独立演唱，不仅积极参与创造性的歌唱表现活动，而且会努力地表现自己，即兴创编能力得到有效提高。但也有部分幼儿由于歌唱能力稍弱而缺乏自信，不能独立演唱。教师应积极引导这部分幼儿找到适合自己的表现方式，让每一个幼儿都有参与音乐活动的兴趣。

综上所述，幼儿的歌唱能力随着幼儿的成长和歌唱活动经验的积累而不断发展，教师应培养幼儿对歌唱活动的积极态度，创设艺术氛围浓郁的音乐环境，丰富幼儿的情感体验，激发幼儿对歌唱活动的兴趣。

## 第二节　学前儿童歌唱活动的内容

### 一、歌唱的形式

#### （一）独唱

独唱是指一个人独立歌唱或表演唱。教师可以在领唱、对唱歌曲中有意识地训练幼儿独唱的能力，并从几个人领唱向一个人领唱过渡，使每个幼儿都有独唱的能力。

#### （二）齐唱

齐唱是指两个或两个以上的人一起整齐地演唱同一首歌曲，是学前儿童音乐教育活动中最常用的形式。

#### （三）小组唱

小组唱是指部分幼儿演唱。由于小组唱人数较少，教师可以更仔细地倾听和观察幼儿的歌唱情况。部分幼儿演唱时，其他幼儿可稍作休息，幼儿互相倾听不仅可以为他们提供模仿的榜样，还能引发幼儿共同讨论，评价歌唱质量。

#### （四）接唱

接唱是指将一首歌曲分成若干乐句，个人对个人接唱或小组对小组接唱。既可以半句半句接唱，也可以一句一句接唱。

#### （五）对唱

对唱是指个人与个人、小组与小组、个人与小组之间问答式的歌唱，一般对唱歌曲为单声部歌曲，有问句和答句。

#### （六）领唱齐唱

领唱齐唱是指集体中的一个人或一组人演唱歌曲主要部分，其他人共同演唱配合部分。

#### （七）轮唱

轮唱是指两个声部先后按一定间隔演唱同一首歌曲，能产生叠浪般的效果。

#### （八）合唱

合唱是指两个不同的声部相配合的集体演唱形式。适合幼儿的合唱形式一般有三种：一是“同声式”，即两个声部的旋律、和声相同，一个声部唱歌词，另一个声部用相同旋律唱衬词；二是“填充式”，即一个声部唱歌词，另一个声部在第一个声部休止或延长处唱填充式词曲；三是“固定低音式”，即一个声部唱歌词，另一个声部演唱固定音型或延长音，两个声部同时开始和谐地演唱歌曲。

#### （九）歌表演

歌表演是指一边唱歌一边表演身体动作。节奏方面，歌表演的动作可以具有明确的节奏，也可以随意做；表现内容方面，表演动作可以表现歌曲情绪，也可以表达歌词的内容；表演空间方面，幼儿可以在原地做动作，也可以在空间中移动；表演运用的肢体方面，幼儿既可以全身配合做动作，也可以用单一部位来做。

## 二、歌唱的知识技能

### （一）姿势

正确的歌唱姿势可以使幼儿在歌唱时保持最佳的气息通道状态，有利于幼儿用自然的声音唱歌，保护幼儿的声带。正确的歌唱姿势是指歌唱时保持身体和头部正直，胸部微挺，两肩放松略向后引，双臂自然下垂或平放于膝上。坐姿歌唱时不靠在椅背上，目光向前平视头稍抬高。口型保持长圆形，嘴唇动作自然，根据正确的咬字及发音需要适当地张开嘴，避免嘴角向两边延伸成扁圆形。

### （二）呼吸

正确的呼吸能使幼儿在歌唱时有足够的气息保持或延长歌声。正确的歌唱呼吸方法是自然呼吸，均匀用气，尽量一次吸入足够的气息并保持住，不在乐句中间随便换气，根据一定的乐句规律和表情需要有节制地运气。另外，呼吸时还应注意不抬头、耸肩，不发出太大的吸气声。

### （三）发声

正确的发声方法能使幼儿唱出优美动听的歌声。歌唱时，幼儿的下巴要放松，嘴巴自然张开，用自然的声音歌唱。对于歌唱中表现欲强、大声喊叫和胆小害羞而过分克制的幼儿，教师应及时加以纠正。另外，在引导幼儿用自然、悦耳的声音歌唱的基础上，还应启发他们逐渐学会按照歌曲的性质采用或坚定有力，或连贯轻柔，或轻松跳跃的声音来演唱。

### （四）咬字、吐字

咬字吐字清晰是歌唱表情达意的前提。但是，幼儿因为吐字器官配合不当，会出现吐字不清的情况，从而影响幼儿对歌词的理解，另外，乐曲的旋律、节奏都会影响幼儿的吐字和咬字。因此，教师在范唱时要做到字正腔圆，引导幼儿学习正确的咬字吐字方法。教师应注重培养幼儿吐字器官（唇、齿、舌、喉）的相互配合，帮助幼儿体会韵母对咬字吐字准确的重要作用，如演唱轻柔舒缓的抒情歌曲时不必太强调声母，演唱铿锵有力的歌曲时，声母的发音则要相对有力。

### （五）音准

音准是唱歌的基本要求，也是幼儿园歌唱教学的难点。造成幼儿唱歌发音不准的原因是多方面的：一是幼儿的听觉分化能力不强，还不能精确分辨歌曲中音的高低；二是幼儿发声器官的协调、控制能力较弱；三是幼儿歌唱时的注意力、气息支持和心理情绪都可能影响幼儿的音准。培养和训练幼儿的音准，要加强听和唱两方面的配合。一方面，教师应有效运用琴声和演唱，为幼儿提供音调准确的音乐印象；另一方面，教师应注意发展幼儿发声器官的协调能力，加强对幼儿音准的培养。

### （六）协调一致

协调一致是指在集体性歌唱活动中，幼儿能够正确地与他人合作，和谐优美地完成集体歌唱。教师应注意引导幼儿在歌唱时将自己的歌声和谐地融入集体的歌声之中，在接唱、轮唱、两声部合唱等不同的歌唱表演形式中，准确地与他人、他声部相衔接，保持在音量、音色、节奏等方面的协调，在声音表情、面部表情和动作表情方面与集体保持和谐一致。

### （七）保护嗓音

幼儿尚未树立保护嗓音的意识，因此经常出现唱歌时大声吼叫、在户外边跑边喊叫等不正确的发声现象。教师须在歌唱活动中帮助幼儿树立保护嗓音的意识，掌握保护嗓音的基本知识。首先，幼儿应注意在稳定、安静且空气清新的环境中歌唱，不迎风唱歌；其次，幼儿在唱歌时不应大声喊叫，不在剧烈运动时（或剧烈运动后）大声唱歌；再次，幼儿应注意唱歌的时长和自身的身体情况，不长时间地连续唱歌，不在伤风感冒、咽喉发炎肿痛时唱歌等；最后，教师应帮助幼儿学会在唱歌时关注自己的身体状况，注意心情、表情、嗓音的舒适状态，能够及时自我调整。

## 三、歌唱活动的材料选择

### （一）歌词的选择

1. 内容富有童趣，易于记忆理解

选择歌词内容时，由于幼儿理解事物和语言的能力较低，生活经验不丰富，因此选择幼儿熟悉和喜爱的内容才能引起幼儿的兴趣和情感共鸣，如动物、植物、自然现象、交通工具、文具、玩具、身体部位、幼儿熟悉的成人的生活活动，以及夸张诙谐的无意义音节和象声词等。

选择歌词结构时，应注意结构简单和多重复，简单是指句子的语法简单、词汇较少；多重复是指句子的长度、结构相同或相似，甚至在旋律、节奏和歌词方面有较多相同之处，易于幼儿理解、记忆，并且给幼儿提供更多自由编填新歌词的机会。

2. 富有形式美和内容美

幼儿对真、善、美的事物具有天然的追求倾向，他们渴望探索这个世界并表达自己的情感。因此选择歌词时，应通过歌词的形式美、内容美丰富幼儿的情感体验和表达能力。形式上，所选歌词应该富于音乐美，应使用象声词、衬词、感叹词、无意义音节等富于自由性、新颖性和情感性的材料，如“小鸟叽叽喳”“小雨沙沙沙”等；内容上，所选歌词应多采用拟人、比喻、夸张等富于幻想性的表现手法和诙谐的词句，将童心、童趣和丰富的情感注入歌曲所表现的事物或事件中，在情感上引起幼儿的共鸣，达到审美教育的目的。

3. 形式与内容适宜用动作表现

幼儿经常表现出边唱边做动作的行为特点，他们喜欢在歌唱时用相应的身体动作辅助语言的理解和表达。因此选择歌词形式与内容时，应考虑是否适宜用动作表现，如“八只小狗抬花轿，老虎坐轿把扇摇”“一步一步向前走，炮仗卷得紧又紧”等。边唱边做动作是幼儿学习语言的心理需要，不仅有利于幼儿对歌词的记忆，培养节奏感、提高动作的协调性，还能帮助幼儿更好地理解歌词内涵，加强对歌曲情感的表达。

4. 考虑幼儿的成长发展

选择歌词时，应注重歌词对幼儿成长发展产生的潜移默化的教育作用，既应贴近幼儿现阶段的兴趣爱好与生活经验，符合幼儿的语言理解和表达水平，也应含有能促进幼儿向更高水平发展的教育因素。一方面，学习一些不太容易理解和暂时不能理解的歌词能够让幼儿的语言能力、知识水平和思维能力得到有效发展，很多幼儿暂时不能完全理解的歌词会随着幼儿认知水平和生活经验的累积随时被激活，结合各种新经验，对幼儿的成长发展起到长远的影响；另一方面，歌曲的节奏与旋律使歌词易于理解与记忆。

### （二）曲调的选择

1. 音域不宜过宽

一般为幼儿选择的歌曲音域不宜过宽。幼儿只有在适合的音域内唱歌才能发出自然优美的声音，过高或过低的音会导致幼儿唱歌时出现喊叫或走音的现象。一般来说，3～4岁适合的音域范围是$c^1$～$a^1$；4～5岁适合的音域范围是$c^1$～$b^1$；5～6岁适合的音域范围是$c^1$～$c^2$。虽然幼儿的音域因人而异，但总体上说，在集体歌唱活动中，所选歌曲的音域应当控制在上述范围内。

但是处理歌曲的音域问题时，应注意不要机械绝对地划分，要视具体的歌曲具体分析，偶尔有个别音超出这个范围时，只要不是长时值或停留在强拍上的音，出现次数不多，也是可以的。教师应根据上述音域范围来为歌曲确定合适的调高。

| | | | | | | | | | | | | | | |
|---|---|---|---|---|---|---|---|---|---|---|---|---|---|---|
| $c^1$ | — | $d^1$ | — | $e^1$ | — | $f^1$ | — | $g^1$ | — | $a^1$ | — | $b^1$ | — | $c^2$ |
| | | | | do | | re | | mi | | | | | | |
| | | do | | re | | mi | | fa | | so | | | | |
| do | | re | | mi | | fa | | so | | la | | si | | do |

图6-1　音区与调号的对应

从图6-1中可以看出：如果一首歌曲只含有do、re、mi三个音，最为合适的调高应该是E调；如果一首歌曲只含有do、re、mi、fa、so五个音，最为合适的调高应该是D调。有些教师习惯将音域在三至五度之内的歌曲全部定在C调上，实际上这种处理是不正确的，有些歌曲可能从音域来分析是八度，但旋律主要在最高音区进行，而有的歌曲从音域看可能是八度以上，但仔细分析，其主旋律在最适合幼儿的音区（$d^1$～$b^1$）间进行。如《学做解放军》（谱例6-1），音域有九度，但主要旋律集中在$f^1$～$c^1$，最高音和最低音处于弱拍且出现次数少，因此中班幼儿也可以演唱。

谱例6-1

学做解放军

1=F $\frac{2}{4}$　　杨 墨 词曲

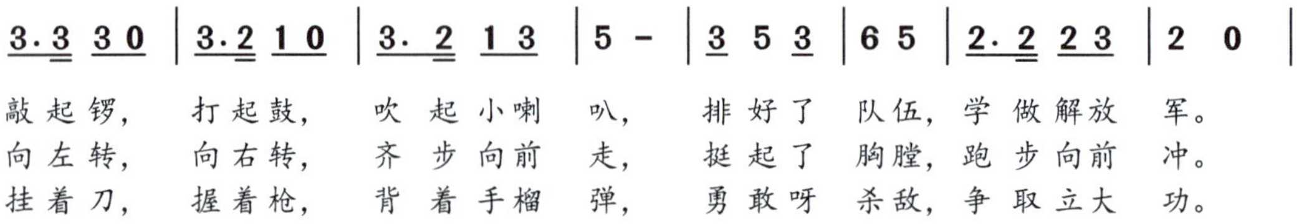

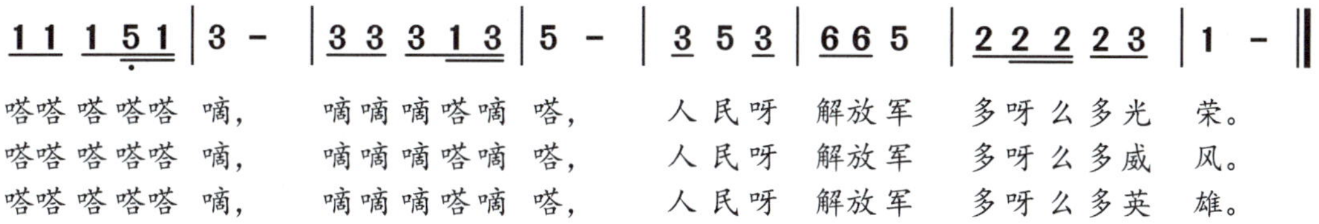


2. 节奏节拍较简单

幼儿一般不适合唱节奏过于复杂的歌曲。教师为小班幼儿选择歌曲时，曲调节奏应主要由二分音符、四分音符和八分音符构成，偶尔也可以出现含有附点音符的节奏。为中大班幼儿选择歌曲时，可选择含有少量十六分音符、附点音符和含有切分音的节奏。

小班幼儿演唱的歌曲节拍宜选用二拍子和四拍子的歌曲，偶尔可以选择三拍子的歌曲；中大班幼儿在此基础上可以增加六拍子的歌曲或含有弱起节奏的歌曲，以便培养幼儿对弱起节奏的敏感性。

为幼儿选择的歌曲速度应适中。幼儿的肺活量小，气息短，呼吸、发声、吐字等歌唱技能还不成熟，因此用较快或较慢的速度歌唱有一定难度。为小班幼儿选择歌曲宜选择中速的歌曲；中班幼儿活泼好动，除了选择轻快活泼、速度稍快的歌曲外，还可以选择一些安静柔美、速度稍慢的歌曲，陶冶他们的性情；大班幼儿能够更好地控制自己的发音和呼吸，因此可以选择速度稍快或稍慢的歌曲，偶尔选择一些速度变化的歌曲，对幼儿唱歌表现能力的发展更有益处。

### （三）旋律平稳

幼儿一般不适合唱旋律起伏太大的歌曲。一般说来，他们比较容易掌握的是下行三度和三度以下的音程，其次是四度、五度和八度音，对六度和七度音程，即使是大班幼儿也不太容易唱准。因此在为幼儿选择歌曲时，宜多选择旋律平稳的歌曲，小班幼儿适合三度音程的歌曲，中大班幼儿可以选择旋律稍微复杂一些的，可以增加三度以上的跳进，使旋律更活泼生动，但应注意跳进跨度不宜过大，特别不宜有连续的大音程跳进。

### （四）结构短小、工整

教师宜选择旋律结构短小且工整的歌曲。小班幼儿选择的歌曲以2～4个乐句为宜，每一乐句不宜太长，总长度一般在8小节左右，二拍子或四拍子的歌曲以每句4拍为宜，三拍子的歌曲一般以每句6拍为宜，乐句间的结构应相对工整且简单，乐句与乐句之间长度相等，一般没有间奏、尾奏等附加部分，以一段体或一段体的分节歌居多；中大班幼儿的歌曲可含有6～8个乐句，总长度可增至16～20小节，在速度较快的情况下，偶尔可以唱稍长的乐句或不工整的乐句，可以有间奏和尾奏，结构上也可选择简单的两段体或三段体歌曲，但总体上应以一段体为主。

### （五）词曲关系简单

幼儿一般不宜唱词曲关系过于复杂的歌曲。在为小班幼儿选择歌曲时，大多应选择一字一音的；中班开始，幼儿逐渐能够掌握一个字对应两个音的词曲关系；随着幼儿语言能力的发展和对歌唱技能的掌握，大班幼儿逐渐可以掌握一个字对应多个音的词曲关系，但在集体歌唱活动中，还应选择词曲关系相对简单的歌曲为上。

拓展阅读

**扫码学习**

柯达伊音乐教育思想与实践

## 第三节 学前儿童歌唱活动的组织与指导

### 一、学前儿童歌唱活动的一般步骤

#### （一）活动前的准备工作

1. 教师的准备

（1）分析教材，熟悉歌曲

开展活动前，教师必须分析教材，如歌曲的主题思想、创作背景、词曲作者、内容、风格和情绪，掌握歌曲表现的重难点和歌曲的构成要素（节奏、旋律、表现手法等），能够准确、熟练地表现歌曲，运用歌唱技巧生动地表现歌曲的情感。

（2）全面了解幼儿

教师要综合考量班级幼儿的情况。幼儿歌唱能力发展的个体差异较大，教师在选定教材和教学方法时，要根据幼儿的生活经验、音乐能力（音乐素质、基础）、心理状况（对唱歌的兴趣、情绪特点、性格特点等）、生理状况（身体发育水平、健康状况）等因素选择符合幼儿年龄特点和审美需求的歌曲，设计科学的教学方法和教学具等。

（3）环境的创设与材料的准备

教师应为幼儿营造浓郁的音乐艺术氛围，创设适合活动开展的学习环境，根据活动形式设计场地的使用方法，准备好与歌唱活动和歌曲相关的材料，调试好音响设备、乐器，设计制作教具、道具等。教师还可以在科学活动中组织幼儿手工制作乐器，在美术活动中制作音乐活动用的头饰、道具，进一步提高幼儿的兴趣。

2. 幼儿的经验准备

（1）将事先感受与欣赏渗透于日常活动中

教师应创造条件，让幼儿在未正式学唱前积累相关经验，如利用课前、课间、午饭、午休前后的休息时间，将即将学习的歌曲作为背景音乐播放给幼儿听，让幼儿通过无意注意熟悉旋律和节奏；或是将歌曲的歌词、曲调与节奏进行分解，在相关活动中巧妙地渗透，如在朗诵、故事和表演活动中让幼儿接触歌词，或将游戏、绘画和手工活动的要求、步骤编成歌词等。幼儿熟悉歌词或节奏，在正式教唱时会更顺利。

（2）通过多种形式为理解歌词做经验准备

教师可利用课件、视频、图片、参观等方法，增加幼儿的感性经验，帮助幼儿更直观地感受将要学习的歌曲的音乐形象。如学习歌曲《白杨树》前，教师可以引导幼儿欣赏白杨树高大粗壮的形象，感受风吹过白杨林，阳光透过树叶的缝隙斑斓地洒在林中的优美景象，激发幼儿对白杨树的喜爱，更好地理解歌曲表达的情感。帮助幼儿积累直观的视觉经验时，应注意图像资料要突出顺序、重点、情节，否则容易干扰幼儿。注意方法采用与幼儿学习困难解决之间的关系，不要机械地对待书本提供的知识经验。

### （二）活动的导入

有趣的导入方法可以吸引幼儿的注意力，从而激发幼儿的学习欲望。导入的方法有直观形象导入、动作导入、歌词创编导入、情境表演导入、故事讲述导入、歌词朗诵导入、游戏活动导入、副歌前置导入、音节玩唱导入、具体实物或教具导入等。教师无论采取什么样的方法导入，目的都要明确，切忌导入环节与新授歌曲无关或喧宾夺主，要通过导入环节使幼儿自然过渡到理解歌词和感受歌曲的旋律上。下面介绍8种主要的导入方法。

#### 1. 动作导入法

动作导入法适合词曲简单多重复，歌词内容直接描述动作过程或富于动作性的歌曲。教师可以直接展示一种或一套动作，带领幼儿边唱边做动作，也可以提出某种形象或活动，引导幼儿自己创编动作，教师播放或演唱新歌为幼儿伴唱。对于难度较大的歌曲，教师可以引导幼儿边朗诵歌词边做动作或游戏，加强幼儿对歌词的记忆。

#### 2. 歌词创编法

歌词创编法适合歌词简单多重复，语法结构简单、清晰，具有语言游戏性质的歌曲。教师可以直接提供歌曲的第一段歌词，帮助幼儿理解歌词的表述结构，然后引导、启发幼儿用新的形象替换歌词中的相应部分。如教师引导幼儿根据情境“冬天即将结束，大家怀念冬天的美好事物”，以及歌词“再见吧，冬天！再见吧，冬天！希望你再来啊”，启发幼儿创编歌词，将“冬天”替换成“雪花”“雪人”等。

#### 3. 情境表演法

情境表演法适合歌词反映幼儿易于理解，并能够用自己的语言表述的情境或事件的歌曲。教师可以播放哑剧或歌舞表演，也可以让幼儿配合表演歌词的情境，在过程中自然引出歌曲，让幼儿更好地理解歌词、熟悉旋律。

#### 4. 故事讲述法

故事讲述法适合歌词中含有相对完整的故事情节，表述内容和语言结构相对复杂，且难以用简单动作表现故事情节发展和人物对话的歌曲。故事导入的目的是帮助幼儿更好地理解、记忆歌词，弄清语法结构和内容的逻辑顺序。教师在使用此方法时可以配合图片或视频，以对话的方式调动幼儿倾听和理解的积极性，不可大段独白，喧宾夺主。

#### 5. 歌词朗诵法

歌词朗诵法适合歌词语言逻辑更复杂，或歌词语言如诗歌般优美的歌曲。教师可以将歌词分离出来，用儿歌和诗歌的教学方法，让幼儿先体会歌词的音韵美，再感受歌词与曲调的关系，规范幼儿的咬字、吐字。

#### 6. 游戏活动法

游戏活动法能够让幼儿在玩耍的过程中自然地学会歌曲。很多幼儿的游戏活动都是在歌声中欢快地进行的，如《丢手绢》《卷炮仗》《编花篮》等。

7. 副歌前置导入法

副歌前置导入法适合大型、带有副歌的歌曲。副歌在创造手法上强调重复，更具气势，更容易激发幼儿的情感，容易上口。教师可以先让幼儿学会唱副歌，然后在范唱整首歌曲时，请幼儿齐唱副歌。这种方法能让幼儿更快学会歌曲。

8. 音节玩唱导入法

音节玩唱导入法是指幼儿用“啦啦啦”“滴滴嗒”等声音，或用乐谱唱名的方式来玩玩唱唱。玩唱时幼儿发出的声音可以是教师设计的，也可以是幼儿跟随旋律自发产生的。这种处理可以让幼儿在接触新歌时更快熟悉旋律，降低学习的难度。

上述导入方法不仅可以用于新歌学习活动的导入，也可以用在整个活动的组织与实施。用作导入环节时重在对幼儿进行启发，引起学习兴趣，用在学习歌曲时重在让幼儿体验与创造，巩固学习效果。教师可根据歌曲的内容和特点选择最适合幼儿的方法设计活动。

### （三）活动中新歌学唱

1. 发声练习

在幼儿演唱前，教师应引导幼儿进行一定时间的发声练习，给幼儿的嗓子“热身”，帮助幼儿达到良好的歌唱状态，培养其歌唱器官与共鸣器官的协调能力、气息控制能力。幼儿的发声练习曲应简单、易模仿，一般为有趣的声音模仿或歌曲中一个有趣的乐句。练习时，教师应注意幼儿歌唱的姿势、表情，引导幼儿体会和判断哪种声音更动听，提高幼儿听觉的敏锐度，使其能够声情并茂地歌唱。

2. 欣赏新歌

开始演唱前，教师可以引导幼儿安静、完整地欣赏即将学习的歌曲。安静倾听是帮助幼儿养成欣赏艺术行为习惯的重要手段；完整地倾听能够使幼儿从整体上感知和欣赏音乐形象，有利于引发幼儿对新歌的兴趣，激发幼儿在情绪情感体验中的创造性表现。

3. 教师范唱

幼儿学习歌曲的主要方法是反复倾听和模仿，因此教师的范唱十分重要。教师的现场范唱能让幼儿产生亲切感，能和幼儿有情感地交流，并为幼儿树立良好的榜样，让幼儿感受到音乐的魅力。

教师范唱可以从清唱入手，用钢琴给一个前奏，防止走音；范唱时速度可以稍慢，要做到姿势正确、节奏旋律准确、咬字和吐字规范、音色优美动听、情绪处理合理等；范唱2～3遍后，可加入右手单旋律伴奏；范唱时音量可以适当低一些，让幼儿听清即可。一般情况下，部分幼儿会在第3遍范唱时开始轻声跟唱，在第5遍时教师可以组织幼儿全体跟唱，过程中，教师需根据幼儿的状态灵活调整范唱音量和遍数，把握最佳的跟唱时机。教师的范唱要具有整体的审美感染力，以增强幼儿对歌曲形象的整体审美感受。高质量、完整的示范可以引起幼儿的情感共鸣，使其产生学习新歌的兴趣和愿望。

4. 幼儿学唱

幼儿学唱新歌的一般流程是：首先，幼儿初步了解歌曲的音乐形象，学习节奏、旋律等；其次，根据歌曲的难易程度，可采取新歌分解学唱，如教歌词、教节奏、教旋律，也可同时学唱；最后，教师视歌曲难度采用分句教唱或整体跟唱的方法完成教学。

分句教唱法是指教师唱一句，幼儿学一句，通常用于歌曲中的重难点乐句或较长乐句；整体跟唱法是指教师演唱全曲，幼儿从头到尾跟着学唱全曲，通常用于结构短小、歌词简单的歌曲。两种方法各有利弊，分句教唱法符合幼儿的学习习惯，但容易割裂音乐的整体性，破坏曲调的完整行进，影响歌曲作品的音乐形象，不利于幼儿有意注意和有意记忆的发展；整体跟唱法虽然可以完整再现歌曲的内容、情绪，但年龄较小的幼儿易出现“学了下句忘了上句”的情况。因此，教师要根据歌曲和幼儿的实际情况，选择合适的教唱方法。

5. 复习歌曲

为了让幼儿完全掌握所学歌曲，教师可采用复习的方法巩固，进一步提高幼儿歌唱的表现力。复习时，教师应根据歌曲内容和幼儿的年龄特点综合运用多种方法，避免单调、乏味的重复练习，如可采用全体唱、部分唱、对唱或单独唱等不同的歌曲组织形式，还可采用边演边唱、边用教具边唱、边画边唱、边做游戏边唱等歌曲演唱方法，使复习效果达到最优。

6. 活动延伸

为了发挥歌唱活动的审美教育功能，最大限度地照顾幼儿的个性差异，教师应对活动进行延伸，帮助幼儿更好地理解歌曲。教师可根据学唱新歌活动的实际情况，引导幼儿进行活动延伸，延伸可以是短期且显性的，如将歌曲唱给家人或朋友听，创编新歌词、动作、游戏等；也可以是中长期或隐性的，结合其他领域的活动内容，作为铺垫或活动内容的辅助要素，如根据歌曲内容进行绘画或手工制作，在学习科学知识时演唱相关歌曲，将歌曲投放到表演区，供幼儿进行歌曲表演，在图书区尝试将歌曲改编成故事，画出相关的故事情节，装订成书，供幼儿翻阅等。

## 二、指导学前儿童歌唱活动常用的方法

教师范唱、幼儿模仿的教学方法许多年来一直被视作幼儿园集体歌唱教学的主要方法，实践也证明这个方法对幼儿的音乐学习是有效的。然而随着人们教育观念的不断进步以及教育目标体系的不断发展，学习歌曲和歌唱的技能已不再是歌唱活动的唯一目的。因此，教师应以进一步培养幼儿对音乐的感受力，激发幼儿的想象力和创造力为目标，避免机械地重复练唱，通过灵活、富有趣味性的教学方法，让歌曲的音乐形象变得更加鲜活，为幼儿带来审美愉悦与丰富的情感体验。

### （一）多种演唱形式变换使用

不同的演唱形式能够有效提升歌唱活动的趣味性，加强幼儿对歌曲的理解与掌握，如游戏般的演唱安排能够有效提升幼儿对歌唱的兴趣。设计活动方案时，教师应根据歌曲的难度、表现主题、表达形式等因素灵活运用各种演唱形式，使歌唱如游戏般充满变化和趣味。

如幼儿熟悉但并非全体都会唱，或是大家都熟悉旋律但并没有认真学习过歌词的歌曲，教师可采取齐唱，让幼儿互相学习，在齐唱过程中学会演唱。全体幼儿一起唱更能营造热烈欢快的气氛，如《我爱我的幼儿园》（谱例6-2）。

谱例6-2

我爱我的幼儿园

佚 名 词曲

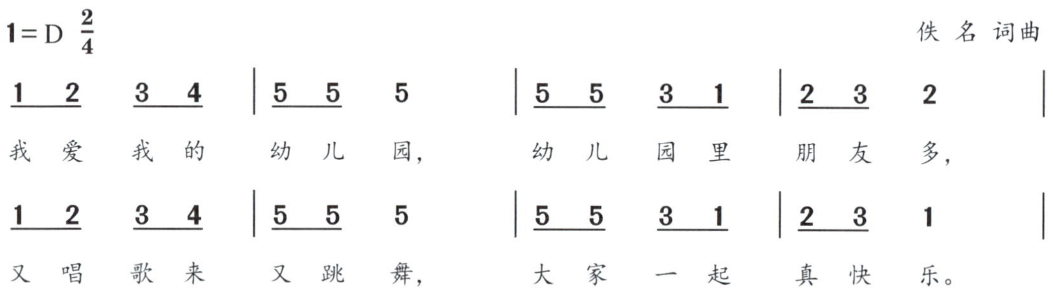


如歌词像对话一样，或能分成两个以上角色的歌曲，教师可以将幼儿分组接唱，集中幼儿的注意力，有效提高幼儿的歌唱兴趣与技能，如《这是小兵》（谱例6–3）。

谱例6-3

这是小兵

佚 名 填词
王履三 编曲

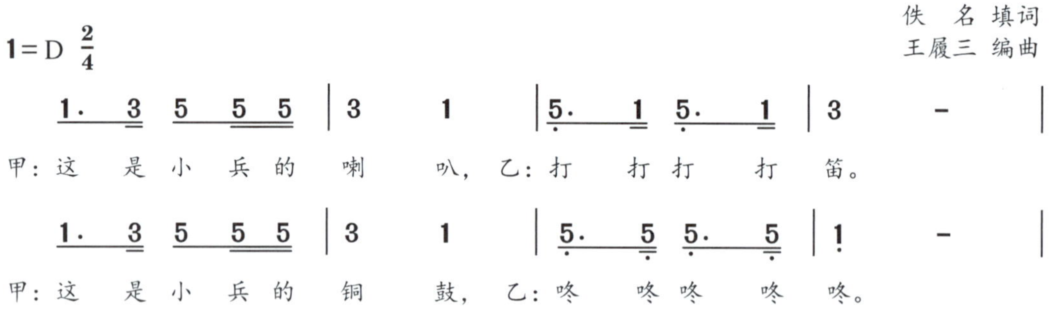


### （二）将歌唱与情境游戏巧妙结合

教师可以充分激发幼儿的表现欲，根据歌曲需要编排合适的情境，请幼儿进行游戏玩耍或角色扮演。游戏可以是教师提前编排好的，也可以由幼儿即兴创编，也可将歌唱与表演巧妙结合，或分配不同的角色表演歌曲的情节或是他们喜欢的事情。这种方法有助于培养幼儿的节奏感和肢体协调能力，也有助于他们记忆歌词并学习有感情地歌唱，如《小鸟小鸟你真好》（谱例6–4）。

谱例6-4

小鸟小鸟你真好

（领唱 齐唱）

刘同仁 词
戈宗远 曲

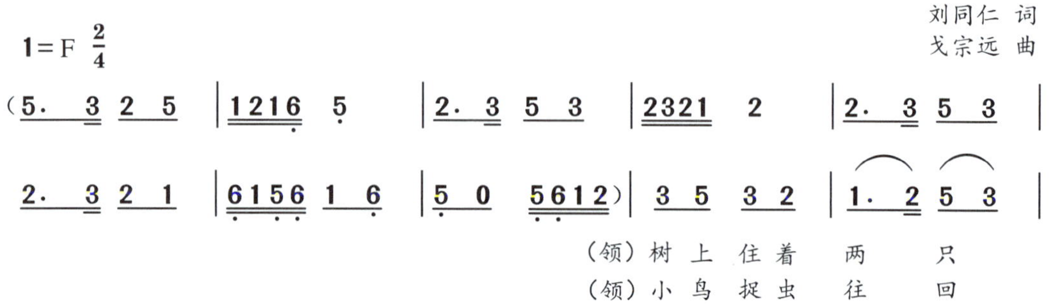

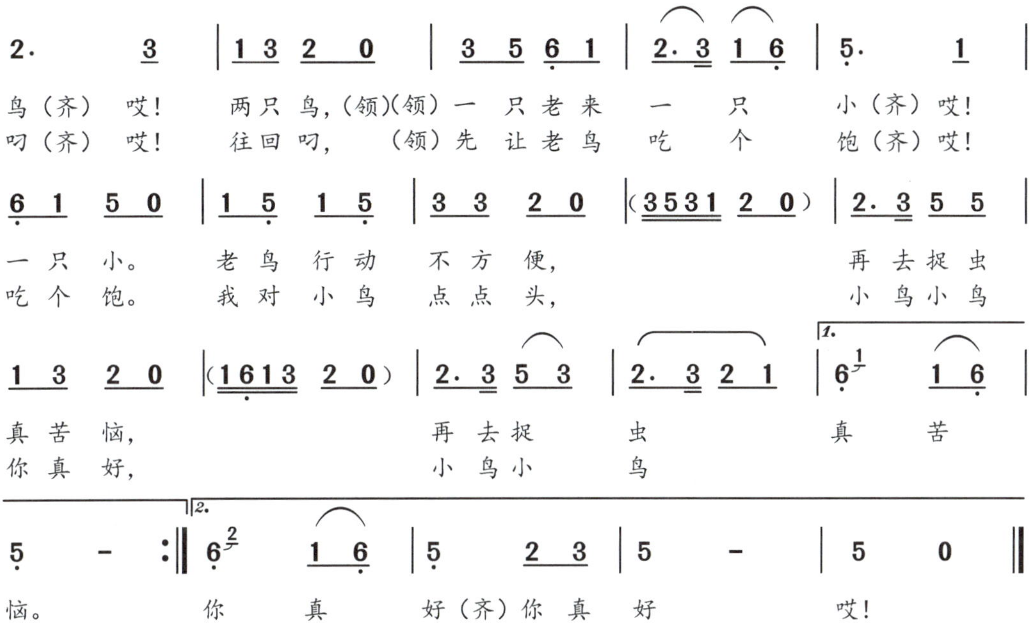


歌曲描述了老鸟年迈不便飞行捉虫，小鸟承担起照顾老鸟的责任，外出觅食反哺老鸟的情景。歌唱时，教师可以将歌曲设计为领唱与齐唱的形式，引导幼儿以旁白角色叙述式歌唱，组织幼儿讨论老鸟与小鸟的动作和神态特点，配合歌曲表演，还可以准备头饰（图6-2、图6-3）、鸟巢、小虫等道具，丰富幼儿对歌曲的感受，使其理解歌曲表达的情感。

图6-2　小鸟头饰

图6-3　老鸟头饰

### （三）声势节奏活动与伴奏创编辅助演唱

教师可以歌曲中的重点节奏为切入点，结合歌曲复习，鼓励幼儿用拍手说白、跺脚或打击乐器演奏等方式为歌曲创编伴奏，这样既能提高幼儿的节奏感，又能进一步加强幼儿对歌唱的掌握。如歌曲《小青蛙》（谱例6-5），教师可以引导幼儿创编不同的节奏型，选择碰铃、蛙鸣筒、双响筒等打击乐器为歌曲伴奏。

谱例6–5

小青蛙

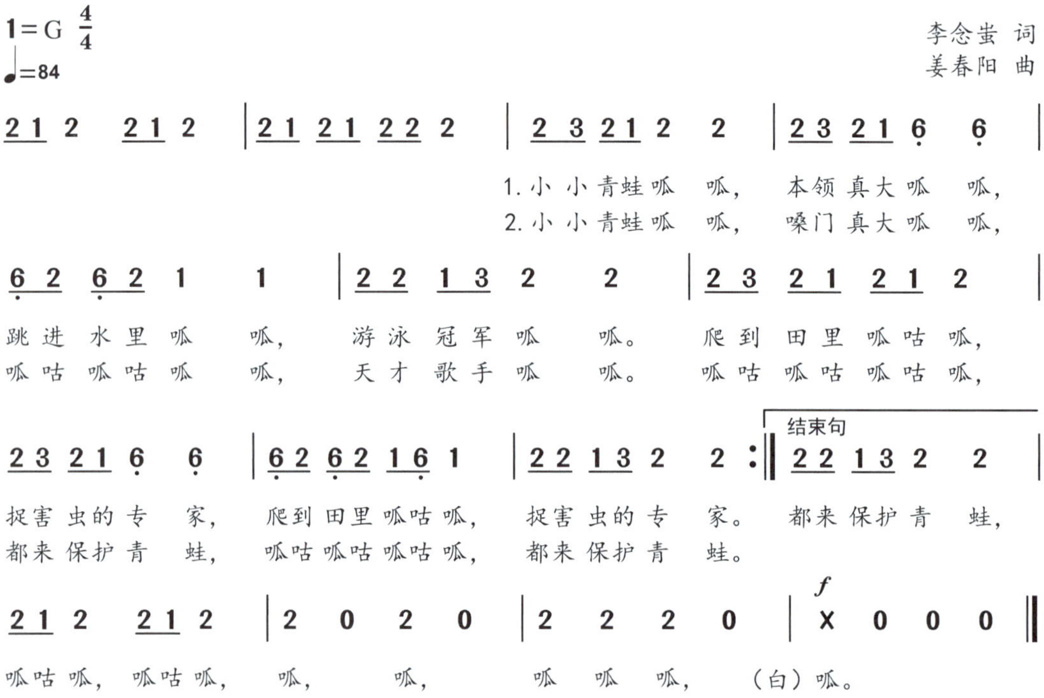


**（四）绘画与歌唱相结合加深幼儿印象**

对于歌颂或描绘具体、简单的音乐形象的歌曲，教师可以将绘画与歌唱相结合，培养幼儿的动手能力、想象力和注意力。但在设计活动时应注意绘画的方式与表现的内容，让绘画辅助歌唱活动。如在学唱《小星星》时，教师可以带领幼儿在黑色卡纸上用星星印章印画，简便的操作既能呈现美观的作品，又能适度辅助幼儿歌唱。

**（五）尝试歌词创编激发幼儿的想象力**

当幼儿在感性层面上掌握特定曲调的句法和节奏特征后，他们会开始尝试自发地歌唱自己编的新歌词。因此创造性的歌唱活动能够充分发展幼儿对音乐的积极态度和探索创造音乐的意识与技能。幼儿在演唱自己根据兴趣创编的歌词时，能够充分满足自我情感交流的需求，感受到自我表达以及人际交流的乐趣，领悟“音乐是自我表达和人际交流手段的音乐价值观念”。教师鼓励幼儿根据歌曲进行动作、歌词、伴奏、游戏等方面的创编，能够有效地激发幼儿的创造意识。

创编歌词可以安排在活动的任意环节中。教师可以原有歌词为引子，在找到原歌词规律的前提下，请幼儿发挥想象力拓展和创编歌词。教师一般只向幼儿提供一段歌词，整个创编活动宜控制在5～8分钟之内，教师应在幼儿的积极性下降之前及时终止或转入新活动，使幼儿意犹未尽。针对过程中产生的比较有独创性和审美的例子，教师可以稍加评说，引导幼儿感受优秀范例的独特之处。小班幼儿创编歌词所选择的歌曲音域一般在六度以内，词曲的结合方式应一字对一音，创编时只需幼儿用少数“替换词”替代原歌词相应位置上的词汇；为中班幼儿选择的歌曲音域可以稍宽一些，一般在七至八度之间，允许有少量一字两音甚至一字多音的情况，句子中要改变的成分可以比小班多，改编的方式也可以比小班复杂一些，但总体上难度不宜过大，防止幼儿畏难而失去兴趣；大班幼儿的歌词创编活动在材料和学习要求上可以比中班稍难，但仍需谨慎地根据幼儿的实际情况设定难度，且可以设计合作性创编活动，以锻炼其合作能力。如歌曲《在农场里》（谱例6–6），歌词结构简单，幼儿只需替换动物的名字和叫声，小班幼儿可以在教师的引导下很好地创编出新的歌词。

谱例6–6

在农场里

［美］露西尔·佩纳贝克 词曲
卢乐珍 汪爱丽 译配

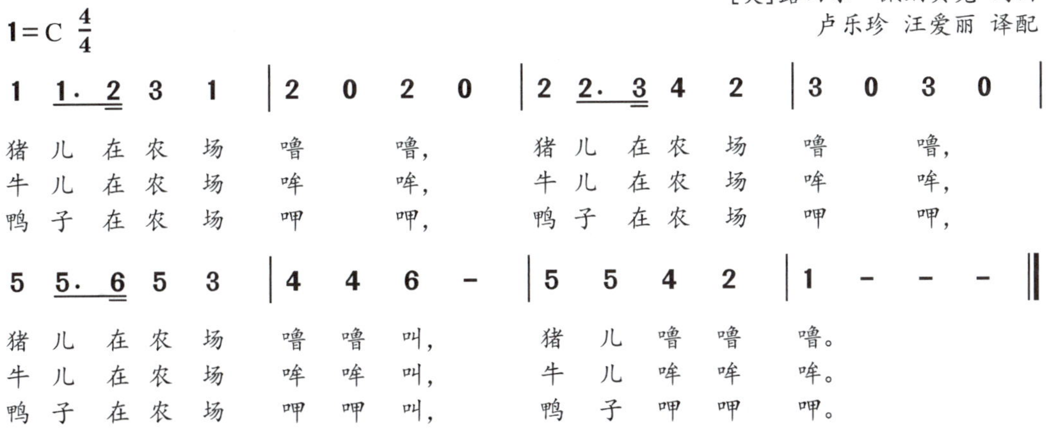


### （六）融入动作创编提升幼儿的创造力

如前所述，边唱歌边做动作是幼儿的天性，幼儿喜欢在歌唱时配以相应的动作进行表演。教师在活动中应区别对待结构性动作、情节性动作、情感性动作，如“拍拍手，拍拍手，小朋友来拍拍手”“天空中，哗啦啦，什么落下来？”“我手里拿着小皮鞭呀，心里正得意”；教师可以启发幼儿相互展示、交流，通过提问和反馈为幼儿提供灵感和改善的建议，拓宽幼儿的创编思路。

对于动作明确简单的歌曲，教师可引导幼儿按歌词内容做动作。这适合在小班进行，如歌曲《拍手点头》（谱例6–7）。

谱例6–7

拍手点头

金　雨 词
佚　名 曲

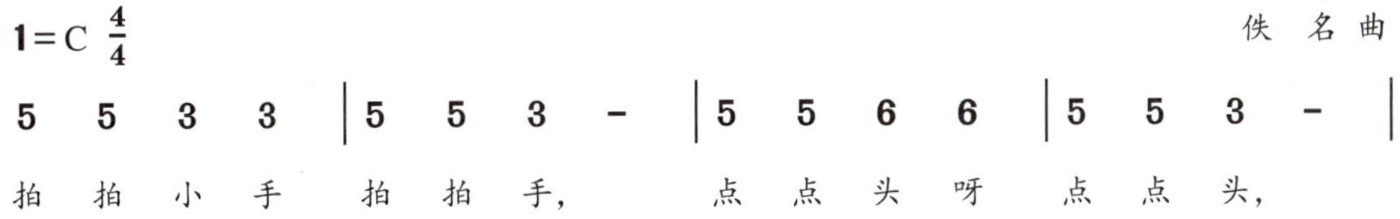

2 3 4 - | 3 4 5 - | 3 3 5 6 | 3 2 1 - ‖

拍 拍 手， 拍 拍 手， 点 点 头 呀， 点 点 头。

对于歌曲情节性较强、需要通过暗示表现动作的歌曲，幼儿需根据歌词发挥想象力，体会歌曲表达的情感，从而创编相应动作。这类歌曲对幼儿的情绪认知和动作创作能力要求较高，更适合在中大班开展。如歌曲《小金鱼》(谱例6-8)，歌词共三段，明确的动作有“游”“摇尾巴”“点头”，但歌曲通过不同数量的金鱼表现出不同的情绪特点。因此创编时，教师要引导幼儿思考如何表现一条鱼孤单时的发愁、两条鱼在一起时的开心和三条鱼在一起的欢快的情绪。

谱例6-8

小金鱼

1=D $\frac{2}{4}$

放 平 词
贤希瞿 曲

3 23 | 1 - | 5 56 | 5 - | 66 53 | 2 23 | 1 - ‖

一 条 鱼 水 里 游， 孤 孤 单 单 在 发 愁。
两 条 鱼 水 里 游， 摇 摇 尾 巴 点 点 头。
三 条 鱼 水 里 游， 快 快 乐 乐 做 朋 友。

总之，无论采用哪种教学组织方法，教师都应注意启发幼儿的生活经验，引导幼儿认真观察周围的生活，积累动作语汇，让幼儿独立地、创造性地想象出更多表达自己情感的方法，培养他们动手和动脑的能力。在创编过程中，教师可以将歌曲适当分段、分句或放慢歌唱速度，等幼儿熟练掌握后，再把歌曲完整而连贯地表现出来，或恢复到原有的速度，以保持音乐的完整性，提升幼儿在歌唱活动中的创造力和审美体验。

## 精彩回放

**扫码学习**

1. 小班歌唱活动“两只老虎”
2. 中班歌唱活动“谁的尾巴最好看”
3. 大班歌唱活动“我给桃树穿棉袄”

精彩回放

## 实践演练

**一、活动准备**

歌唱活动开展用具、教学课件、剪辑好的音视频材料，按照教学组织需要摆好桌椅、摄像设备，根据实际情况准备相关乐器。

**二、活动组织**

1. 学生6人一组，其中一名学生担任组长，负责组织组员在备课与模拟讲课过程中收集案例、研课、磨课、录像。

2. 每组选出一名代表进行模拟讲课，其余学生配合完成。

3. 每组完成后，组长需组织组员对其进行点评和补充，优化课程设计。

**三、活动实施**

以小组为单位选择以下任一情境设计和实施教学活动。

情境一：小班幼儿刚进入集体中，还不知道怎样与同伴友好相处、共同游戏。针对这种情况，我们应该如何通过歌唱活动帮助幼儿形成友好的相处模式，能够配合完成集体性的教育活动呢？请设计一次歌唱活动，培养幼儿与同伴和谐相处、团结合作的意识。

情境二：每次开展歌唱活动，幼儿都非常开心，可是很多幼儿喜欢扯着嗓子喊唱，这对他们稚嫩的声带有很大的伤害。请设计一次歌唱活动，帮助幼儿学会正确发声，感受发声方法与音量的关系。

情境三：冬天到了，幼儿园的院子里被厚厚的白雪覆盖，银装素裹，幼儿在绘画活动中用画笔记录了冬天植物的变化。请设计一次歌唱活动，让幼儿通过歌唱的方式进一步感受冬天天气的变化规律。

**四、活动评价**

请依据表6–2评价活动实施情况。

表6–2　活动评价表

| 评价项目 | 评价标准 | 等级 | | | | |
| --- | --- | --- | --- | --- | --- | --- |
| | | 优秀 | 良好 | 中等 | 合格 | 不合格 |
| 活动设计 | 能根据幼儿的年龄发展特点设计歌唱活动，活动形式新颖，内容有吸引力，能给幼儿带来浸润心灵的美感体验，注重幼儿正确发声方式的养成 | | | | | |
| 难度界定 | 活动难度符合幼儿年龄发展水平，歌词、旋律、音域符合幼儿生理发育和心理认知水平 | | | | | |

续表

| 评价项目 | 评价标准 | 等级 | | | | |
|---|---|---|---|---|---|---|
| | | 优秀 | 良好 | 中等 | 合格 | 不合格 |
| 教学语言 | 教学语言规范，有语言组织能力，能清晰表达自己的想法和对幼儿的要求 | | | | | |
| 教学技术 | 会使用一种或多种教学技术，能够将课件、图片等形式引入教学中，配合乐器开展活动 | | | | | |
| 教育意义 | 活动主题对幼儿的艺术修养发展具有教育意义，并与其他领域有一定的联系 | | | | | |
| 优化建议 | | | | | | |

## 思考与练习

### 一、简答题

1. 小班幼儿在歌唱时的音域特点有哪些？
2. 中班幼儿在歌唱时的乐句表现有哪些特点？
3. 学前儿童歌唱活动主要有哪些形式？
4. 幼儿在歌唱活动中要掌握哪些知识技能？

思考与练习

### 二、实践题

在音乐类App上搜索儿歌或适合幼儿演唱的歌曲，分析其音乐形象，并以思维导图的形式标出歌曲与其他领域教育活动的结合要点。

# 第七章

# 学前儿童韵律活动

## 学习情境描述

果果大班的20名小朋友要开展一次韵律活动，陈老师选择了乐曲《赛马》，并精心编排了舞蹈动作。设计时，陈老师想通过图片导入活动，她选择了蒙古包、羊群、草原的图片，通过欣赏音乐感受策马扬鞭的草原人的豪气。陈老师选择在一个15 $m^2$的活动室内开展活动。开展活动时，陈老师首先介绍了蒙古包，然后展示了几幅草原的图片，接着她带领幼儿完整地听了一遍乐曲，再一个动作一个动作地教幼儿。完整学习了一遍舞蹈后，陈老师播放音乐，让幼儿跟着一起跳了两遍。活动过程中，幼儿表现出非常喜欢草原的景色，但当陈老师让幼儿感受音乐，模仿马的动作时，幼儿并不知道马的动作什么样，站在原地不知所措；当有的幼儿高兴得手舞足蹈时，陈老师马上制止住“乱动”的幼儿，并带领大家继续按照编排的舞步做动作；有的幼儿想表演挥鞭，但因为没有道具只能挥舞双手，有时幼儿的动作幅度大会打到别人的手，有的幼儿还因为磕碰打闹了起来。最后活动的效果并不理想。陈老师的活动设计与实施上存在哪些问题？请在学习本章节后填写表7-1。

表7-1　学习情境分析

| 评价项目 | 存在的问题 | 建　议 |
|---|---|---|
| 活动设计 | | |
| 活动准备 | | |
| 活动实施与指导 | | |

## 核心知识地图

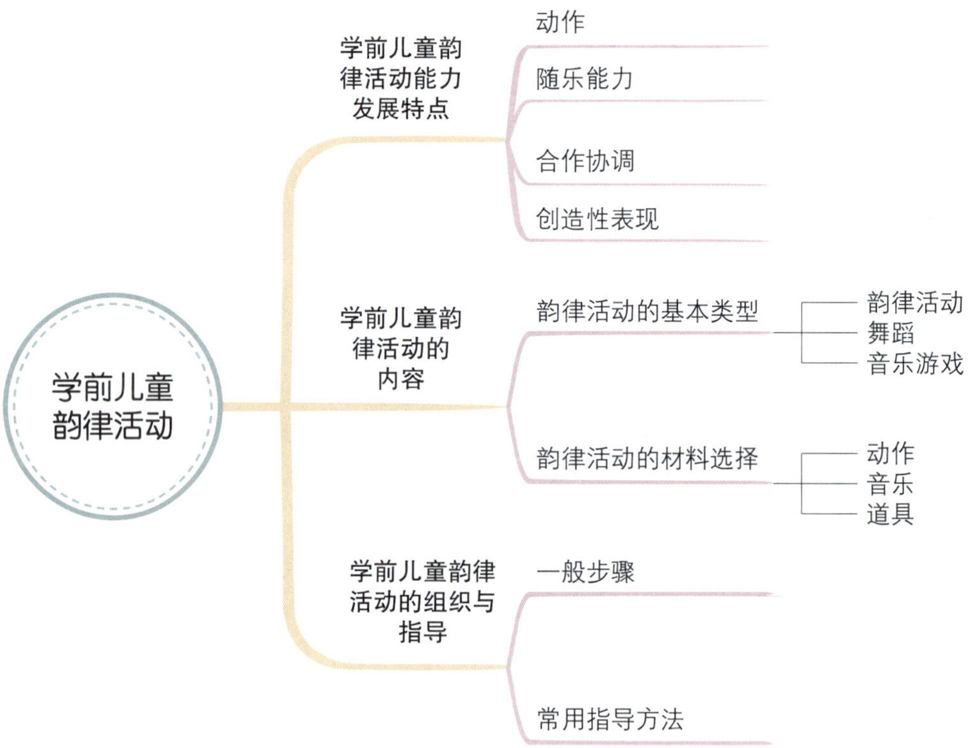


## 学习目标

1. 能够简述学前儿童韵律活动能力发展的特点；

2. 能够简述学前儿童韵律活动的主要内容；

3. 能够简述学前儿童韵律活动的表现形式，能初步为各年龄阶段的幼儿选择适宜的韵律活动材料；

4. 能够根据学前儿童韵律活动能力发展的特点设计符合幼儿年龄特点的韵律活动。

## 基本知识

### 第一节　学前儿童韵律活动能力发展特点

韵律活动泛指所有在音乐伴奏下，用协调的身体动作来表现音乐的活动。在韵律活动中，幼儿在音乐的伴奏下不断探索表达的方式，不仅能够促进幼儿身体运动能力和肢体协调性的发展，还能够提高幼儿对音乐的感受力、表现力和创造力，使其积累更多的动作语汇，获得表现、合作、探索和交流的快乐体验。学前儿童韵律活动能力的发展是一个渐进的过程，教师需根据幼儿的身心发展规律设计适合幼儿的韵律活动。下面从动作、随乐能力、合作协调和创造性表现四个方面对不同年龄段幼儿的韵律活动能力发展特征进行说明。

## 一、动作

3～4岁幼儿动作开始初步分化。上肢动作方面，大多数幼儿能够比较自如地运用上肢、躯干做出各种单纯动作，动作幅度较大，如跟随音乐的节奏不自觉地点头、摇头，听到节奏欢快的歌曲还会拍手、晃手、兴奋地晃动拳头等。下肢动作方面，这一阶段的幼儿下肢肌肉力量和弹性不强，因此更易掌握小跑步、小碎步等对下肢肌肉力量与弹性要求不太高的单纯的移动动作，但还不能很好地完成有节奏的连续蹦跳动作。上下肢联合动作方面，由于受神经系统协调性发展的制约，幼儿的身体平衡和自控能力不强，容易摔倒，因此掌握上下肢联合的动作有一定的困难，但能够做一些上肢运动单纯且对下肢力量要求不高的动作，如踏着小碎步学开车，双手合十摆动学小鱼游，双手张开放于两胁学青蛙蹦跳等。

4～5岁幼儿动作发展有了明显的进步，一方面幼儿的身体大动作及手臂动作进一步发展，另一方面幼儿下肢的走、跑、跳等动作也逐步提高。这一阶段的幼儿已经能够比较自由地做一些连续移动且幅度较大的动作，如跳步、垫步、大踏步等。上下肢联合动作方面，随着幼儿平衡能力及对动作的控制能力不断加强，幼儿上下肢联合的复合动作逐步发展，如手拉手地迈步、收腿、前后蹦或边踏步移动边做拍手动作等。

5～6岁幼儿动作进一步分化且更精细，从躯干动作到手臂、手腕、手指的动作更加丰富，且对动作的自控能力更强，他们不仅可以做比较精细的腕部、指部动作，还能在速度和幅度上做出相应的变化。上下肢联合动作方面，这一阶段的幼儿已经可以做一些需要同时协调配合头部、眼睛、手臂、手腕、手指、腰部和双脚的较为复杂的动作，如采茶、摘果等。此时的幼儿可以掌握更多较为复杂的连续移动动作，如踵趾小跑步、进退步、整步、踏跳步、秧歌十字步等，也可以做有腾空过程的简单动作，保持重心及平衡的能力有了进一步的提高。

## 二、随乐能力

3～4岁幼儿利用动作表现音乐的经验丰富，基本能够做到流畅、准确地跟随音乐做动作。随着幼儿认知能力及肌肉控制能力的进一步发展，幼儿的动作与音乐的协调性逐步发展。3岁初期，幼儿听到自己熟悉或喜爱的音乐时，往往会跟着音乐拍手、点头、扭动身体，但这些自发性的动作并不能做到完全合拍。随着音乐经验的积累，幼儿会逐步发展到能够按照音乐的节奏做动作，使动作频率逐渐变得均衡，但往往不稳定，很难长时间保持。因此教师可以选择适宜的音乐速度，以适应幼儿的动作。

4～5岁幼儿在发展复合动作的同时，动作的协调性也有了进一步的提高。这不仅表现在能够更自如、合拍地跟着音乐节奏做动作（2/4或4/4拍），不再显得紧张且僵硬，其节奏的均衡性、稳定性也更加明显。同时，幼儿还能够在同一音乐的转换处以不同的动作节奏加以表现。

5～6岁幼儿随乐能力有了显著提高，在原有基础上能够较自如、熟练地用动作表现音乐速度和力度的变化，对含有附点或切分音的复杂节奏（三拍子、六拍子）都能做出相应的反应。另外，这个年龄段的幼儿还能对音乐的结构做出较为细致的反应，如乐句和乐句之间、乐段和乐段之间的变化等。

## 三、合作协调

3～4岁幼儿往往表现出以自我为中心的动作特点，还不善于用动作跟同伴配合、交流，例如在活动时经常挤在一起或触碰到对方，需要教师调整安排位置。

4～5岁幼儿在动作表达的过程中开始注意运用动作与同伴进行合作、交流，例如在集体性韵律活动中，他们开始自己寻找空旷的位置，尽量避开与别人的碰撞，并共享空间；有的幼儿会主动邀请同伴共舞，还会与同伴合作表演动作，并注意动作的协调，例如幼儿可以自己分组，围成圈，用协调一致的肢体动作表现盖房子的步骤。

5～6岁幼儿获得了较多合作交流的经验，在韵律活动中的合作协调意识越来越明确，合作协调的技能也越来越强。这一阶段的幼儿会用一种宽容的态度甚至不借助语言邀请舞伴共舞，他们能够用动作、表情和眼神与同伴交流合作，并主动追求与同伴一起参与韵律活动的快乐。例如在大班韵律活动“蚂蚁班的田野冒险”中，教师带领幼儿随音乐踏步行进，听到教师说出“滑”字时，幼儿不仅会做出幅度很大的复合动作模仿“滑了一脚”，有的幼儿还会互相配合生动地表现滑倒和搀扶的动作。

## 四、创造性表现

3～4岁幼儿能根据音乐性质的变化，用相应的动作表达自己对音乐的感受与理解，能渐快渐慢、渐强渐弱地做动作，并达到比较灵活自如的程度，如幼儿听到比较低沉及速度缓慢的音乐时，能表现出身体庞大、笨重，行动迟缓的大象的形象；还能用自己想出来的动作模仿表现日常生活中熟悉的事物，如动物、交通工具等，在动作的创造性表现上有了初步的意识，还会用动作表现植物的生长和自己的情感体验。

4～5岁幼儿已经表现出主动创编的意识。随着认知能力的发展，情感的丰富深化和音乐经验的不断累积，幼儿开始调动自身的舞蹈语汇和动作表达经验进行简单的创编，但仍然需要教师予以正确引导和提示，帮助其整理并比较连贯地表演出来。

5～6岁幼儿更多地发挥出自身用动作语汇创造性表现音乐的积极性。动作的表现力越来越强，同样的音乐，同样的主题内容，他们会努力地用已有的表达经验创造尽可能与别人不同的动作，或是注重用表情、眼神、动作的细节表现音乐形象，如有的幼儿模仿士兵钻过铁丝网的动作时会表现出严肃的神情，有的幼儿模仿飞机在空中飞行时，口中还会发出发动机的嗡嗡声。

总之，学前儿童韵律活动能力的发展受到生理发育和心理过程相互作用的影响，每个发展个体间会体现出较大的层次类别和表现差异。这就要求教师在设计活动时综合考虑幼儿的年龄层次、发展水平、个性差异等因素，循序渐进地引导和教育，帮助幼儿积累艺术动作语汇，体验用身体动作表达自己参与活动、抒发情感的快乐。

# 第二节　学前儿童韵律活动的内容

## 一、韵律活动的基本类型

### （一）韵律动作及其组合

1. 韵律动作

（1）基本动作

基本动作是指幼儿在反射动作的基础上发展起来的生活动作。如走、跑、跳、摇头、点头、弯腰、屈膝、击掌、招手、抓握等。

（2）模仿动作

模仿动作是指幼儿表现特定事物的外在形态和运动状态时所用的身体动作。幼儿经常模仿的动作有：动物的动作，如鸟飞、鱼游、青蛙跳；自然界中的现象，如刮风、下雨、花开、树长、水流等；成人活动的动作，如洗脸、刷牙、拍球、锄地、撒种、骑马、打枪、织网、采茶、驾驶等；游戏的动作，如拍球、玩跷跷板等。

（3）舞蹈动作

舞蹈动作是指程式化了的艺术表演动作，比较适合5～6岁幼儿学习。幼儿园各年龄段幼儿学习的舞蹈动作主要是基本舞步，如3～4岁学习小碎步、小跑步；4～5岁学习蹦跳步、垫步、踵趾小跑步、侧点步、踏点步、踢踏步等；5～6岁学习进退步、溜冰步、交替步、跑跳步、跑马步、秧歌十字步等。学前阶段，幼儿很少专门学习臂和手的舞蹈动作。常见的臂的动作是摆动和划圈，常见的臂的姿态是平举、上举、下垂和屈肘。幼儿园通常会在中班安排学习“手腕转动”（翻手腕花），在大班安排学习“提压腕”（硬腕）。

2. 韵律动作组合

韵律动作组合是指按一首完整音乐的结构组织的一组韵律动作。学前儿童音乐教育活动中采用的韵律动作组合一般可分为身体节奏动作组合、模仿动作组合、舞蹈动作组合。

（1）身体节奏动作组合

身体节奏动作组合是一种近年来从国外引进的韵律活动。组合中的动作均为简单的击打、顿踏等能够发出声音的动作，如击掌、捻指、拍击身体的某个部位、用不同的方法踏脚等。这种组合一般没有什么象征意义，但比较注意动作和音色变化的组织结构。

（2）模仿动作组合

模仿动作组合中的动作多为模仿动作，这种组合在动作和音色变化组织结构的基础上更注重对模仿对象的表现，比如植物的生长过程、小朋友的行为活动、老爷爷的动作特点、交通工具的运动特点等。

（3）舞蹈动作组合

舞蹈动作组合是指以舞蹈动作为主的韵律动作组合，比较注重动作的组织结构，可以有表现简单情节的表演舞组合，也可以有结构较为自由松散的自娱舞组合，或是以队形变化、舞伴间交流为主的集体舞组合。

### （二）舞蹈及其表现形式

舞蹈是动作的艺术。舞蹈的动作主要来自幼儿的模仿学习，这些动作是人类身体艺术造型实践的结晶，而律动通常是指简单、原始的身体艺术造型活动。舞蹈又可以划分为自娱舞蹈、集体舞蹈和表演舞蹈等种类。自娱舞蹈在于自娱自乐；集体舞蹈在于适应空间变化和交流合作；表演舞蹈在于满足表现欲望和提高表现能力。学前儿童舞蹈表现形式主要有独舞、双人舞、集体舞、邀请舞、表演舞、领舞群舞、自娱舞等。

1. 独舞

独舞是指一个人独立地做韵律动作，包括一个人独自表演，也包括许多人一起表演，但各自独立活动，相互间不交流或配合。

2. 双人舞

双人舞是指一种小型的结伴舞，通常是两个人自由结伴，相互配合做韵律动作。有时也可以把三个人或三个人以上的小型组合形式包括在这一类型中。

3. 集体舞

集体舞是指许多幼儿按比较严格的队形和动作规定一起跳舞，并可交换舞伴。集体舞是幼儿园大部分的表演舞蹈和集体舞蹈采取的形式，多采用简单、少量的同一动作反复进行的结构手法。如《大家一起跳起来》（谱例7-1）。

谱例7-1

大家一起跳起来

1=F $\frac{3}{4}$

热烈地

德国民间舞曲

江　阳　填词

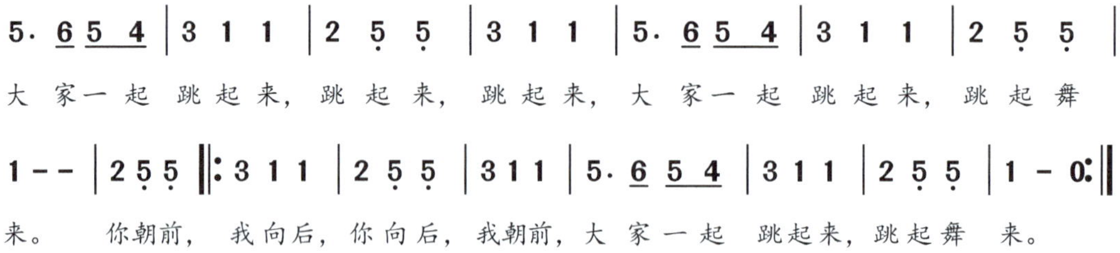


**跳法提示：**

全体幼儿双圈逆时针站立，每人右手持一条丝巾。

第1～4小节：全体幼儿左脚开始，做4个华尔兹舞步。左手叉腰，右手持丝巾于右侧上方挥动，同时抬头、挺胸。

第5～8小节：动作与第1～4小节相同，方向相反，最后一小节两人相向站立。

第9～10小节：脚做华尔兹舞步，两人错左肩，交换位置。上肢动作同上。

第11～12小节：脚做华尔兹舞步，两人错左肩回原位。

第13～14小节：脚先向前再向后各做1个华尔兹舞步，左手叉腰，右手上下挥丝巾各1次。

第15～16小节：脚做华尔兹舞步向左自转1周，双手叉腰。

反复9～12小节时，动作与上面9～12小节相同。

反复第13～16小节时，脚做华尔兹舞步，两人左手环对方的腰部，右手挥动丝巾转一周。

舞蹈重新开始。也可以在前奏时里（外）圈幼儿上步，找到新舞伴，重新开始舞蹈。

4. 邀请舞

邀请舞是集体舞的一种变形，是幼儿比较喜欢的舞蹈形式。通常有一部分幼儿作为邀请者与被邀请者跳完一遍后，可以互换角色继续跳舞。邀请舞有利于幼儿交流和分享音乐感受。如《欢乐舞》（谱例7–2）。

谱例7–2

欢乐舞

1=C $\frac{2}{4}$

小快板

施逸丽　曲

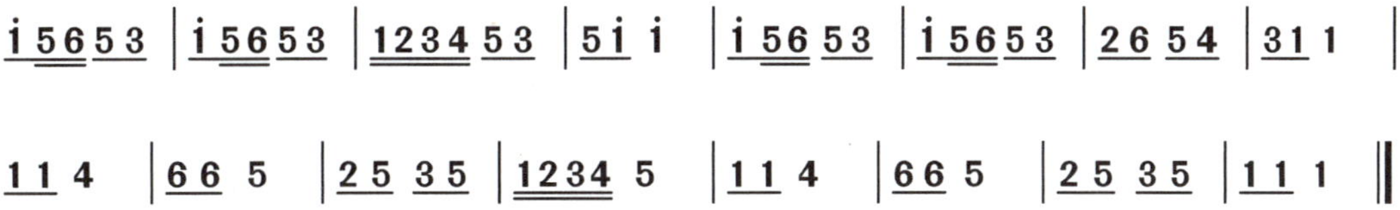

**跳法提示：**

全体幼儿站成圆圈，面向圆心，1、2报数。报“1”者为被邀请者，报“2”者为邀请者。

第1～8小节：“1”数原地拍手，“2”数在圈内自由地做跑跳步拍手，一拍一下或两拍一下均可。第8小节与被邀请者面对面站立。

第9小节：第一拍自己在胸前拍一下手，第二拍两人对拍一下右手。

第10小节：第一拍自己在胸前拍一下手，第二拍两人对拍一下左手。

第11小节：第一拍自己拍一下手，第二拍两人对拍一下手。

第12小节：与11小节相同。

（第9～12小节在做上肢动作的同时，双膝上下微屈伸，一拍一下。）

第13小节：两人仍然面对面拉手。第一拍向外划动，第二拍向里（腹前）划动。

第14小节：与第13小节相同。

第15～16小节：两人拉手做跑跳步交换位置。

5. 表演舞

表演舞是带有表演性质的舞蹈形式，可以在一般歌曲表演或舞蹈动作组合的基础上加工而成，比较讲究动作的组织结构。有的含一定的情节，如《胆小鬼》；有的仅表现一种情绪，如《我爱家乡我爱祖国》《哈达献给解放军》。表演舞一般限定舞蹈者人数，可采用舞蹈道具等辅助材料，具有较强的观赏性，通常在节日活动或文艺演出中出现。

6. 领舞群舞

领舞群舞是指以单独舞者为主、集体舞者为辅的合作表演方式。其中的主导、辅助关系是规定的，必须遵照执行，在幼儿园中较少采用。

7. 自娱舞

自娱舞在结构类型和结构方式上都比较自由，可以一个人跳，也可以几个人一起跳，舞伴之间的交流配合方式十分自由和即兴，是一种自娱自乐的舞蹈形式。

### （三）音乐游戏及其种类

音乐游戏是在音乐伴随下进行的有规则的游戏活动。在音乐的指挥、促进和制约下，幼儿在活动中能够更具体形象地感受和理解音乐，获得一定的情绪情感体验。它把丰富的教育要求以生动有趣的游戏形式表现出来，使幼儿在游戏和玩耍中既掌握了一定的音乐知识和技能，又获得了品德教育和审美教育，进一步促进了对音乐活动的稳定兴趣和积极主动个性的形成。音乐游戏多种多样，分类的方式也不同。根据目前幼儿园音乐游戏活动的实践，可以大致做以下分类。

1. 根据内容和主题划分

（1）有主题的音乐游戏

有主题的音乐游戏一般有一定的内容或情节的构思，有一定的角色。幼儿根据音乐游戏中的角色模仿一定的形象，完成一定的动作。如《小青蛙找家》（谱例7-3）的游戏，幼儿根据教师创设的情境以两脚开立，两腿屈膝，膝盖稍向外，双臂屈举于肩上，双手五指张开，手心向前，手指向上为基本动作模仿小青蛙，并根据自己胸卡的形状跳到相同形状的“家”里。

谱例7-3

小青蛙找家

**游戏玩法：**

全体幼儿站成一个单圈，面向圆心，每个幼儿戴一种形状的胸卡。

第1～2小节：做出青蛙的动作，同时双脚交替原地踏步3下（左、右、左），一拍一下，第4拍脚原地站立，双手向上屈伸一次，同时发出一声“呱”。

第3～4小节：与第1～2小节动作相同，右脚起步。

第5～6小节：两手做青蛙状向前伸4次，一拍一下，两脚同时落地，屈膝成青蛙状。

第7～8小节：与第5～6小节动作相同，但节奏不同，按“X X X | X X X |”节奏蹦跳6下。

第9～10小节：身体与四肢做青蛙状，自转一周。

第11小节：原地做青蛙状站立动作，同时右手食指指地上的“家”。

第12小节：做蛙跳2下，一拍一下，跳进“家”里。

（2）无主题的音乐游戏

无主题的音乐游戏一般没有情节构思，只是随音乐做动作，相当于律动或律动组合，但这种动作带有一定的游戏性，即含有游戏的规则。如《手拉手》（谱例7–4）的游戏，幼儿只是手拉手围成一个圆圈，跟随教师的指令做动作，并表现气球打气和撑破的情景，这便是游戏的规则。

谱例7–4

手拉手

集　慧　词

陈曼棣　曲

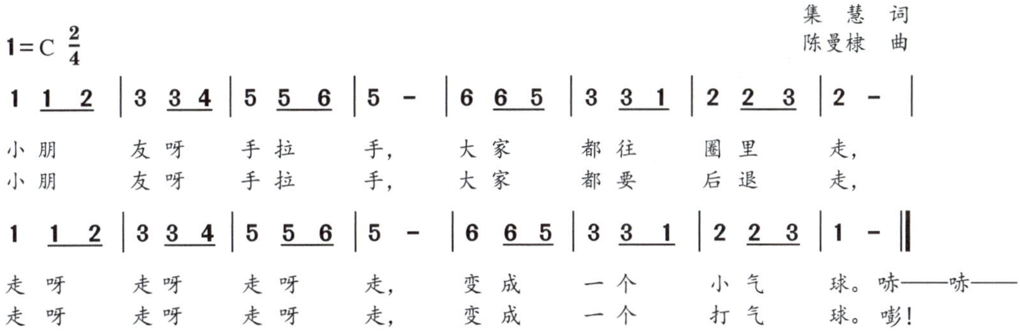


**游戏玩法：**

全班幼儿手拉手成一个圆圈，面向圆心。

唱第一段歌词时，幼儿边唱边向圆心走，一拍一步，结束时圆圈变小，幼儿原地不动。教师说“我们给气球打打气”，幼儿模仿打气的“哧——哧——”声。

唱第二段歌词时，幼儿边唱边向后退，仍一拍一步，圆圈逐渐变大。歌曲结束时，幼儿拉着的双手放开，举至头两侧上方，双脚原地蹦跳，同时发出“嘭”的一声，表示气球破了。

2. 根据游戏形式划分

（1）歌舞游戏

歌舞游戏一般是在歌曲的基础上产生的，即按照歌词、节奏、乐句和乐段的结构做动作并进行游戏，游戏的规则通常定在歌曲的结束处。这类游戏可以有较明显的游戏主题、内容，也可以没有专门表现情节和角色的音乐，相对侧重于幼儿的创造性动作表现。如将歌曲《盖房子》设计成音乐游戏时，主要侧重于引导幼儿与同伴共同排练并表演，能够创编多种砌砖、搭建屋顶的动作，体验劳动后的喜悦心情。再如游戏《羊村里的那只羊》，幼儿通过对故事和音乐的欣赏，协商制定音乐游戏规则，教师通过引导幼儿角色扮演，强化幼儿对音乐的感受和对节奏的感知。

（2）表演游戏

表演游戏是按专门设计、组织的不同音乐来做动作或变化动作的游戏。从游戏内容上看，一般有一定的情节和角色；从游戏形式上看，带有较强的表演性。

如音乐游戏《狐狸和葡萄》（使用歌曲《酸葡萄》，彭野词曲），整首乐曲分为两段：第一段，一名幼儿扮演狐狸，在圈内边表演狐狸边随音乐走动，其他幼儿围坐，边唱边拍手。唱第一句“葡萄太酸”时，“狐狸”轻推一下离自己最近的幼儿肩膀，两名幼儿扮演狐狸，站在圆圈两侧，各带领一侧幼儿说“你说应当不应当”“应当”“不应当”，第一段结束。第二段两人共同表演狐狸，在圈内随节奏前进，唱到“它跳啊跳啊”时开始抢椅子，先回到椅子处的幼儿坐下，没有抢到椅子的幼儿成为狐狸，全体幼儿随音乐有节奏地念词，坐在圈上的幼儿做各种创编的动作逗“狐狸”，“狐狸”可以和动作有趣的幼儿握手。在最后两小节处，“狐狸”说“应当”，坐在圈上的其他幼儿齐说“不应当”，双方对话，直至歌曲结束。在游戏进行的过程中，教师可以调整歌曲速度和段落，可以增加到3～4段，让更多的幼儿扮演狐狸，然后撤走一个椅子，增加活动难度。教师需提前为幼儿做好心理建设，外圈幼儿应尊重扮演狐狸的幼儿，没抢到椅子不应气馁，继续游戏，外圈幼儿不能做鬼脸、不雅动作，唱“应当”“不应当”时不要喊叫。

（3）听辨反应游戏

听辨反应游戏侧重于培养幼儿对音乐的高低、强弱、快慢、音色、乐句等的分辨能力。它一般没有固定的游戏情节或内容，以对音乐要素的反应和理解为主。如音乐游戏《什么乐器在唱歌》要求分辨乐器的音色；《奇怪的声音》要求分辨声音的强弱，并用身体动作（如跺脚表示强，拍手表示弱；伸展双臂表示强，双臂屈肘抱肩表示弱）加以反应。

## 二、韵律活动的材料选择

### （一）动作

为幼儿选择动作时，需要考虑幼儿的兴趣、年龄特点和动作发展水平，选择适宜的动作类别和难度。

1. 动作的类别

幼儿学习的主要律动动作分为基本动作、模仿动作和舞蹈动作。

3～4岁幼儿非常喜欢模仿动作，在活动中，幼儿更关心他们的动作所表现的事物是否熟悉。所以，为4岁以前幼儿选择韵律动作时应以模仿动作为主，如生活动作、劳动动作，以及模仿动植物、交通工具、自然现象的动作等。他们对跟随音乐做熟悉的基本动作也有兴趣，因为跟随音乐做熟悉的动作既轻松又有节奏感。所以，可以较多地选择基本动作，如走步、拍手、点头、摸脸蛋、拉耳朵、用手指点身体各个部位等。另外，结合幼儿所熟悉的事物，将一些基本舞步（如小碎步、小跑步等）作为模仿动作的语汇提供给幼儿，也能被幼儿接受。

4～6岁幼儿仍然对模仿动作有浓厚的兴趣，因此，为他们选择韵律动作仍应多选模仿动作。但随着年龄增长以及韵律活动经验的增加，许多幼儿特别是女孩子会对动作的形式美产生兴趣。因此，为中大班幼儿选择韵律动作时，可以逐步增加舞蹈基本动作的内容，以满足他们发展的需要。

2. 动作的难度

学前儿童的动作发展有三个规律：从大的整体动作到小的精细动作，从单纯动作到复合动作，从不移动动作到移动动作。

3～4岁幼儿最容易接受不移动的单纯上肢大肌肉动作，随后逐步学会单纯的下肢动作。在此基础上，才能逐步学会简单的上下肢联合移动动作。这一阶段幼儿比较容易接受连续重复的动作。动作变换一般在段落之间进行，偶尔也可以在乐句之间进行。

4～6岁幼儿可以较多地学习移动动作，包括含有腾空过程的跑、跳动作和复合动作，还有手腕、手指、脚腕、眼睛、肩膀、膝盖等部位比较精细的动作。随着幼儿记忆和反应能力的提高，动作变换可以较多地在乐句之间进行，偶尔可以在乐句之内进行。

总的说来，幼儿动作能力的发展是有限的，要先从单纯的、不移动的、大肌肉的分解动作入手。如学习侧点步手腕转动时，应在分别学会侧点步和手腕转动以后，再进行复合动作的学习。

需要指出的是，当幼儿结伴做动作时，由于要注意相互间的配合，同一种动作的难度便相应提高了。因此，在为各年龄段幼儿选择结伴韵律动作时，应考虑幼儿是否具有单独做动作的基础动作反应能力，如做“扶老公公走路”的动作时，先要学会“老公公走路”的动作。

### （二）音乐

为幼儿选择韵律活动的音乐，需要注意以下四点：

第一，选择节奏清晰、结构工整的音乐。人的生命运动是有规则、有秩序、有节奏的，因此，节奏清晰、结构工整的音乐更能够激发幼儿进行韵律活动的欲望，也更容易让幼儿用动作表现。

第二，选择旋律优美、形象鲜明的音乐。除少数特殊需要的动作以外，为幼儿选择的韵律活动音乐应该是优美动听的，这样的音乐容易激发他们参加韵律活动和表现的欲望。同时，形象鲜明是音乐能够吸引幼儿的重要条件之一，特别是对模仿动作和表现情节、情绪的舞蹈来说，音乐形象鲜明显得更为重要。

第三，选择不同节奏、不同性质、不同风格的音乐。这有助于扩大幼儿的音乐眼界，提高他们对音乐做出动作反应的能力。如可以为同一种动作选择不同的音乐，以锻炼其迁移能力；可以为不同的动作选择同一首音乐，使用时根据具体要求改变音乐的某一种或几种要素，如节奏、音区、速度、力度等，以锻炼其应变能力。

第四，注意音乐速度的选择。为3岁左右幼儿伴奏时，应先用音乐跟随幼儿的动作；待幼儿逐步学会用动作跟随音乐以后，应选用中等速度的音乐，有研究认为以每分钟120～130拍的速度为宜；待幼儿控制动作的能力增强后，可采用稍快或者稍慢的速度和突然变化或逐渐变化的速度。

### （三）道具

在学前儿童韵律活动中，大部分情况下并不需要使用道具。需要使用时，选择道具应注意以下两点：

一是能增强动作的表现力，易于操作。活动中的道具应有助于幼儿动作的表现，但不妨碍幼儿做动作或移动。不会使幼儿因过度兴奋而游离于活动之外，也不存在潜在的人身伤害危险。因此，所选的道具不宜过大、过重，制作上应牢固、实用，使用技巧不宜复杂，不使用易产生尖刺的木料、铁丝、鱼线等存在安全隐患的材料。

二是能增强幼儿的美感体验，引发和丰富幼儿的想象、联想。活动所选道具的外形应具备一定的美感，但不必过于讲究和逼真。教师可以鼓励幼儿自己选择道具，或引导幼儿利用身边的废旧材料自己制作道具等，这有利于培养幼儿的审美敏感性、环保意识和创新能力，对发展他们的想象能力和动手能力大有裨益。

拓展阅读

**扫码学习**

达尔克罗兹音乐教育思想与实践

拓展阅读

## 第三节　学前儿童韵律活动的组织与指导

### 一、学前儿童韵律活动的一般步骤

#### （一）韵律活动的活动准备

1. 教师的准备

韵律活动对场地有一定的要求，因此教师的准备应主要从个人的经验准备和对环境的准备入手。个人准备方面，教师需要熟悉音乐材料和动作材料，包括内容、主题、情节、风格、形象等；基本把握幼儿的音乐经验和能力；熟练地弹唱音乐材料，动作熟练、优美，并处理好音乐与动作的关系。

环境准备方面，教师需根据活动形式和动作要求布置相关环境，制作相应课件，调试好音响和多媒体设备，准备活动需要的头饰、道具，创设与音乐情境相关的场景等。

2. 幼儿经验准备

生活经验是幼儿有感情动作的基础，有了丰富的感性认识，幼儿头脑中才可能有足够的形象，在进行律动时，记忆、想象等心理活动才能处于积极状态，从而达到音乐教育所预期的效果。所以，教师应注重幼儿感性经验的积累，使幼儿的律动表演和模仿动作生动、形象，并表达出一定的感情。如在学习鸭子走路之前，教师可以先带领幼儿观察鸭子的体态和走路的姿势，幼儿在观察过程中会自然地跟随小鸭子左右摇摆地走路；表演“洗手帕”时，教师可带领幼儿体验实际洗手帕的过程，这样幼儿在表演时就可以结合切身体会，做出挽袖子、拿香皂、搓洗手帕的动作。经过自己的动手操作，幼儿不仅会加深对所学动作的记忆，还能够创造性地创编动作。

### （二）韵律活动的环节组织

1. 导入活动

活动开始时，教师可创设情境以引发幼儿对活动的兴趣。教师可以设计一个幼儿感兴趣的故事情节，故事要符合幼儿的相关生活经验且具有新鲜感；教师的语言和表情要生动，易于幼儿理解，语调和语速要适中；故事情节要有一定的戏剧冲突，激发幼儿的兴趣；故事不宜太长，控制在1分钟左右；故事重点突出，能够引出接下来的表演动作或情节；必要时，教师可以通过活动场地的布置帮助幼儿理解故事，通过互动式讲解导入活动，但时间不宜超过2分钟。教师还可以运用教具或表演引发幼儿的兴趣。活动中应简要概述活动内容，并自然地向幼儿介绍韵律活动的名称，引起幼儿学习的愿望。

2. 熟悉音乐

幼儿的创造与表现要建立在充分感受与欣赏的基础上，因此教师必须引导幼儿倾听音乐，感受音乐的节奏、节拍、结构、情绪和风格，熟悉音乐的特点和变化，注意音乐的变化与动作、队形变化的联系。采用歌曲作为伴奏音乐时，教师有必要先教会幼儿歌唱，在了解歌词内涵的基础上再学习动作。

3. 教师示范

引导幼儿练习动作前，教师可以随乐示范几次动作。第一次示范可随乐完整演示，第二次示范可以放慢速度，适当讲解动作要领，从正面和背面分别进行示范，确保全体幼儿能够看清。教师的示范应合拍、准确、情绪饱满，让幼儿看清楚，并给幼儿一定的时间理解和记忆。

需要强调的是，根据《指南》的要求，在音乐活动中，幼儿应在感受与体验的基础上进行表现与创造，不应因追求“完美”而对幼儿进行千篇一律的训练。所以教师的示范应侧重于对幼儿行为的引导，帮助幼儿积累更多动作语汇，从而能够大胆地展开想象，进行艺术表现，而不是机械地模仿教师的动作。教师应尊重幼儿的自主表达创作，激发幼儿参与活动的兴趣，帮助幼儿根据自己对角色的理解及生活中的观察，再现学过或看过的动作，并在此基础上创造性地设计动作，使之符合角色特点和音乐性质。

4. 练习动作

教师一般会引导幼儿进行多次练习，练习活动应巧妙融入活动情境之中，防止专门化训练，不要追求高深的舞蹈动作技巧。练习过程中，教师应注意观察幼儿的表现，及时发现问题，并进行启发式的指导。

5. 创造与表现

教师必须尊重和鼓励幼儿对音乐的独特感受与自主表现，引导幼儿自由、大胆地以自己的方式表现音乐，鼓励幼儿运用已有的动作语汇进行有创意的表达与表现。对于表现能力有限或只愿意模仿教师的幼儿，也要以宽容接纳的态度对待。引导幼儿创编动作时，教师应根据幼儿的生活经验与认知，帮助幼儿更好地用动作表达其对音乐的理解，帮助幼儿将动作理顺和再现。

6. 完整随乐

幼儿学会某个律动、舞蹈或创编出自己喜欢的动作后，教师要有意识地采用多种方法带领幼儿复习，使他们在完整的随乐表演中不断提高表演水平。教师可以采用舞蹈彩带、礼帽、仙女棒、绢花、纸花等道具提高幼儿对复习环节的期待；通过变换队形、增加难度等办法提高活动的挑战性；通过动静结合的方式使幼儿更放松；肯定幼儿在活动中的具体表现，帮助幼儿建立自信等。

## 二、指导学前儿童韵律活动常用的方法

### （一）活动导入的方法

1. 从观察开始的活动设计

该方法适用于幼儿能观察到具体事物的外部形象或运动状态，观察后能用自己的动作创造性地表现的活动。小动物的动态如小鸟飞、青蛙跳，生活中的动作如操控方向盘、刷牙和洗脸等的律动练习适合此方法。首先，教师可以向幼儿展示表现对象的图片、视频等资料，有条件的也可带领幼儿观察真实的小鱼、小兔等小动物，或在游览动物园时认真观察并模仿动物的动作；接下来，教师可以播放音乐，鼓励幼儿自由地跟随音乐表现；随后，教师可以邀请幼儿展示自己创编的动作，并为幼儿伴奏；最后，教师可以播放音乐，带领幼儿自由地模仿和表现。

2. 从回忆开始的活动设计

该方法适用于幼儿在回忆具体事物的外部形象或运动状态后，用自己的动作创造性地表现的活动。使用这一方法时，教师可以用启发式问题唤起幼儿的回忆。如在大班韵律活动“堆雪人”中，教师播放音乐并用语言提示：“太阳出来了，晒到了雪人的什么地方？雪人的什么地方开始融化？他的样子发生了什么变化？”幼儿在教师的引导下不断回忆雪人融化的过程，并开始用动作表现很热或用下蹲表现融化。

3. 从基本动作复习或学习开始的活动设计

该方法适用于从复习某个熟悉的动作开始学习的活动，或直接从观察新动作示范开始的活动。教师可以引导幼儿先复习之前学过的舞步，再边听教师范唱新歌，边看教师随歌示范的新动作；或是直接观看教师随歌示范的新动作或视频。一些有情境的韵律活动也可以从动作探索开始进行活动。

4. 从队形练习开始的活动设计

该方法适用于所含基本动作比较单一，以队形变换为主的活动，既可以从复习某个熟悉的队形开始，也可以直接从感知、理解新队形开始。教师可以先完整地带幼儿走一遍队形的变化路线，然后让幼儿边哼唱伴奏边走队形变换路线，再让幼儿加上上肢动作完整地表演；或是按照一定的队形律动进入教室；也可在学习新的队形前，先让幼儿复习之前练习过的队形，加深幼儿的印象。

5. 从游戏开始的活动设计

该方法适用于动作或队形教学，可以用游戏的方法来进行的活动。如由一名幼儿跟随音乐敲鼓，其他幼儿在教师的伴奏下边唱歌边传球，根据音乐节奏的变化和鼓声指令随时停止，让幼儿感受音乐节奏与速度的变化，并对速度变化做出相应的反应，提高幼

儿的手部动作灵活性与控制力。

6. 从舞谱开始的活动设计

该方法适用于帮助幼儿理解舞蹈符号的作用，学习使用舞谱进行舞蹈学习的活动。如在活动“跳呀跳”中，图7-1表示教师让幼儿手拉手站成一个单圈，面向圆心。单数幼儿戴蓝色胸饰，双数幼儿戴红色胸饰。戴蓝色胸饰的幼儿根据舞谱做面向圆心的小跑步或后退步，戴红色胸饰的幼儿原地拍手一拍一下。图7-2表示戴蓝色胸饰的幼儿从当前位置跑至下一个戴蓝色胸饰幼儿的位置，戴红色胸饰的幼儿原地拍手。

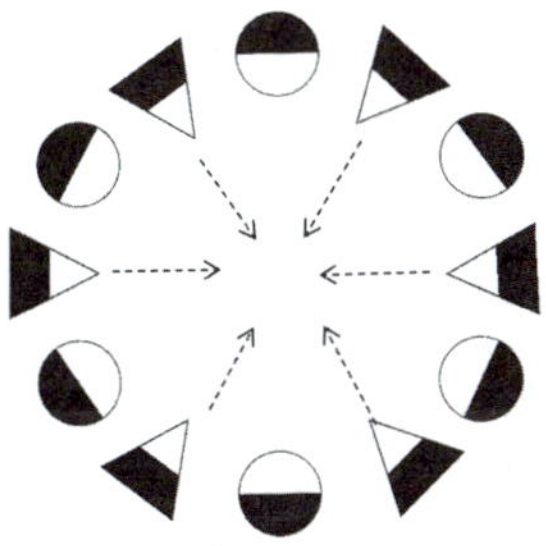

图7-1　“跳呀跳”舞谱1

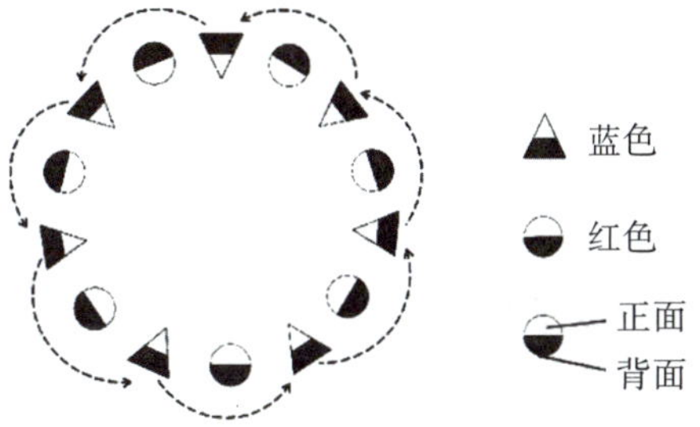


图7-2　“跳呀跳”舞谱2

7. 从音乐欣赏开始的活动设计

该方法适用于音乐结构比较复杂，音乐与动作结合要求比较高的韵律动作组合学习或创编活动。如在大班舞蹈活动“特快列车波尔卡”中，教师首先带领围坐在椅子上的幼儿倾听音乐，并做简单的身体律动来感受音乐的基本结构和节奏，教师会在动作中逐步加入暗示未来运动方向的简单动作，在幼儿初步熟悉音乐结构和节奏的基础上，教师开始教授舞蹈；又如在大班舞蹈活动“孔雀舞”中，教师首先让幼儿欣赏视频，了解傣族舞的风格及特点，以及傣族的泼水节和孔雀的象征意义等，使幼儿在感知、理解音乐的同时了解舞蹈的内涵，在此基础上，教师开始教授舞蹈。

8. 从故事开始的活动设计

该方法适用于情节性比较强的韵律动作组合学习或创编活动。如在小班韵律活动“我是快乐的丑小鸭”中，教师先让幼儿观看挂图，一边向幼儿讲丑小鸭的故事（简单的情节），一边请幼儿用动作进行创造性表现。在熟悉乐曲的基础上，引导幼儿用动作和表情表现丑小鸭子笨拙可爱的样子，然后将新编出来的动作编排到音乐中去，带领幼儿练习。

### （二）引导幼儿学习动作的方法

1. 整体性的动作教学

对于比较简短或简单的舞蹈或律动，教师可整体演示后引导幼儿按照动作的顺序依次模仿练习，并讲解重点动作所表达的意思。如在小班歌表演活动“问好歌”中，简单的歌曲配合生动形象的歌词，让幼儿很容易记住动作的内容，教师可以放慢速度，带领幼儿边唱边模仿。

2. 分解式的动作教学

有些舞蹈动作比较难，需要教师进行启发性分析和讲解。教师应先将动作分解，讲解动作要领，分别练习，再合成表演。如学习由多个动作构成的舞步时，教师可以将动作分解，分步骤教给幼儿，然后再组合到一起。另外，教师的讲解要尽可能从幼儿的生活经验出发，讲得生动形象，使幼儿能理解并提高兴趣。如教“手腕花”的动作，可以告诉幼儿：“左手在胸前，右手高举过头，两手向外翻，花儿开在手。”

3. 分角色进行教学

有些舞蹈和律动有角色的区分，由于不同的角色代表不同的音乐形象，其动作和情感也有所不同，因此，为了帮助幼儿尽快把握各种角色的动作特点，教师要分开教每个角色的动作，再组合起来随音乐完整练习。如中班韵律活动“小白兔和大黑熊”中，教师按角色将音乐分成多段，然后集体进行三次尝试。第一次要求幼儿大致跟上音乐节奏，第二次要求幼儿能及时变换动作，第三次教师做大黑熊的动作，幼儿做小白兔的动作，分角色完成动作的学习。另外，教师还使用了头饰、毛绒手套等教具来帮助幼儿明确表演中的角色分配，提升幼儿的审美体验。

4. 教学过程中的语言指导

教师应注重在音乐伴随下引导幼儿随乐做相应的动作，用动作解释听到的音乐。如教踵趾小跑步时，教师可运用口令或配合曲调唱“脚跟、脚尖、跑、跑、跑”；尽量不靠口令或数拍子脱离音乐进行动作指导，尽快引导幼儿从听口令做动作过渡到跟着音乐节拍做动作。

### （三）韵律活动的队形编排

幼儿基本学会肢体动作以后，教师还要为幼儿排队形，以帮助幼儿了解自己所处的空间位置与别人的关系。幼儿队形（如圆形、半圆形、横排、纵队等）可以根据动作需要而定。动作比较复杂的宜采用横排或纵队形；简单的邀请舞可以横排，然后排圆形。练习之前应让幼儿观看一次完整的示范，可组织一部分幼儿排好队形，另一部分幼儿观看，然后互换，也可以同时组织全体幼儿排队形。练习时须合理分配分组练习时间，使全班幼儿都有机会练习；有时还可以采用图示的方法，边在黑板上画出队形图，边讲解变换队形的路线图；碰到难度较大、队形变换比较复杂的，教师可以在地上做记号，帮助幼儿找到自己的位置，也可以为幼儿准备拉花或彩带，以便更直观地区分左右手的动作。

## 精彩回放

**扫码学习**

1. 中班韵律活动“摘苹果”（律动）
2. 大班韵律活动“友谊地久天长”（舞蹈）
3. 中班韵律活动“小白兔和大黑熊”（音乐游戏）

精彩回放

## 实践演练

**一、活动准备**

韵律活动开展用具、教学课件、剪辑好的音视频材料，按照教学组织需要摆好桌椅、摄像设备，根据实际情况准备相关乐器。

**二、活动组织**

1. 学生6人一组，其中一名学生担任组长，负责组织组员在备课与模拟讲课过程中收集案例、研课、磨课、录像。

2. 每组选出一名代表进行模拟讲课，其余学生配合完成。

3. 每组完成后，组长需组织组员对其进行点评和补充，优化课程设计。

**三、活动实施**

以小组为单位选择以下任一情境设计和实施教学活动。

情境一：中国幅员辽阔，民族众多，有着很多地域特点和民族风格非常鲜明的音乐，如满语歌曲《喜歌》、新疆民歌《阿拉木汗》、流行歌曲《欢乐海南》等。请选择一首民族或地域风格鲜明的歌曲创编一次韵律活动，丰富幼儿的动作语汇和文化知识。

情境二：儿歌中经常出现各种小动物的形象，作者会利用小动物的外形和动作特点，使幼儿自然地懂得道理、习得知识。请任选一首儿歌，尝试将其创编成一个音乐游戏，让幼儿通过活动学习与同伴分享自己的快乐。

情境三：暑假结束后，幼儿回到幼儿园经常哼唱《巡逻兵进行曲》，原来是假期去游乐场时，旋转木马用这首歌作为背景音乐，所以幼儿对这首乐曲的印象非常深刻。请运用这首乐曲创设一次有趣的韵律活动。

**四、活动评价**

请依据表7-2评价活动实施情况。

表7-2　活动评价表

| 评价项目 | 评　价　标　准 | 等　　级 | | | | |
|---|---|---|---|---|---|---|
| | | 优秀 | 良好 | 中等 | 合格 | 不合格 |
| 活动设计 | 能根据幼儿的年龄发展特点设计韵律活动，活动形式新颖，内容有吸引力，活动能锻炼幼儿的动作发展、随乐能力、与集体的协调一致，并能有效促进幼儿的创造性表现 | | | | | |
| 难度界定 | 活动难度符合幼儿年龄发展水平，动作设计符合幼儿生理发育水平 | | | | | |

续 表

| 评价项目 | 评价标准 | 等级 | | | | |
|---|---|---|---|---|---|---|
| | | 优秀 | 良好 | 中等 | 合格 | 不合格 |
| 教学语言 | 教学语言规范，有语言组织能力，能清晰表达自己的想法和对幼儿的要求 | | | | | |
| 教学技术 | 会使用一种或多种教学技术，能够将课件、图片等形式引入教学中，能选择适合的音乐和道具辅助幼儿的创造性表现 | | | | | |
| 教育意义 | 活动主题对幼儿的艺术修养发展具有教育意义，并与其他领域有一定的联系 | | | | | |
| 优化建议 | | | | | | |

## 思考与练习

### 一、简答题

1. 学前儿童韵律活动有哪些内容？
2. 实施学前儿童韵律活动有哪些步骤？
3. 韵律活动的材料选择应从哪些方面进行考虑？

思考与练习

### 二、实践题

以小组为单位，搜集歌词动作性较强的歌曲，建立韵律活动资源库。

# 第八章 学前儿童打击乐活动

## 学习情境描述

小李老师创设了一次打击乐活动，她选择了一首节奏感很强的英文歌曲。实施活动时，小李老师带领幼儿直接听歌曲，然后讲解了歌曲的基本知识和演奏方法，如歌曲是2/4拍，使用铃鼓摇晃和敲击伴奏等。小李老师准备了三种乐器：摇铃、铃鼓、响板。听过两遍歌曲后，小李老师开始组织幼儿演奏，她先示范了一遍，然后让幼儿从椅子背上挂着的口袋里掏出不同的乐器，幼儿马上开始探索手中的乐器，活动室里顿时叮叮当当地响个不停。小李老师费了好大一番工夫才让幼儿静下来，然后开始指挥幼儿演奏。因为幼儿拿到的乐器不同，演奏时非常混乱，且幼儿不理解歌词，因此当她用手指向几个拿铃鼓的幼儿时，拿响板的幼儿也跟着演奏，而且由于用手指捏不动响板，很难跟上音乐的节奏，小李老师只能不断地暂停，解释演奏的方法。这次活动小李老师用了28分钟，活动结束后，幼儿有的将乐器放在椅子上，有的放在了地上，还有的拿着要离开活动室。小李老师忙得满头大汗，而幼儿显得很疲倦。小李老师的这次小班打击乐活动在设计和实施上存在什么问题？你有哪些改进的办法？请在学习本章节后填写表8-1。

表8-1 学习情境分析

| 评价项目 | 存在的问题 | 建议 |
|---|---|---|
| 活动的选取与配器选择 | | |
| 活动设计 | | |
| 活动的实施与指导 | | |

## 核心知识地图

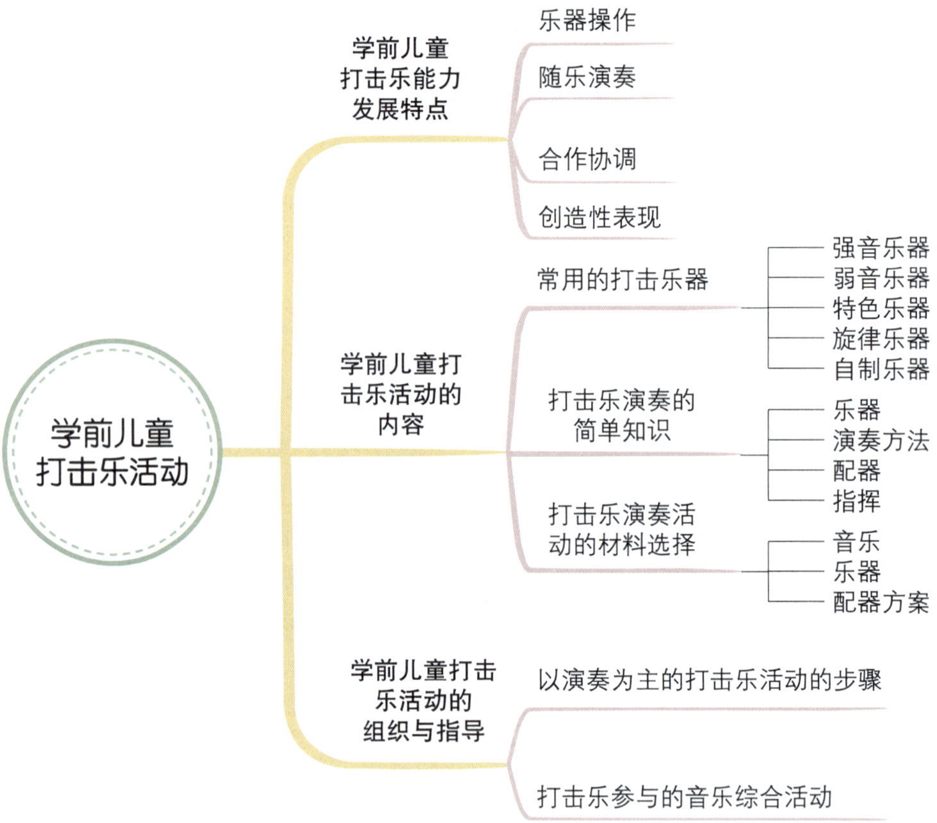


## 学习目标

1. 能够简述学前儿童打击乐活动能力发展的特点；
2. 能够简述学前儿童打击乐活动的主要内容；
3. 能够简述学前儿童打击乐活动的表现形式，能初步为各年龄阶段的幼儿选择适宜的打击乐活动材料；
4. 能够根据学前儿童打击乐活动能力发展的特点设计符合幼儿年龄特点的打击乐活动。

## 基本知识

### 第一节　学前儿童打击乐演奏能力发展特点

打击乐器是幼儿最容易获得并掌握的乐器之一，也是幼儿最易从中获得快乐的乐器种类。打击乐演奏活动是以身体大肌肉动作参与为主，运用一定的节奏和音色，通过操作打击乐器来表现音乐的一种活动。对于精细动作还处在发展中的幼儿来讲，打击乐器是可以发声的音乐玩具，在如玩耍般的演奏过程中，幼儿的节奏感、表现力、观察力和创造力等会得到有效提高。学前儿童打击乐演奏能力既是幼儿节奏能力发展的重要表现，也是幼儿感知、理解音乐和创造能力发展的具体体现。

## 一、乐器操作

3岁开始，大部分幼儿会接触专门的打击乐器，如碰铃、串铃、大鼓等，这些乐器使幼儿对演奏产生了较大的兴趣。3～4岁幼儿能够使用木柄小铃、响板、铃鼓、大鼓等操作简单、易掌握，对手眼协调能力要求不高的打击乐器。由于幼儿的小肌肉发育尚不完全，因此对乐器的操作和探究能力有限，需要在教师的正确引导下，才能逐渐掌握演奏所需的力量和技巧，奏出比较合适的音量和音色。

4～5岁幼儿对乐器的操作有了一定的进步。他们能通过模仿成人、教师的演奏学习基础的演奏技能，开始探索同一种乐器的不同演奏方法。这一时期的幼儿可以演奏一些需要一定演奏技巧的打击乐器，如配合敲击和摇动演奏铃鼓，通过震动和碰撞运用沙球，用一定力度和节奏刮奏蛙鸣筒等。在演奏乐器的过程中，他们对乐器音色、力度、速度的调整和控制能力有所提高，开始选择不同的乐器表现音乐形象。

5～6岁幼儿随着年龄的增长和打击乐器演奏经验不断累积，不但能模仿他人的演奏，还掌握了演奏技巧更高的乐器，开始探索通过音色、力度、速度的变化表现更丰富的音乐形象，演奏获得的愉悦感和成就感更加强烈，能够和同伴配合演奏完整的曲目。同时，还能演奏一些利用身体小肌肉操作的乐器，如三角铁、木鱼等手持敲击的乐器，用手腕带动的双响筒，用手指捏奏的响板等。在演奏过程中，幼儿开始注意调整自己的演奏方式和力度，有意识地控制音量和音色。

## 二、随乐演奏

3～4岁幼儿虽然积累了一定的打击乐器演奏经验，但这些经验是有限的、零碎的，且随乐意识和能力都不强，因此大多数幼儿不能合拍随乐演奏，有的幼儿会专注于摆弄乐器而忽略演奏的基本要求。对于这个年龄段的幼儿来讲，让他们用准确的节奏、完美的音色来表现音乐有一定难度，由于幼儿手指力量不够，在操控响板时还不能用拇指和食指。有的幼儿可能会故意用力敲击乐器，或攀比谁能敲击出更大的声音。

4～5岁幼儿的听觉分辨能力进一步分化和精细，随乐意识和能力有了很大的进步。大多数幼儿能够基本合拍地随乐演奏（2/4、4/4、3/4拍）。

5～6岁幼儿随着生理和心理的不断发展，随乐演奏打击乐器的能力有了明显提高。他们开始更多地关注音乐并与音乐的节奏、节拍保持一致，表现力较4岁时有了显著提高。这一阶段的幼儿不仅能演奏2/4、4/4、3/4拍的音乐，还能够基本准确地演奏有附点节奏和切分节奏的曲子，在教师的引导下也能演奏结构稍复杂的乐曲，且会努力使自己的演奏与音乐的速度、力度等相一致。

## 三、合作协调

3～4岁幼儿在集体奏乐活动中，产生了努力使自己与同伴或集体保持一致的意识，但由于自身动作发展和自控能力差，要想做到各声部间相互协调配合是有困难的。此时的幼儿能看懂简单的指挥，可以通过同一种乐器的演奏，初步体会到与别人同时开始、同时结束的基本合作要求，体验合作协调的快乐。

4～5岁幼儿不仅能够与同伴同时开始或结束演奏，而且能在2～3个不同声部的演奏配合中处理好自己声部与其他声部之间的协调关系。这一年龄段的幼儿看指挥、理解指挥手势含义的能力有所发展。他们不仅懂得在演奏过程中要始终注意指挥的手势，还能根据指挥的手势含义来调整自己的乐器操作和演奏。

5～6岁幼儿能够在较多声部的合奏中主动配合好其他声部。不仅能准确地演奏自己的声部，还能和整个声部在节奏、音色、速度、力度上相协调。这一阶段幼儿对指挥手势的含义也更加明确，甚至能学会根据指挥的即兴变化调整自己的演奏；在担任小指挥时，会用明确的手势、表情和体态提示演奏者或与同伴进行情感交流。

## 四、创造性表现

3～4岁幼儿演奏技能及随乐水平尚不高，但他们初步掌握了运用少数不同的乐器表现自己熟悉的、鲜明的音乐形象，甚至能用不同的力度表现形象的变化，如在活动“小老鼠上灯台”中，幼儿能够通过敲击铃鼓的力度表现小老鼠步伐的轻重，用摇铃鼓发出的“叮铃铃”的声音表现小猫出现，用爪子抓老鼠的轻盈步态。这种联想、想象和创造性表达能让幼儿体会到参与打击乐演奏的极大满足和愉悦。

4～5岁幼儿集体打击乐演奏活动经验不断累积，他们能够在教师的提示引导下用一些基本的节奏型语汇创造性地表达音乐。如教师让幼儿设计一个四拍子的节奏型，中班幼儿就能够用乐器演奏出如下多种节奏型（谱例8-1）：

谱例8-1

$$|\,X\ X\ X\ X\,| \qquad |\,X\ 0\ X\ 0\,| \qquad |\,X\ \underline{XX}\ X\ \underline{XX}\,|$$

$$|\,X\ -\ X\ X\,| \qquad |\,\underline{XX}\ X\ \underline{XX}\ X\,|$$

5～6岁幼儿已经具备了一定的乐器演奏经验，能够积极地参与配器方案的讨论，初步为一些基本的节奏型编配伴奏。这一阶段的幼儿对节奏、音色、力度、速度的认识越来越深刻，并开始有意识地运用这些要素进行创造性表现。幼儿会在各种学习活动中观察能够发出声音的物质并积极探索打击乐器的制作，他们能在教师的指导下用水桶或饼干盒做鼓，用易拉罐做沙锤，用木棒敲击发出声音等，有些幼儿还会探索竹筒长短和音高的关系。此时的幼儿对即兴指挥具有浓厚的兴趣。

综上所述，年龄越小的幼儿越注意物质声音，教师要顺应幼儿音乐发展和学习规律，制定适合幼儿各个发展阶段系统的课程安排，从而使幼儿通过参加集体打击乐活动，掌握打击乐演奏的基本技巧和简单的配器方案，培养幼儿对打击乐演奏活动的积极态度和兴趣，使幼儿乐于用音乐语言创造性地表达自己的情感。

## 第二节　学前儿童打击乐活动的内容

### 一、幼儿园常用打击乐器的种类

幼儿园中的常用打击乐器有很多，相同或相似材料制作的乐器在音响音色特点上具有共性，在使用中有时可以相互补充或替代。适合幼儿学习和操作的常用打击乐器根据乐器的音响特点一般可分为强音乐器、弱音乐器、特色乐器、旋律乐器和自制乐器。

#### （一）强音乐器

1. 大鼓

大鼓是用皮革蒙在筒状的共鸣箱上，通过鼓槌敲击引起振动而发音的一种乐器。其音色低沉，音量较大。击鼓心，音色醇厚且延续音较长；击鼓边，音色清脆单薄且延续音较短。大鼓用在强拍上，可用力击打，造成一种强烈渲染的气氛；用在弱拍上，可轻轻击打，会产生柔和而绵长的音响。幼儿小肌肉发育不完全，手腕灵活性和力量弱，一般会用手臂的力量击鼓，4岁以后逐渐能够比较合拍地随乐演奏；5岁左右开始尝试控制手腕力量击鼓，能够掌握更多演奏技巧。在一般的集体打击乐活动中，幼儿可以使用8～12寸的大鼓；在集体演出中，若舞台较大且人数较少，则可以使用14～16寸的大鼓，鼓架高度在60～65 cm为宜。

2. 腰鼓

腰鼓形似圆筒，两端略细，中间稍粗，鼓长约34 cm，两面蒙皮，演奏时用绸带悬挂在腰间或斜挎在身上。腰鼓的演奏一般与舞蹈动作紧密结合，演奏时双手各执系有红绸的鼓槌击奏，动作狠而不蛮，猛劲而不失细腻。腰鼓演奏通常是集体活动，对队形、技巧等要求较高，通过教师正确的引导，幼儿能在腰鼓演奏中感受到拼搏向上的精神，养成乐于团结协作、不怕困难的优秀品质。

3. 非洲鼓（金贝鼓）

非洲鼓通常是指来自西非的Djembe（金贝鼓，坚贝鼓）。由于演奏方法较简单，音色动听，深受大众喜爱。非洲鼓徒手演奏，主要有低、中、高三个音，演奏时敲击鼓面中央会发出“咚”的声音，敲击鼓面边缘处会发出“嘟”的声音，敲击鼓框会发出“哒”的声音。幼儿可以选择8寸左右的非洲鼓，鼓身高度40 cm左右，适合幼儿坐姿演奏。非洲鼓的音色特点鲜明，会使幼儿联想到非洲草原上的动物，是近年来园所广泛使用且深受幼儿喜爱的打击乐器。

4. 钹

钹是一对铜制圆盘，中间有碗状凸起，靠敲击、摩擦而发音。其音色响亮，延续音较长，用力敲击能产生强烈、刺耳的音响效果。钹的演奏方法有两种：一种是左右各持一片，相互撞击、蹭击而发音；另一种是手持单片或将单片悬挂在支架上，用鼓槌击边缘。需要止音时用手捏住钹的边缘或将钹面捂在怀中即可。幼儿适宜使用直径在13 cm

左右的小钹。一些地方称小一点的钹为镲，镲的碗状凸起比钹小，演奏方式相同。

5. 锣

锣是一个由铜合金制成的圆盘，锣身呈一个圆形的弧面，四周围起，锣边系有挂绳，大锣会悬挂在专门的木架上，小锣手持演奏。大锣音色低沉，共鸣强烈，延续音较长，一般用软槌敲击，敲击锣的中心时声音较柔和，敲击锣的边缘时声音较毛糙；小锣音色较明亮，也有一定的延续音，一般用硬槌敲击，敲得重声音尖锐刺耳，敲得轻声音清脆明亮。要停止延续音，可以用手按住锣面。锣一般用在强拍的伴奏上，以突出节奏、渲染气氛。直径在5～20 cm的锣适合幼儿手持演奏，20 cm以上的锣较重，最好悬挂起来使用。

### （二）弱音乐器

1. 碰铃

碰铃也称小铃，是一对用金属制成的小铃，一般用系绳连接在一起或用木柄把手相对固定，通过相互撞击发音。碰铃的音色明亮、清脆、柔和，高而轻，有延续音，在打击乐器中属高音乐器。它既可以表现音乐的强拍，又可以表现弱拍，是幼儿园里最常用的一种乐器。

2. 串铃

串铃有很多款式，有的是在握柄上固定若干个小铃，如马蹄形、棒状、圆环状的握柄，通过敲击、抖动或摇晃发音，也可以一手持串铃，另一手拍击手背使其发声；还有的是固定在带子上，可以戴在腰部或手腕、脚腕等部位，随身体动作发出响声。串铃的音色较碎，音量较小，可以在音乐的强拍或弱拍上使用。

3. 三角铁

三角铁是一根弯成一角开口的等边三角形的圆柱形钢条，演奏时用绳子悬挂一端，开口处向左，用钢制的打棍敲击发声。其音色接近碰铃，但音量比碰铃大，延续音比碰铃长。它的演奏方法有三种：第一种是左手提挂绳，右手持金属棒敲打三角铁的边；第二种是在三角铁内，用金属棒快速地敲击左右两边或转圈敲击各边，会产生激烈而急促的滚奏效果；第三种是将三角铁开口朝下固定在专用的架子上，双手持金属棒敲击，这样可以表现更多样的节奏型。

4. 木鱼

木鱼是用木头刻制的，形似鱼状，中间空而头部开口的一种乐器。木鱼有两种形状：一种长而形似鱼，幼儿园经常使用；另一种是圆状鱼形，在寺庙中经常见到。木鱼可单独使用，也可将大小不同的木鱼成排固定在一起，被称为“五音木鱼”或“八音木鱼”等。演奏时，通过另一根木制的敲棒击开口端发音，音色接近于响板。演奏方法为左手持“鱼的尾部”，右手持棒按节奏敲打“鱼头”的顶部。尾部声音沉闷，头部声音清脆。

5. 沙槌

沙槌也称沙球，是在椰壳、葫芦或塑料制成的空心球体中装入细小的沙粒状物体，下端装有握柄，依靠臂的抖动、摇晃而振动发音，其音色轻柔而干脆。演奏时双手各持一槌，用手臂带动手腕上下振动，可以两手同时进行，也可交替、轮换进行。

6. 响板

响板也称圆弧板、圆舞板，由两片贝壳状木块构成，中间用松紧带相连，形似贝壳，通过两片木块撞击引起的振动而发音，音色清脆而圆润。演奏方法有两种：一种是中指套上松紧带，靠拇指与中指的捏合使两板相击而发声；另一种是将响板置于手心，用另一手掌拍打发声。后一种方法适合低年龄幼儿演奏。

**（三）特色乐器**

1. 铃鼓

铃鼓是用皮革（或塑料）蒙在带有可活动的金属小钹的木制围框上，通过手指（或手腕肘）的敲击或手腕的抖动、摇晃引起振动而发音的乐器，兼有鼓和铃两种音色特点。铃鼓有多种演奏方法：用手掌击鼓心，音色柔和；用手掌击鼓边，音色明朗干脆；突显铃音时，可用鼓面击身体部位（如肩、肘、膝等）；想表现颤音效果时，可连续地抖动手腕。

2. 长柄响板

长柄响板由三块贝壳状的硬木板组成，中间的木板连接着手柄，三块木板由松紧带连接，通过木板的撞击引起振动而发声。演奏方法有两种：一是手握手柄将响板平放，上下摇动，可单击也可连击；二是一手握响板向另一手掌震击，此法只可单击。

3. 双响筒

双响筒是两端开口、中间有节的木筒，下端装有握柄，通过另一木制敲击棒敲击而发音的乐器，其音色与木鱼相似，干脆而清亮，没有延续音，敲击双响筒的两端会发出不同高低的音响，一般两个音之间相差约五度。演奏时左手持柄，右手持棒敲击，可以敲击筒的一端，也可同时交替敲击筒的两端，发出类似“的笃”“的笃”的马蹄声。

4. 蛙鸣筒

蛙鸣筒是由一节毛竹或木头制成，刻有一道道楞子的筒状乐器，演奏时使用小木棒刮、擦筒身而发音，其音色类似青蛙的鸣叫声。使用木棒刮奏蛙鸣筒时能发出蛙鸣，敲击蛙鸣筒会发出近似木鱼类乐器的声音。

5. 震动器

震动器是由一个实木圆球、一段R形钢条和一个木质共振盒组成的乐器。演奏时可以一手握住平行的两根钢条，用木棍敲击圆球端的钢条，会发出如蝉鸣般的颤音；也可以握住外侧的短钢条处，敲击圆球，会发出近似“咚”的声音。

**（四）旋律乐器**

1. 木琴

木琴是有固定音高的打击乐器，由若干长短不一的硬木音条按音的高低顺序排列组成，演奏时使用木槌敲击音条发音。木琴有单槌单击、双槌单击或轮击、刮奏等多种奏法。木琴音色清脆嘹亮，声音近似“咚”，弱奏时柔和、甜蜜、玲珑可爱，是演奏儿童乐曲的特色乐器。幼儿使用的木琴音条表面一般会按音高涂上颜色，便于幼儿更直观地识记音名。

2. 铝板琴

铝板琴是有固定音高的打击乐器，由长短不一的铝板条或钢片组成，每根音条上刻有音名（或固定调的唱名），按基本音级顺序排列，固定在一个梯形木制共鸣箱上。配有一副橡皮头音槌，直接敲击音条发音，可单槌击打或双槌轮击、滚奏、刮奏。铝板琴音色近似“叮”，清澈如银铃，属色彩性乐器，多用于描绘空灵或梦幻的情景。

3. 按钟

按钟也称八音按钟或旋律钟，顾名思义，其外形如钟，有8个音。按钟表面颜色各不相同，从低音到高音按红、橙、黄、绿、蓝、靛、紫、白的顺序排列，按钟上部有一个按钮，标注了音名（或固定调的唱名）。演奏时，幼儿根据按钟的色彩和标注按动顶部的按钮即可发声。按钟的音色清脆，和铝板琴近似但更加甜美。

#### （五）自制乐器

近年来，随着自然教育理念的深入，很多幼儿园开始注重对幼儿的创造思维、动手能力和环保意识的培养，并追求将更天然的声音引入幼儿的美感培养中。幼儿园会充分利用废旧材料自制打击乐器，如用易拉罐、葫芦、椰子壳等材料装入颗粒大小不同的沙石制成沙球；用瓶盖、竹签、树枝等材料制作串铃；用玻璃瓶装入不同体积的水制成旋律乐器；用矿泉水桶、饼干盒等材料做成鼓；用纸筒制作雨声筒；用不同长度的PVC管组成音调丰富的乐器等。教师应引导幼儿观察生活中有哪些优美动听的声音，可以用小玻璃药瓶和废旧的金属勺子，用贝壳、竹筒等天然材料制作风铃，增强园所环境中对幼儿听觉感知培养的氛围，丰富打击乐活动的教材，培养幼儿的创造能力和动手能力。

幼儿的好奇心很强，他们探索周围环境的脚步从未停止，幼儿常常不自觉地敲打碗筷、桌面或是用小手刮动木梳，看似在制造噪音，其实这是幼儿在探索身边的世界，教师应给予幼儿正确的引导，帮助幼儿形成正确的演奏习惯。上述乐器只是在幼儿园教育实践中比较常用的乐器，还有很多幼儿可以使用的乐器，需要教师在教学过程中不断发现并带领幼儿尝试，如牛铃、板镲、拨浪鼓、海浪鼓等。尽管打击乐器操作简单，但在集体打击乐活动中，教师仍需要根据幼儿的年龄特点和大部分幼儿的生理、心理发展水平选择乐器，如小班幼儿适合演奏碰铃、串铃、响板、铃鼓（敲击）、沙槌（摇晃）等乐器，中班幼儿适合学习木鱼、铃鼓（抖动、摇晃）、蛙鸣筒、锣和钹等乐器，大班幼儿适合学习三角铁和双响筒等需要手腕灵活、有弹性，能控制手部动作的乐器。同时，教师也可根据幼儿的演奏能力选择适合幼儿的演奏技巧，让他们接触种类丰富的打击乐器，培养幼儿对音乐的兴趣。

## 二、打击乐演奏的简单知识技能

幼儿园的打击乐演奏活动一般是集体配合、由多个声部组成的乐器演奏活动。幼儿需要了解和掌握的知识和技能包括以下四个方面。

#### （一）乐器

幼儿应对各种打击乐器有初步的认识，识记打击乐器的名称，能根据乐器的音色将打击乐器分类。如音色明亮、柔和的碰铃和三角铁可以归为一类；音色清脆、圆润的响板、木鱼、双响筒等可以归为一类；摇动时能产生颤音效果的铃鼓、串铃等可以归为一类；音色各具特点、音量很大的大鼓、钹、锣可以归为一类。

### （二）演奏方法

在集体参与的多声部乐器合奏活动中，正确的演奏方法包括：用自然、协调的动作演奏；用适中的音量和好听的音色表现；演奏过程中随时注意倾听音乐和其他声部的演奏，使自己的演奏与集体的整体音响相协调等。

### （三）配器

配器是指在打击乐演奏活动中，根据音乐的性质、情绪和风格，选配音响特点与之相适应的打击乐器和适当的节奏型，以追求整体音响的协调和悦耳。在打击乐演奏活动中，要让幼儿学习一些有关配器的简单知识和技能。

第一，让幼儿充分了解和掌握各种打击乐器的音响功能及各类打击乐器的音色对比和配合效果，只有在了解乐器音色基本分类的基础上，才能运用它们来增强音乐作品的表现力。如了解高音乐器一般有三角铁、碰铃；中音乐器一般有响板、木鱼、沙球、铃鼓等；低音乐器一般有大鼓、钹等。在音色配合效果上，串铃和双响筒两种乐器配合使用能产生骑马奔驰的音响效果；铃鼓、碰铃和三角铁等有延续音的乐器，在音符时值较长时可用柔和的弱奏表现颤音的效果；铃鼓用在少数民族舞曲中可起到加强特色、烘托气氛的作用等。

第二，帮助幼儿分析音乐作品的内容、形式、节奏、节拍和旋律的特点，找出有呼应、对比或变化的地方，选用适当的乐器。如找出乐曲中的强、弱拍，用不同音色的乐器演奏，体现乐曲的强弱对比；根据乐句、乐段的结构，在呼应和重复的乐句及不同的乐段中更换不同的乐器音色，丰富和加强音乐的新鲜感和表现力；节奏型的选配可以采用某种固定的节奏型，也可以根据乐曲中的节奏变化来变换节奏型或突出某个节奏型。

总之，配器要视乐曲的具体情况而定，既要丰富多样，又要贯彻对比统一的原则。

### （四）指挥

幼儿在打击乐演奏活动中，不仅要学会看指挥，还应该初步具备指挥他人演奏的能力。幼儿学会看指挥，能够奏出和谐、美好的整体音响效果；指挥他人时，幼儿能够学会如何与人沟通合作和相互协调。

一方面，幼儿应具备根据指挥要求进行协作演奏的基本技能，包括：

① 了解“准备”“开始”“结束”的手势动作，使自己的演奏符合指挥的手势含义；

② 知道用眼睛注视指挥者，在演奏过程中学习以恰当的身体姿势（微微前倾）与指挥者沟通、合作和交流；

③ 能够看懂指挥者表示节奏和音色变化的动作，使自己的演奏与集体的音响协调一致。

另一方面，幼儿应掌握作为指挥者指挥其他人演奏的基本技能，包括：

① 能够用清楚明确的动作表示“准备”“开始”“结束”，以便被指挥者做出反应。

② 能够自然地用指挥动作指挥他人开始、结束、轮流交替、变换音色和击打出所要求的节奏型，也可模仿相应乐器演奏动作进行指挥，使自己的动作与音乐协调一致。

③ 指挥时将身体倾向被指挥者，用眼睛注视被指挥者，能用体态和表情激起被指挥者的合作热情。

此外，由于乐器本身的新奇性以及可以发出响声的特性，幼儿在活动中会显得非常兴奋，难以保持良好的秩序，因此教师更应重视为幼儿建立常规。如能够根据音乐信号比较整齐地将乐器从座椅下取出或放回；不需要演奏时，将乐器放在腿上，不发出声音；演奏时能集中注意力，认真倾听音乐和他人的演奏；交换乐器时，能够将原来的乐器放在指定地点，并安静地取回即将使用的乐器，交换过程中保持安静，不碰撞桌椅，不推搡他人；活动结束后，能够主动将乐器放回指定地点并整理场地，或能及时放好乐器，跟随教师的指令结束活动。良好的演奏活动常规建立能够帮助幼儿养成遵守秩序和规则的好习惯，更快地学会和集体保持协调一致。

## 三、打击乐演奏活动的材料选择

### （一）音乐

为幼儿选择打击乐演奏的音乐，要节奏鲜明，旋律优美，结构工整。打击乐作品无论是歌曲或乐曲，都必须有鲜明而清晰的节奏和优美的旋律，并且为幼儿所喜爱。一般可以选择进行曲、舞曲或其他富有情趣和艺术性的儿童乐曲等。对于小班幼儿，可以选择其熟悉的歌曲或结构短小、节奏简单的乐曲；为中大班幼儿选择的音乐可以适当复杂一些，结构是二段体或三段体，且段落的旋律对比鲜明，能够启发幼儿用不同音色、音量的乐器和节奏型变化加以表现。

### （二）乐器

为幼儿选择打击乐演奏的乐器时，应注意以下三点：第一，乐器的音色要好。如铃鼓的选择，鼓面是皮制的比塑料或铁制的音色好，青铜的锣音色更纯净等。第二，乐器的大小要适中，便于幼儿演奏。考虑到幼儿的年龄，还应注意乐器的大小和重量，如铃鼓以直径12 ～ 15 cm为宜，沙槌不宜选用大号的，三角铁钢条的直径最好在0.5 cm左右等。第三，乐器的演奏方法要适合幼儿的不同发展水平。不同年龄阶段的幼儿动作发展水平存在一定的差异，因而在乐器的选择和演奏方法上应有所区别：如铃鼓，小班幼儿可用手掌敲击鼓面的方法演奏，中大班幼儿则可以用敲奏、摇奏等方法；如响板，小中班幼儿宜用右手掌击左手心的敲击方法，大班幼儿则可以学习捏奏的方法；再如双响筒和三角铁的演奏需要手腕灵活、均匀用力并做到手眼协调，对于运用能力和小肌肉发育尚不完全的小中班幼儿来说存在一定的困难，而大班幼儿则相对可以胜任。

### （三）配器方案的选择

选择打击乐演奏的配器方案时，需要考虑以下两点：第一，适合幼儿的能力，即适合幼儿使用乐器的能力和适应变化的能力。在配器方案的选择中，乐器及演奏方法必须为该年龄阶段幼儿所胜任；同时，其节奏、音色变化以及变化的频率、复杂程度也必须为该年龄的幼儿所能接受。如为小班幼儿选择的乐曲配器方案，其节奏型和音色的变化不宜频繁，一般以一个段落换一种节奏型、一个乐曲安排2 ～ 3种乐器音色为宜，中大班幼儿在此基础上可以适当递增。第二，具有艺术表现力，即所选择的配器方案既能够符合乐曲、旋律本身的性质、风格和结构，也能够体现对比统一性和丰富完整性，从而产生良好的整体音响效果。教师应对打击乐配器的原则及谱法有所了解，从而更合理地为音乐作品选配乐器，并通过多种记谱法为幼儿创设充满艺术趣味的打击乐活动，使幼儿更好地理解和掌握节奏的变化规律和表现方法，提升幼儿创造性演奏的乐趣。

1. 打击乐的配器原则

（1）为音乐作品选配乐器

为乐曲（歌曲）所选配乐器的音响特点要与音乐的性质、情绪、风格相适应、相协调。另外，还要分析乐曲的形式、节拍、节奏和旋律的特点，找出有呼应、有对比、有变化的地方，选用适合的乐器。

① 根据强弱选择：强音乐器往往用在强拍、乐曲的高潮或结尾处；弱音乐器一般用在弱拍，有时也可用于强拍；铃鼓、碰铃和三角铁等有延续音的乐器，在音符时值较长时，可以用柔和的弱奏表现颤音效果。

② 根据音乐形象选择：优美、抒情的音乐形象，如小鹿、鸟儿、春风、细雨等，宜配音色清澈、嘹亮、有延音的三角铁、碰铃等；轻盈、跳跃的音乐形象，如小兔、青蛙等，宜配音色清脆响亮的木鱼、响板、双响筒、串铃等；热烈、欢快的音乐形象，如民歌、节日的喜庆气氛等，宜配镲、锣、鼓、铃鼓等。

③ 根据乐句、乐段结构选择：在呼应和重复的乐句及不同的乐段中，更换不同的乐器以丰富和加强音乐的新鲜感和表现力。如为3～4岁幼儿选择配器方案，一般可以在乐段之间变化音色；为4～6岁幼儿选择配器方案，可以考虑在乐句之间变化音色。

④ 根据力度选择：整个演奏过程中应有力度的变化。可用强奏、弱奏或增减乐器数量产生不同力度的对比效果，也可用齐奏与某种乐器独奏或领奏来表现。

（2）为音乐作品选配节奏型及演奏形式

第一，幼儿可以掌握的节奏包括四分音符、八分音符、二分音符节奏，以及附点音符节奏、切分节奏等。节奏型的选配，可以采用某种固定的节奏型，可以是歌曲或乐曲本身的节奏（谱例8-2），也可以是自配的均匀的节奏（谱例8-3），还可以根据乐曲中的节奏变化来变换节奏型或突出强调某个节奏型（谱例8-4）。

谱例8-2

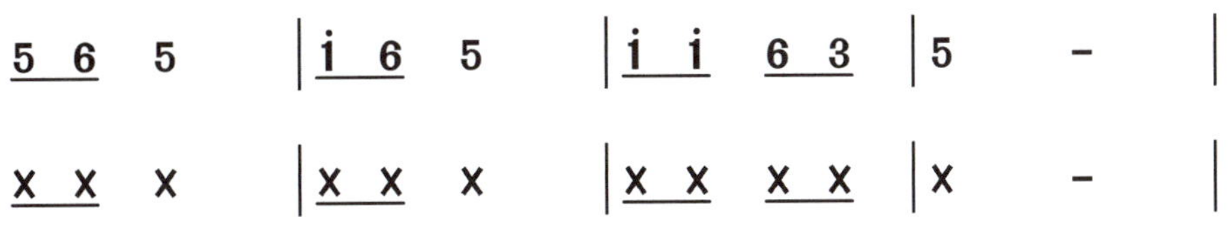

谱例8-3

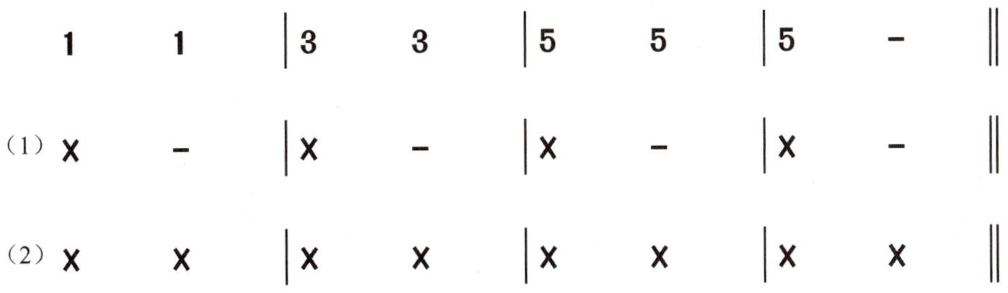

谱例8-4

我爱我的小动物

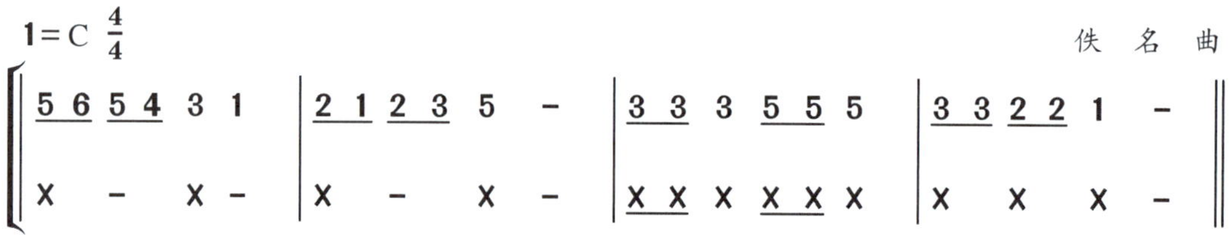


第二，教师必须根据幼儿的实际能力选配打击乐。为小班幼儿编的打击乐应简单，以齐奏为主，节奏变化不大。中大班幼儿则可稍复杂一些，可用不同乐器轮流演奏或合奏，不同乐器的节奏型也可不同。有时同一乐曲可编配不同难易程度的打击乐给不同班级使用。

2. 打击乐器的记谱法

（1）通用简谱总谱

通用简谱总谱是一种常用的记谱法，音符均用“X”标记，一般写在旋律的下面，只记节奏。一些乐曲（歌曲）中，个别乐器由于有不同的演奏方法，故记谱方法也有所不同。如铃鼓、串铃、棒镲需要摇动或连续摇动时，可以用“X…”（摇动）或“X/”（连续摇动）符号标记；双响筒高低不同的两个音，可用“$\dot{X}$”与“$\underset{\cdot}{X}$”符号分别表示。

（2）变通总谱

变通总谱目前在幼儿园已经普遍使用，它与简谱总谱相比要容易掌握得多。变通总谱主要有动作总谱、图形总谱和语音总谱三类。

① 动作总谱：主要使用不同的动作表现配器的记谱法。设计时可使用身体动作、模仿动作、舞蹈动作等，并应注意在表现较密集的节奏型上尽量安排简单的动作，避免因动作内容太复杂而影响幼儿对总谱内容的掌握。如《值日生》的第一句旋律（谱例8-5）。

谱例8-5

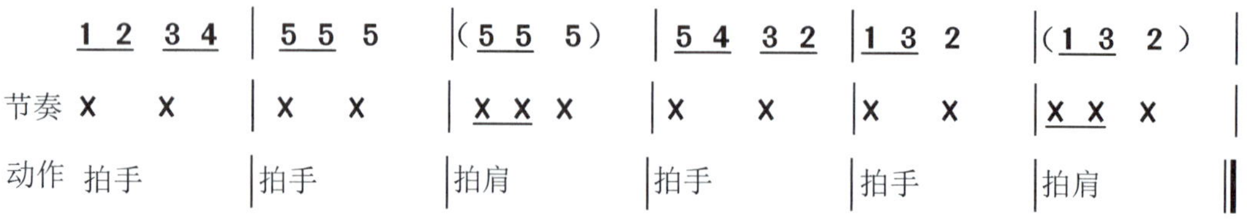


拍手 —— 碰铃　　拍肩 —— 铃鼓、沙球、响板

② 图形总谱：主要使用不同形状和色彩表现配器的记谱法。设计时可使用几何图形、乐器音色象征图、乐器形象简图或其他图形等，应注意图形的形状、色彩的区别，避免复杂化（谱例8-6）。

谱例 8-6

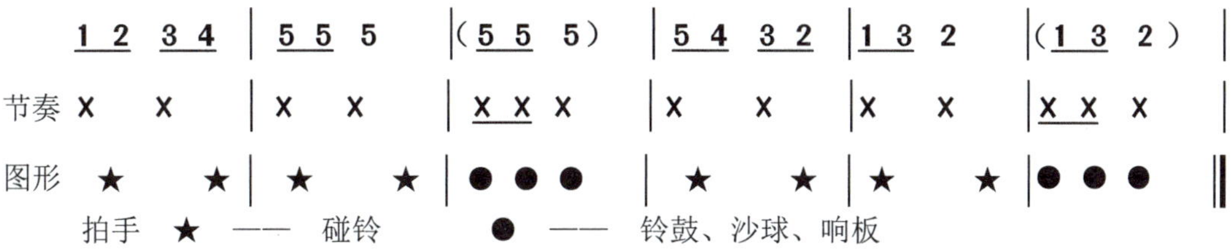


③ 语音总谱：主要使用语音表现配器的记谱法。所用语音可以是有意义的字词或句子，也可以是象声词或无意义的音节，要求是有趣且容易上口和记忆（谱例 8-7）。

谱例 8-7

值得注意的是，在以上变通总谱中，幼儿要做的仅是跟着旋律做动作，看图和朗诵，并不要看旋律和节奏谱。三种变通总谱都没有固定的模式，实际使用时，这些总谱往往被混合运用。艺术是一种创造性活动，教师在设计活动时要敢于冲破固定模式，充分激发幼儿的创造意识，丰富他们的美感体验。

**拓展阅读**

**扫码学习**

奥尔夫音乐教育思想与实践

拓展阅读

## 第三节　学前儿童打击乐活动的组织与指导

打击乐演奏教学应该循序渐进。教师应提供数量充足的乐器，鼓励幼儿自由选择、主动探索。在这一过程中，幼儿会无意识地探索声音的各种"表情"：强弱、快慢。教师应当充分鼓励幼儿富有探索意义的敲敲打打，同时注意及时纠正幼儿在姿势和方法上的问题。学前儿童打击乐活动的教学步骤与方法要视教材的具体情况而定。教师可以运用便于幼儿感知记忆的变通乐谱作为辅助工具，增强学习过程的趣味性，提高幼儿对新作品的学习效率，使用与幼儿的演奏方式相同的动作指挥幼儿，为幼儿提供自由探索和创造性表达的机会，拓展幼儿的见识，提高幼儿的自信。指导幼儿学习打击乐演奏最基本的方法是练习法，还有传统教学常用的示范法、模仿法和语言提示法等。下面针对两种不同类别的教学活动来分析其教学的一般步骤与方法。

## 一、以演奏为主的打击乐活动的步骤

### （一）导入与激发兴趣

活动的开始，教师需要采取一定的手段自然地引入活动主题，激发幼儿的兴趣。对于原设计比较单纯，或幼儿以前接触过的音乐作品，可以从总谱的创编开始设计；对于具有更多形象或情节描写性的音乐作品，可以从故事讲述开始设计；对于原创作比较复杂、精美、完善，值得幼儿欣赏的音乐作品，可以从欣赏开始设计；对于适合改编成打击乐作品的韵律活动曲，可以从幼儿参与创编律韵律活动开始设计；对于适合改编成打击乐作品的歌曲，可以从歌唱学习开始，让幼儿先熟悉音乐再进行演奏。

### （二）感受与欣赏

教师在正式介绍活动的主要内容前，可先引导幼儿欣赏或进行简单的身体节奏活动，初步感知主旋律的情绪、风格和基本拍子。教师可以简单且自然地向幼儿介绍打击乐曲的名称、内容、性质，然后弹奏乐曲或播放音乐，使幼儿初步感受乐曲的基本风格、曲式结构、速度、力度和节奏特点等。同时，教师可以引导幼儿随乐创编简单的韵律动作，表达自己对音乐的感受。

### （三）探索与练习

1. 认识打击乐器，探索演奏方法

教师可为幼儿提供一定的观察、玩耍时间，鼓励幼儿探索打击乐器的发声方法和音色特点，尝试找出每种乐器发出最佳音色的演奏方法。然后，通过生动、形象的语言或示范演奏向幼儿介绍各种不同的乐器，了解乐器的名称、外形、构造、音色特点等。在此基础上，通过示范、模仿练习等方法指导幼儿正确使用打击乐器，逐一尝试各种乐器的演奏方法。对于幼儿已经学习过的乐器，教师可以重点进行复习与巩固，或省去这一过程。

2. 感知打击乐曲的配器，练习基本节奏型

初步熟悉打击乐曲后，教师应引导幼儿了解打击乐曲的配器情况，如配置了哪些乐器，哪些乐器及哪些声部在演奏中起主要作用，主要的节奏型是什么，在乐曲中的表情作用等，帮助幼儿对打击乐曲有一个整体的认识。同时，教师可通过示范、讲解、节奏练习等方法，带领幼儿进行基本节奏型的学习，为顺利地演奏乐曲做好准备。教师还可以指导幼儿创作变通总谱的具体内容，进一步把握作品整体音响的结构。

3. 分声部徒手练习演奏

在幼儿熟练掌握总谱和了解配器的基础上，教师可指导幼儿先不拿乐器，分声部进行练习。幼儿可以徒手拍击节奏练习，也可模仿某一乐器的演奏动作，或发出相应的响声进行练习。徒手练习的时间不宜过长，不用等到幼儿完全掌握再拿乐器练习。因为长时间的徒手练习会降低幼儿学习的积极性，且在使用乐器的过程中，幼儿可以继续学习相关的节奏型和演奏法。练习时，幼儿应学习看教师如何指挥，教师可采用击节奏型指

挥法。对于有足够打击乐演奏经验的中大班幼儿，也可省略这一过程。

4. 分段练习演奏

有的打击乐曲具有不同的对比乐段，可以让幼儿分段练习，分段掌握。例如，中班打击乐《郊游》是一首中速、欢快、热情的ABA曲式结构的乐曲，其中A段如小朋友蹦蹦跳跳般欢快；B段抒情地表现了美丽的风光，不同曲式配置的节奏型和打击乐器的演奏方法不同。所以，练习时可让幼儿分段掌握。

### （四）创造与表现

1. 持乐器合奏练习

在教师的指挥下，幼儿持乐器随音乐进行多声部合奏。为了方便幼儿学习，可以一次递增一个声部进行，直至达到完整的合奏。合奏时，教师的指挥起着重要作用，教师需及时提醒该演奏和该休止的乐器，以及演奏中节奏型的改变等，因此教师要注意指导幼儿学会看指挥手势。在合作过程中，教师要引导幼儿学会互相倾听，与整体协调配合，养成良好的倾听习惯和合作意识。

2. 自主探究与创编

教师可以适当尝试带领幼儿自编自演节奏。首先，教师可以选择幼儿熟悉和喜爱的、带有明显特点的，易于用节奏表现的音乐作品让幼儿编演。其次，作品选定后，教师要带领幼儿分析音乐的情绪和内容，在教师有意识的引导下，师生再进行充分讨论。最后，由教师把幼儿讨论研究的决定加以总结整理，并组织幼儿演奏，充分发挥幼儿的主动性和创造性，让幼儿乐于主动利用节奏乐器表达情绪。

### （五）巩固与提高

1. 个别幼儿指挥，集体练习合奏

教师可以引导个别幼儿尝试指挥。刚开始尝试指挥时，教师可在白板上画出变通总谱，让幼儿看着图，跟着教师的动作按固定的指挥方案进行集体练习。幼儿要求按照自己的想法部分改变原定的配置方案指挥演奏时，教师应给予支持，并让幼儿把想好的指挥方案和准备使用的动作向大家边讲解边做出来，使指挥者和演奏者都能明确下面将做的方案，保证尝试的成功率和愉快的享受。由于已经进入多声部的合作练习，为了减轻大部分幼儿的注意、记忆负担，保持甚至增强演奏的热情，教师要在开始演奏前让全体幼儿对将要发生的改变做好思想准备，并注意引导幼儿认真倾听，比较整体音响发生的变化。

2. 改进与提高，完成合奏表演

幼儿基本掌握了合奏方法后，教师可以根据需要将特色乐器逐步添加到乐队中，对之前的表演进行巩固与提高。每次发生变化后，教师可以引导幼儿倾听、比较，对于年龄较大的幼儿，可以鼓励他们对变化加以描述，加深他们对改进后的演奏效果的理解。

在具体的打击乐演奏教育活动中，要实现教育目标，需要教师不断深化对教育理念的认识，强化目标意识并转化为教育行为。对于3～6岁幼儿，模仿学习仍然是比较常用的学习方法，但教师应一开始就引入创造性学习，这需要教师在目标的制定、方法的设计、程序的安排等方面必须特别谨慎，要以大多数幼儿胜任，愉快、积极参与为难度设定的标准。教师应为幼儿创造动手操作、直接观察和亲身体验的学习机会，使幼儿获得丰富的学习经验，为后续学习奠定基础，真正发挥打击乐活动的教育意义。

## 二、打击乐参与的音乐综合活动

音乐综合活动是目前常见的音乐活动类型，打击乐作为音乐综合活动的一部分或一个环节，能够有效提升幼儿对活动的兴趣和乐感。运用打击乐的目的是以多种形式玩音乐、以多重感官感受音乐，从而使幼儿更深入细致地感知音乐作品，如为乐曲或歌曲选择合适的乐器、编配合适的节奏型等。同时，打击乐器的加入能够保持和提高幼儿对音乐作品的兴趣，使综合音乐活动更加丰富多彩。

加入打击乐时，幼儿对音乐作品应该已经比较熟悉，对乐曲或歌曲的情绪性质、风格、内容、节奏、乐句、乐段等特点也有一定印象。具体步骤如下。

1. 用有趣的方法引入打击乐

教师根据打击乐作品的特点，灵活选择语言（如讲故事、回忆性谈话、朗诵儿歌等）、教具（如图片、玩具、实物、多媒体课件等）等导入主题，引起幼儿学习的兴趣。如组织打击乐演奏活动“吴刚伐木”时，教师出示课件图片，同时播放音乐《吴刚伐木》，随后讲述歌曲中的故事，教师准备了一封信，用实物给幼儿带来更真实的体验，并自然地引出活动内容。

2. 为音乐作品创编节奏型

在熟悉打击乐曲的基础上，教师引导幼儿编排多种节奏型进行练习，可以让幼儿分组讨论与设计、展示与交流。然后，教师总结整理每组幼儿的设计，初步确定演奏所用的节奏型。

3. 徒手随乐练习新的节奏型

首先，组织幼儿逐一练习选定的节奏型。然后，按各自不同的演奏谱进行分声部分组徒手随乐拍击节奏练习。最后，指导幼儿以不同的节奏动作表示不同的节奏型，分组进行多声部练习。

4. 选择打击乐器，配乐演奏

教师引导幼儿根据打击乐曲的情绪、性质、风格、节奏特点等选择恰当的打击乐器，并与节奏动作相匹配进行配乐演奏。练习时可一次递增一个声部进行，逐渐达到完整的合奏。

5. 探索不同的配器，随乐演奏

教师应启发、引导幼儿运用增/减量法、替换法、润色、填空等变异、探索的方法改变节奏与乐器音色，使之形成对比与变化，产生新的配器方案，取得和谐、生动的音响效果。如在中班音乐游戏活动“快乐的小青蛙”中，教师先启发幼儿跟随音乐的节奏自然律动，然后创编动作随音乐继续熟悉节奏，再使用铃鼓结合手部动作为歌曲伴奏，主歌部分按照音乐的节奏敲击铃鼓，副歌部分按节奏举起铃鼓摇动并挡住面部止音，形成了音色、力度上的对比变化，清脆的铃声使音乐产生了更灵动的效果。可见，配器方案可以是多种多样的。教师对幼儿的稚嫩创作应给予表扬和肯定。

引导幼儿创编演奏时，教师要事先做好充分的准备，要对打击乐曲进行分析、研究，设计、编制好可能演奏的打击乐谱。而在组织幼儿进行创编配器的过程中，教师应充分发挥幼儿的主动性和创造性，并给予适当的帮助，不把自己的设计强加于幼儿，以自由宽松的活动氛围不断提高幼儿的想象力与创造力。

## 精彩回放

**扫码学习**

1. 小班打击乐活动“大鼓和小鼓”
2. 中班打击乐活动“快乐的修鞋匠”
3. 大班打击乐活动“木瓜恰恰恰”

精彩回放

## 实践演练

**一、活动准备**

打击乐活动开展用具、教学课件、剪辑好的音视频材料、演奏图谱，按照教学组织需要摆好桌椅、摄像设备，根据实际情况准备相关乐器。

**二、活动组织**

1. 学生6人一组，其中一名学生担任组长，负责组织组员在备课与模拟讲课过程中收集案例、研课、磨课、录像。
2. 每组选出一名代表进行模拟讲课，其余学生配合完成。
3. 每组完成后，组长需组织组员对其进行点评和补充，优化课程设计。

**三、活动实施**

以小组为单位选择以下任一情境设计和实施教学活动。

情境一：春节期间，大街小巷到处播放着喜气洋洋的音乐，节日氛围浓郁。这些音乐的节奏感很强，旋律令人印象深刻，如《步步高》《喜洋洋》《金蛇狂舞》等。请选择一首喜庆的音乐设计一次打击乐活动，创编节奏型与打击配器，并进行演奏。

情境二：幼儿在打击乐活动中表现出很强的创作欲望，但是想出来的创意很快就忘记了。请设计一次打击乐活动，引导幼儿更好地记录自己的创意，以完整地进行演奏。

情境三：最近，很多幼儿发现班级里的大水桶能敲出“咚咚”的鼓声，还有的幼儿发现不锈钢的勺子在敲击铁碗和塑料餐盘时会发出不一样的声音，有些细心的幼儿还发现汤碗里的汤不一样多时，敲击出的声音音调高低居然不一样。请创设一次活动，让幼儿探索将生活中常见的物体变成乐器并用于演奏。

**四、活动评价**

请依据表8-2评价活动实施情况。

表 8-2　活动评价表

| 评价项目 | 评价标准 | 等级 | | | | |
|---|---|---|---|---|---|---|
| | | 优秀 | 良好 | 中等 | 合格 | 不合格 |
| 活动设计 | 能根据幼儿的年龄发展特点设计打击乐活动，活动形式新颖，内容有吸引力，能给幼儿带来浸润心灵的美感体验，注重幼儿的演奏习惯培养 | | | | | |
| 难度界定 | 活动难度符合幼儿年龄发展水平，乐曲的节奏型符合幼儿认知水平 | | | | | |
| 教学语言 | 教学语言规范，有语言组织能力，能清晰表达自己的想法和对幼儿的要求 | | | | | |
| 教学技术 | 会使用一种或多种教学技术，能够将课件、图片等形式引入教学中，恰当地运用乐器开展活动 | | | | | |
| 教育意义 | 活动主题对幼儿的艺术修养发展具有教育意义，并与其他领域有一定的联系 | | | | | |
| 优化建议 | | | | | | |

## 思考与练习

**一、简答题**

1. 学前儿童打击乐活动经常使用的乐器有哪些？
2. 学前儿童打击乐演奏教学的一般过程是怎样的？
3. 在学前儿童打击乐活动中，教师如何进行配器方案的选择？

思考与练习

**二、实践题**

搜集世界各地原始的、有趣的打击乐器，尝试模仿制作。

# 第九章

# 学前儿童音乐欣赏活动

## 学习情境描述

陶老师非常喜欢当红明星张君，他的每一首歌曲陶老师都会唱，在幼儿园中她也经常为幼儿表演。一次音乐欣赏活动中，她选择了一首张君的歌曲让幼儿欣赏，因为之前的表演经验，陶老师认为幼儿能够理解张君歌曲的内涵和乐曲的专业知识。活动开始，陶老师先介绍了张君的一些信息，然后播放他的歌曲。令她意外的是，幼儿对歌曲并不感兴趣，当她问幼儿听完歌曲脑海中有什么画面时，有的幼儿说感受到了玩具车，有的幼儿说感受到了小动物在跳舞，其他幼儿大都说不出什么。陶老师只能讲解歌词的意思，然后播放歌曲，让幼儿学唱了一遍。学唱的过程中，幼儿记不住复杂的歌词，还会走调，陶老师并没有过多干预，她觉得幼儿参与和体验才是重点。陶老师设计的流程只开展了10分钟左右，陶老师看时间还没到，就随便选择了一首儿歌带领幼儿边拍手边歌唱。活动的最后，陶老师布置了一个延伸作业，希望幼儿把学到的流行歌曲唱给爸爸妈妈听。你认为陶老师的音乐欣赏活动在选材、设计、实施上有哪些问题？请在学习本章节后填写表9-1。

表9-1　学习情境分析

| 评价项目 | 存在的问题 | 建　议 |
| --- | --- | --- |
| 欣赏音乐的选材 | | |
| 活动的环节设计 | | |
| 活动的实施与指导 | | |

## 核心知识地图

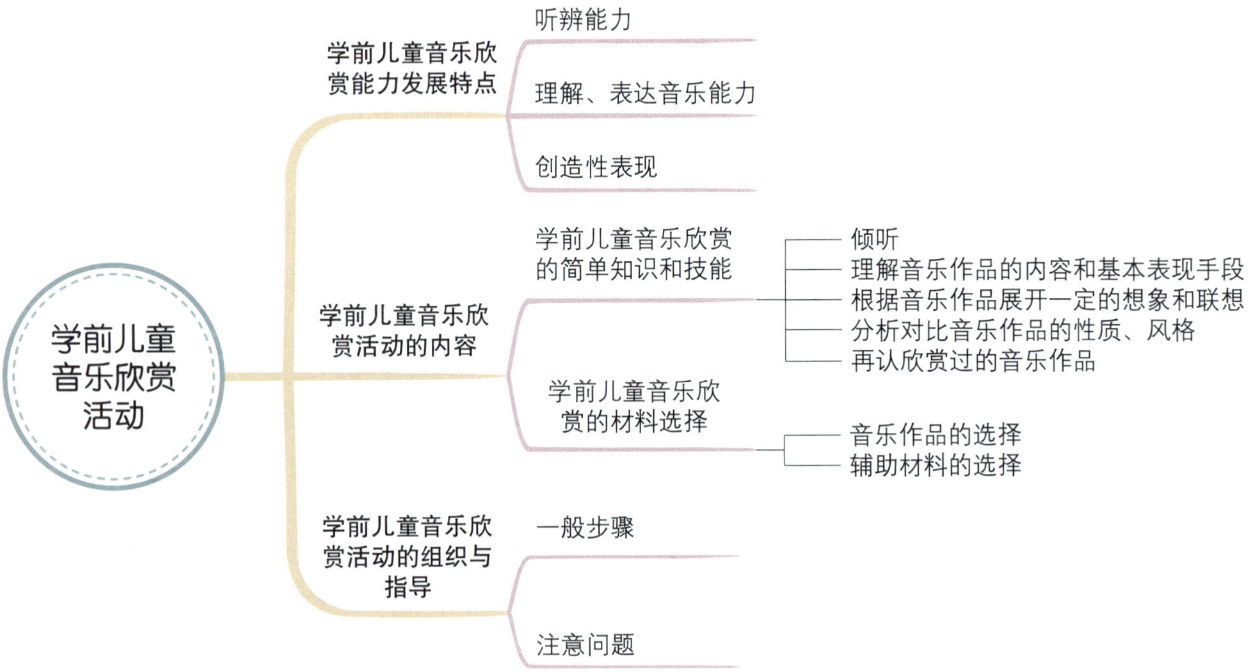


## 学习目标

1. 能够简述学前儿童音乐欣赏能力发展的特点；

2. 能够列举学前儿童音乐欣赏活动的主要内容；

3. 能够简述学前儿童音乐欣赏活动的表现形式，能初步为各年龄阶段的幼儿选择适宜的音乐欣赏材料；

4. 能够根据学前儿童音乐欣赏能力发展的特点设计符合幼儿年龄特点的音乐欣赏活动。

## 基本知识

### 第一节　学前儿童音乐欣赏能力发展特点

人类对声音的反应从胎儿时期就已经初步具备，但对音乐的欣赏却需要通过认真地倾听才能实现。严格来讲，倾听是指有意识、注意力集中地听，不仅需要注意力的参与，还需要情感的参与，这是欣赏音乐的前提。国内外许多研究表明，即使是婴儿，对声音和音乐也有着天生的敏感与反应。三四个月大的婴儿能从不同的声源里找到母亲的声音；六七个月大的婴儿会在听到熟悉的声音后把头转向声源方向，并露出喜悦的表情；2岁左右的幼儿听辨能力有了一定的发展，不但能准确地判断出声音的来源，还能够分辨音色并模仿熟悉的声音，如模仿成人唱歌、学小狗“汪汪”叫。尽管幼儿最初的听觉经验非常粗糙，但在幼儿感受与探索音乐的过程中，他们的听觉、记忆力不断发展，感情也会逐渐变得丰富且细腻。因此，教师要掌握不同年龄阶段幼儿对音乐的听辨、理解、表达能力和创造力的发展特征，让幼儿接触更多的音乐作品，丰富他们的音乐经验，提升他们的想象力、记忆力和思维能力，促进幼儿全面发展。

## 一、听辨能力

3～4岁幼儿已经在生活中积累了较多的音乐素材，获得了一定的倾听体验。因此，他们会主动倾听周围环境中能引起他们兴趣的音乐，并能分辨和描述。这一阶段的幼儿还不能完全理解音乐作品的情绪性质，经常被表现主题思想的特殊声音所吸引，如模拟性的前奏、尾声，形象的、具有描绘性的伴奏，口哨声、发条声、鸟鸣声等。他们虽然不能用语言来描述音乐的特点，却能随着音乐做出动作反应。比如听到节奏感很强的舞曲时会兴奋地晃动小手或随乐摇摆，听到进行曲时会有力地踏步或模仿军人。可见这一阶段的幼儿已经对音乐的情绪性质有了初步的感受，而这正是音乐欣赏的重要基础。

4～5岁幼儿已经能欣赏内容较为广泛、性质风格多样的音乐作品，如舞曲、进行曲、摇篮曲等。这一阶段的幼儿听辨的分化能力有所提高，倾听、欣赏音乐的感受能力进一步增强，可以借助图片或动作进行正确的音乐判断。在教师的正确引导下，幼儿可以在音乐活动中感知简单的乐曲结构，如三段体ABA或AAB的结构。随着生活经验和情感体验的积累，这一阶段的幼儿能逐渐听辨乐曲在情绪性质上的明显差异，并能够用语言尝试表达对音乐的感受。

5～6岁幼儿的听辨能力进一步发展，他们能够感受、辨别较为复杂的器乐曲的结构、音色和情绪风格，并能对音乐形象鲜明的同类音乐作品进行分析和归类。例如，当幼儿听过一定数量的不同少数民族歌曲后，在欣赏《小巴郎，童年的太阳》时，他们能快速分辨出这是一首维吾尔族风格的歌曲，还会随着音乐做出抖肩、晃头移颈等动作。这一阶段的幼儿用语言表达音乐感受的能力进一步增强，能结合想象和联想，用比较完整的语言或一定的故事情节来描述音乐的情绪性质。例如在欣赏《丑小鸭》后，幼儿能根据歌曲的歌词、节奏、旋律特点讲述歌曲表达的故事，能够根据前奏、间奏模仿鸭子走路摇摇晃晃的模样。

## 二、理解、表达音乐能力

3～4岁幼儿的音乐理解能力十分有限，他们虽然能对生动、形象、节奏鲜明的乐曲有所反应和感受，但不一定能完全理解。随着音乐经验的积累，幼儿的认知思维能力不断发展，他们对音乐的理解能力也会逐步发展。对于这一阶段的幼儿，教师需要帮助他们不断积累音乐活动经验，结合幼儿生活中熟悉的事物使他们与音乐产生共鸣，从而学会用表情、动作、语言表达自己对作品的感受。一般来说，到小班末期，幼儿能学会借助想象、联想理解性质鲜明的音乐情绪，但对乐曲基本表现手段的感受和理解仍有一定的困难；能辨认音乐作品速度的变化，并随之改变自己动作的速度，但还不能很好地区分音色、节奏、旋律等方面的差别。

4～5岁幼儿对音乐的理解不断发展，创作思维及想象能力也进一步提高。这时期的幼儿已经能基本理解音乐表达的情绪和情感，并由此产生一定的想象、联想。当然，这种理解往往借助于歌词、生活经验、音乐经验，以及有标题的歌曲及器乐曲，他们对较为复杂、没有标题的纯器乐曲的理解还有一定困难。如中班幼儿在欣赏歌曲《森林里真热闹》时，可以直接通过歌词理解歌曲表现的森林运动会热闹的场面，但对于《狮王进行曲》，就需要教师引导和图片的欣赏才能更好地展开联想，理解乐曲表达的形象。另外，这一阶段的幼儿能听出渐快渐慢的速度变化，能较轻松地指出力度上的变化。在对音高的感知方面，大部分幼儿已经能听出相隔一个八度的音高上的不同。

5～6岁幼儿对纯器乐曲的理解能力进一步增强，他们能在清楚辨别、理解音乐作品速度、力度、音色、节奏等表现手段变化的过程中大胆地想象和联想，并找出充分的理由。例如他们在欣赏圣-桑的《天鹅》时，能根据悠扬婉转的旋律，用轻柔的动作表现天鹅优美的姿态；在欣赏《母鸡》时，能根据乐器的音色感受到母鸡下蛋时“咯咯哒”的叫声和公鸡的打鸣声，比较准确地理解不同器乐曲表达的音乐形象。

## 三、创造性表现

3～4岁幼儿受其生理、心理发展水平的影响，对音乐作品的感受和理解还很不完善，记忆也不精确，因此还不具备用语言较好地表达对作品感受的能力。这一时期幼儿常用的创造性表现手段是身体动作。活动中，教师可引导幼儿尽量用自己想出来的、与他人不同的动作来表现音乐。例如同样是表现小白兔，教师可以引导幼儿表现小白兔的动作，也可以表现小白兔长长的耳朵，还可以借助道具如篮子、胡萝卜，让幼儿在欣赏乐曲后创造性地表达。

4～5岁幼儿创造性表现的能力不断增强，他们开始用比较自由、多样的手段创造性地表现音乐，并且努力追求表现的独特性、创造性。以音乐欣赏与绘画的结合为例，中班幼儿在欣赏乐曲《金蛇狂舞》时，会运用丰富、明亮且具有主观意识的色彩来表达体验到的乐曲热闹、欢乐的氛围；在欣赏《二泉映月》时，幼儿可能会表现激烈的“战斗场景”，虽然幼儿表达的内容与歌曲的悲伤情感无关，但都体现了情感体验的强烈程度。可见这一时期的幼儿虽还不能完全理解音乐要表现的情绪情感，却开始尝试运用不同符号系统中的表现语汇来创造性地表现音乐了。

5～6岁幼儿创造性表现的意识更加积极、主动，而且创造性表现的形式也更加丰富多样，幼儿会通过身体动作、嗓音表达、语言描述、图片再现等形式创造性地表现自己对音乐的感受。同时，表现成果也更为显著，完成度和艺术性显著提高。

虽然幼儿对音乐的认识与发展直接受自身知识经验和心理发展水平的制约，但是幼儿对音乐的感知、记忆、理解等能力的发展更多受到直接训练或间接经验的影响。幼儿所处的音乐环境和受到的音乐教育都在学前儿童音乐欣赏能力的发展中有着重要的作用。因此，幼儿接触音乐的机会越多，就越能为音乐感知理解能力的发展打下良好的基础。教师应为幼儿提供反复的音乐刺激，这不仅有助于让幼儿享受各种音乐乐趣，更有助于幼儿音乐鉴赏能力的形成和发展。随着音乐经验的不断累积，幼儿在接触到教师有意识安排的不同风格题材的音乐作品时，能通过比较逐渐形成自己的音乐偏好。

## 第二节　学前儿童音乐欣赏活动的内容

### 一、学前儿童音乐欣赏的简单知识和技能

#### （一）倾听

倾听是幼儿必须具备的非常重要的基本技能。它是对幼儿实施音乐教育的基本出发点，也是开展音乐欣赏的前提和基础。

听觉是幼儿最先发展的感觉之一。婴幼儿对周围环境中的各种音响特别敏感，所以利用日常生活和周围环境对幼儿进行倾听能力的培养是最自然和直接的途径。自然界中的鸟语蝉鸣、风啸雷震，生活中的关门开窗、炒菜洗碗、汽车鸣笛，人体发出的拍手跺脚、轻声细语，艺术作品中的不同模拟音响等，都是幼儿音乐欣赏的宝贵素材。从小培养幼儿对周围生活中各种声音的倾听兴趣、能力和习惯，将会为他们欣赏音乐作品打下良好的基础。

#### （二）理解音乐作品的内容和基本表现手段

欣赏音乐时，幼儿要初步掌握理解和表现音乐的方法：一是了解和掌握音乐作品名称以及常用的乐器名称；二是理解音乐作品的主要内容，能够感受音乐所表达的某种感情或情绪的发展及变化；三是了解节奏、节拍、力度、速度、音色、旋律、结构等音乐基本的表现手段及其在音乐作品中的表现作用。如音乐欣赏曲《小鸭的舞》，乐曲的开始部分以一声高、一声低的复倚音描绘了小鸭子们嘎嘎叫着，从窝里摇摇摆摆地跑出来的情景。接着的旋律和节奏用重复的和弦奏出，表现了小鸭子们欢快跳舞的情景。乐曲以欢快、有趣的情景带给幼儿美的感受。在理解了音乐作品的基本表现手段后，幼儿会更好地理解乐曲的基本情绪，以及哪段音乐表现小鸭子跳舞，用什么样的动作模仿和表现小鸭子走路的姿势。

#### （三）根据音乐作品展开一定的想象和联想

在音乐欣赏的过程中，幼儿应能被音响和情感体验唤起对有关生活和意境的记忆和形象，展开一定的联想和想象，从而进入音乐作品的意境。如在欣赏歌曲《胆小鬼》时，很多幼儿都有歌词中冬冬的生活经验——害怕打雷、害怕黑夜，因此更容易引起共鸣。诙谐幽默的风格和歌词使幼儿对歌曲产生浓厚的兴趣。这首歌曲旋律简短，共四个短小的乐句，每一乐句后边有两拍的休止，生动地表现了胆小鬼的滑稽形象。通过对歌曲的欣赏与演唱，幼儿不仅会在头脑中产生与音乐作品有关的联想画面，还能够克服自己的恐惧，勇敢地面对雷雨和黑夜。

#### （四）分析对比音乐作品的性质、风格

在幼儿积累了一定的音乐语汇的基础上，教师要引导他们对同一音乐作品的前后段落或不同音乐作品的性质、风格、情绪及基本表现手段进行分析和对比，这样才能进一步丰富和强化幼儿对音乐作品的感受和理解。如在欣赏音乐《啤酒桶波尔卡》时，在感受音乐作品的基础上，教师应指导幼儿听辨音乐的不同风格，感受A段的平稳悠扬，B段第一部分的欢快跳跃与第二部分的连贯流畅。通过分析和对比感受啤酒桶们快乐舞蹈的情景。

### （五）再认欣赏过的音乐作品

为了加深幼儿对音乐作品的记忆和相关知识的理解，教师应引导幼儿对欣赏过的音乐作品片段或全曲进行再认，以培养幼儿音乐的记忆能力和听觉表象能力。再认时，教师可以引导幼儿说出音乐作品的名称、描述音乐作品的内容，并借助一定的表现手段或辅助媒介表达对音乐的感受。

## 二、学前儿童音乐欣赏的材料选择

### （一）音乐作品的选择

音乐作品有声乐曲、器乐曲之分，又有题材、体裁、内容、形式和风格上的不同。为幼儿选择音乐欣赏的作品时，除了要考虑幼儿的年龄特点以及他们感知、理解音乐的实际能力和接受水平，更需要考虑音乐作品的艺术性和多样性。

第一，为幼儿选择的音乐欣赏作品，无论是歌曲还是器乐曲，都要注意作品表达的内容、形象或情感应是幼儿熟悉、理解且能唤起他们的兴趣的，音乐作品的形式应比较简单，结构单纯、工整且长度适中，篇幅不宜过长。为小班幼儿选择的音乐欣赏教材可以是歌词简单的歌曲，便于幼儿理解和记忆，也可以是幼儿熟悉的或感兴趣的器乐曲。幼儿更喜欢音乐形象单一、鲜明且具有模拟性声音的乐曲，如钢琴小曲《小鸟的歌》《杜鹃圆舞曲》中都含有“布谷”“布谷”的鸟叫声，《野蜂飞舞》表现了蜜蜂嗡嗡的飞行状态。为中大班幼儿选择的音乐欣赏教材，歌曲的内容、性质、表现形式可以更多样。选择器乐曲时，也要注意贴近幼儿的生活，符合幼儿音乐感知和理解能力的发展。如法国作曲家圣-桑的《狮王进行曲》，句式方正，节奏雄健，乐曲的开始是引子，由弦乐器和钢琴以由弱到强的震音、庄严缓慢的旋律刻画了威风凛凛的狮王。狮吼的旋律表现出狮王的雄姿与霸气，旋律在低音区半音上行、下行行进，加上强而有力的和弦，形象地表现了万兽之王的威严。结合幼儿对动画的欣赏经验，他们会对乐曲产生浓厚的兴趣，并用各种动作表现狮王的形象。这样的乐曲不仅为幼儿所喜爱，更便于幼儿对作品内容、风格、情绪的把握和理解，从而引起幼儿情感上的共鸣。

第二，为幼儿选择的音乐欣赏作品必须具有较高的思想性和艺术水平，有较好的演唱或演奏质量。题材、形式多样且富有艺术美的音乐欣赏作品能拓宽幼儿的艺术视野，丰富他们的音乐欣赏经验。要选择一些优美而经典的世界名曲，如《拉德斯基进行曲》《梦幻曲》《四小天鹅舞曲》《田园交响曲》等，以及我国具有代表性的民族音乐精品，如《瑶族舞曲》《金蛇狂舞》《喜洋洋》《牧童短笛》等。有的作品篇幅较长，结构较复杂，可以适当删编（可以截取相对独立的片段，也可以删减某些部分，压缩作品的结构等）。同时，还应考虑作品在内容、形式和题材等方面的多样性：内容上可以有反映自然界、社会生活和幼儿游戏等的作品，表演形式上可以有不同演唱、演奏形式的歌曲、乐曲等，尽量选择不同题材、体裁及风格的作品。对于很多新媒体平台流行起来的音乐，教师应具备一定的鉴赏辨别能力，选择幼儿喜爱、旋律优美且内容积极向上的作品作为幼儿音乐活动的材料使用，不宜盲目跟风，什么流行就用什么，或将内容不适合幼儿的歌曲用于音乐教育。表9-2列举了部分适合幼儿欣赏的音乐作品。

表9-2　幼儿可接受的音乐作品

| 音乐类别 | 曲目名称 |
|---|---|
| 优秀的中外少年儿童歌曲 | 《听妈妈讲那过去的事情》(管桦词，瞿希贤曲)<br>《卖报歌》(安娥词，聂耳曲)<br>《只怕不抵抗》(麦新词，冼星海曲)<br>《小白菜》(河北民歌)<br>《春天在哪里》(望安词，潘振声曲)<br>《春天来了》(德国儿童歌曲)<br>《铃儿响叮当》(美国儿童歌曲)<br>《请来看看我们的村庄》(西班牙儿童歌曲)<br>《我的小鸡》(苏联儿童歌曲) |
| 歌曲改编的器乐曲 | 《小白船》(根据朝鲜族童谣改编)<br>《森吉德玛》(贺绿汀根据蒙古族民歌改编)<br>《茉莉花》(根据江苏民歌改编)<br>《海滨之歌》(根据日本民歌改编)<br>《洋娃娃和小熊跳舞》(根据波兰儿童歌曲改编)<br>《夏天里过海洋》(根据意大利歌曲改编) |
| 专门为儿童创作的简单器乐曲 | 《小鸟》(罗忠熔曲)<br>《滑梯》(顾嘉琳曲)<br>《跳绳》(刘诗昆曲)<br>《小白兔跳跳》(陈兆勋曲)<br>《扑蝴蝶》(丁善德曲)<br>《青蛙大合唱》(约翰·汤普森曲)<br>《熊跳舞》(卡尔·海笛曲)<br>《狮王进行曲》(圣-桑曲)<br>《我和小蚊子跳舞》(李亚多夫斯基曲)<br>《雪花飞舞》(德彪西曲)<br>《小士兵进行曲》(舒曼曲) |
| 专门为儿童创作的音乐童话片段 | 《龟兔赛跑》(史真荣曲)<br>《骄傲的小鸭子》(周群烈曲)<br>《彼得与狼》(普罗柯菲耶夫曲)<br>《胡桃夹子》(柴可夫斯基曲)<br>《波斯市场》(科特比曲)<br>《小巫师》(保罗·杜卡斯曲) |
| 中外著名音乐作品或其中的片段 | 《牧童短笛》(贺绿汀曲)<br>《金蛇狂舞》(聂耳曲)<br>《瑶族舞曲》(刘铁山、茅沅曲)<br>《钟表店》(查理·奥尔特曲)<br>《口哨与小狗》(普莱亚曲)<br>《铁匠波尔卡》(小约翰·施特劳斯曲)<br>《玩具兵进行曲》(莱昂·耶塞尔曲)<br>《土耳其进行曲》(贝多芬曲)<br>《卡门序曲》(比才曲)<br>《梦幻曲》(舒曼曲) |

### （二）辅助材料的选择

受年龄特点和知识经验、音乐经验所限，幼儿很难像成人那样仅仅通过安静倾听的方式获得对音乐的感性体验或理性思考。他们往往需要借助一定的辅助感知手段，如视觉、运动觉、言语知觉等感知觉的协同活动，以丰富和加强听觉感受，所以为幼儿提供音乐欣赏的辅助材料便成为一种自然的、必要的手段。辅助材料一般有以下三种。

1. 动作材料

通过跟随音乐做动作的方式参与到音乐中，是幼儿感知、理解和表现音乐最自然、最重要的途径之一。和律动活动不同的是，音乐欣赏活动中的动作材料应侧重于反映音乐的性质，即节奏、旋律、结构、内容和情感等方面，不必太强调动作的具体性和统一性。幼儿应在选择动作时享有充分的自由，能独立地对音乐做出反应。教师选材时不宜选择复杂、陌生的动作，而应选择大多数幼儿能够自然做出的动作。如在欣赏一首抒情音乐时，幼儿能做出柔软、绵长的动作即可，不宜要求所有幼儿统一动作，以免影响幼儿对音乐的感受。

2. 视觉材料

视觉材料是指形象具体地反映音乐的形象、内容、结构和节奏特点的可视材料，可以是静态的图片、雕塑，也可以是动态的录像、教玩具，还可以是虚拟现实的空间视觉场景。在选择视觉辅助材料时，需注意以下三点：第一，教师提供的材料应具有符合音乐性质的形象特征；第二，视觉材料既能在时空中静止，便于幼儿反复观察，又能在时空中流动，做到与音乐同步；第三，允许幼儿自主选择视觉材料或独立创作视觉艺术作品，以此表达他们对音乐的感受。如在欣赏聂耳的《金蛇狂舞》时，教师可以为幼儿提供红、黄主色调的画面，也可以提供运用大量金色作为装饰色彩的画面，还可以提供色彩比较低调的画面，让幼儿感受音乐后自己选择符合音乐情绪特点的绘画作品，或根据自己的感受选择色彩进行创作。

3. 语言材料

语言材料是指具有音乐所表达的意境的形象性的有声文字材料，如故事、散文、谜语、诗歌或儿歌、童谣等。选择语言辅助材料时，一方面，要注意体现与音乐的一致性，即文学作品本身的内容、形象、情感和表现手法，都要与欣赏的作品相一致，真实而贴切地烘托出音乐所要表达的意境和气氛。如贺绿汀作曲的《牧童短笛》是一首轻快悠扬的乐曲，让幼儿欣赏时，可以借助一首与音乐活泼、惬意的气氛相吻合的童谣《小枣树》，以童谣中小朋友和小枣树共同成长的故事，烘托出乐曲要展现的欢乐愉快的氛围。另一方面，选择的语言材料应语言优美、文学性强，并能为幼儿理解与喜爱。活动中，教师可以让幼儿自己选择语言，独立地对音乐做出反应。

# 第三节 学前儿童音乐欣赏活动的组织与指导

## 一、学前儿童音乐欣赏活动实施的步骤与方法

### （一）活动前的准备工作

1. 音乐材料

组织音乐欣赏活动之前，教师首先要深入细致地分析欣赏的作品。在充分倾听音乐音响的前提下，分析音乐所表现的内容、情绪、情感和基本表现手段，如旋律的进行形态、节奏节拍的特点、曲式结构、力度速度、乐器音色等，挖掘欣赏作品对幼儿最大的教育价值。然后根据本班幼儿的实际发展水平和以往的音乐欣赏经验，分析材料的重难点，确定幼儿能通过倾听掌握和理解的内容，制定符合幼儿实际发展水平、音乐作品艺术规律的教育目标，并尽可能选择最有效的教学活动组织形式和最恰当的教学方法。认真研究国内外优秀的学前儿童音乐教育教学案例，将新颖有趣的活动引入自己的教学。

2. 材料与环境

教师应事先检查好活动将要使用的教学用具和设备，如演奏用的乐器、多媒体设备，音频是否能够播放、音量设置是否适中，电源的稳定与安全等，并提前熟悉所需操作的设备。对于教学辅助用具，如实物教具、操作道具等要准备妥当，放在易于取放的地方，便于教师和幼儿使用，如在活动开始前将幼儿使用的乐器放在椅子下或藏在某个地方，通过与音乐相关的游戏让幼儿寻找，或可将教学辅助用具先遮挡起来，营造神秘感，让幼儿听声音辨别乐器，这样既能锻炼幼儿的听觉，又能避免分散幼儿的注意力。

环境创设方面，教师应提前布置活动场地、墙饰等。有时教师对环境的布置可能要早于活动实施一段时间，并在日常活动中自然地融入音乐，以帮助幼儿熟悉欣赏材料。如提前布置好含有春天元素的挂饰、墙饰等，让幼儿在欣赏与春天有关的音乐时更能理解音乐表达的情境与情感。

另外，教师应注重园所音乐氛围的营造，将音乐融入幼儿的日常活动，将音乐区的各项活动与幼儿园音乐课程涉及的各项教育活动有计划、有目的、有系统地配合进行，为幼儿创造一个能自由进行声音实验探索和其他音乐表现与创造活动的实践场所。

3. 幼儿的经验

教师组织音乐欣赏活动前必须了解幼儿已具备的经验，并在日常生活中注意帮助幼儿学会有目的地观察，积累更多的经验。小班幼儿的生活经验少，对音乐活动的体验处于起步阶段，教师需循序渐进地引导，帮助幼儿更好地理解音乐作品，此时幼儿对自己生活中经历的事情更能产生共鸣，如《打电话》《我爱洗澡》《新年真热闹》等；中班幼儿的生活经验增加，内心的情感更加丰富，对有一定故事情节的音乐作品更感兴趣，如《啄木鸟》《我心爱的小马车》《森林里真热闹》等；大班幼儿的生活经验更加丰富，通过教师的介绍，能够很快接受新鲜的事物与音乐形式，因此可以欣赏更抽象的器乐曲和故事情节更复杂的歌曲，如《木瓜恰恰恰》《戏说脸谱》《狮王进行曲》《啤酒桶波尔卡》《在卡吉德洛森林里》等。教师需根据幼儿的经验确定活动内容和教学方法，如广东的

幼儿在听表现“雪”的音乐作品时，需要通过视频或教师营造的场景感受雪花飘落的景象，而在北京的幼儿可以在冬天开展活动，伴随音乐在雪中游戏和玩耍。

### （二）引导幼儿初步欣赏音乐作品

幼儿欣赏音乐是一种积极的活动，而不是消极、被动地接受，整个欣赏过程都会引起幼儿的兴趣，激发幼儿的想象，产生与音乐的共鸣。引导幼儿欣赏音乐时可以将幼儿的倾听与以下引导方法结合，帮助幼儿更好地感受、理解音乐。

1. 语言辅助

正式欣赏音乐前，教师可以通过引导性的谈话，如讲解、说明、提示、提问等，集中幼儿的注意力，使幼儿在欣赏前做好心理准备，把幼儿的情绪情感引向与作品内容相一致的方向，使幼儿更易产生相应的联想和想象。

对于歌曲，其歌词一般会体现具体内容，旋律是歌词内容的感情概括。欣赏时，教师可以用引导性的语言自然地引出作品的名称，并简短、形象、切题地介绍作品内容及总的情绪性质，先让幼儿完整地将歌曲听一两遍，获得一个初步完整的印象，再帮助幼儿理解歌词的含义。对于器乐曲，教师应给予幼儿充分的想象与联想空间。根据幼儿的感受与表达使其产生与作品内容相关的联想和想象，避免以教师个人对音乐的理解或介绍限制幼儿的想象和联想。在幼儿对乐曲具备初步的感受后，再用语言简单地介绍作品的名称、创作背景和作曲家的相关知识。

运用语言辅助幼儿理解音乐时应注意：一是注重语言对幼儿的启发，以能有效地激发幼儿的想象为目的，不能长篇大论地介绍；二是注重引导幼儿感受作品，如提出相关的问题“你们在听音乐的时候发现前后的速度有什么变化”“你们仔细看看视频里的小朋友都做了哪些动作”等，帮助幼儿初步了解音乐作品的主要内容和情绪性质；三是运用灵活多样的谈话形式引发幼儿兴趣，如“你问我答”“击鼓吟诗”等，还可以根据作者对音乐作品的介绍，结合自己对作品的理解，自编儿歌或小故事向幼儿介绍作品。

2. 教师演示

对于表演难度不大的音乐作品，教师应尽量现场演唱或弹奏，通过富有表现力的演唱、演奏，使幼儿更真切地感受到欣赏作品的某些细节或对片段进行对比分析。现场欣赏会使幼儿感觉更加亲切和直观，教师也可以随时暂停、反复，帮助幼儿更好地理解欣赏作品。

有些音乐作品反映了某种游戏活动，教师可以随着音乐的进行演示这种活动，帮助幼儿较快地掌握音乐作品的内容和情绪特点。如欣赏作品《套圈》时，教师可以随着音乐的节拍组织幼儿围成圆圈，引导幼儿根据音乐旋律、节奏改编歌词。教师可以组织幼儿3人一组，将幼儿的名字融入歌词，唱到谁的名字，小组中的另外两人手拉手套住他，以同样方法轮流进行游戏，使幼儿更好地感受乐曲的节奏、结构和情绪的起伏等。

3. 视觉材料的辅助

幼儿非常喜欢观看色彩鲜艳的图片、动画片、视频等视觉材料。很多动画的音乐与画面的结合都十分紧密，如《猫和老鼠》中就有大量的器乐曲代替台词表达故事的情节，诙谐幽默的动画配合相应的音乐，能充分激发幼儿的兴趣，帮助幼儿自然且深入地感受音乐所表达的情感内容。欣赏表现活动场面和自然风光的音乐时，教师可以让幼儿观看摄影作品、绘画作品、绘本等，为幼儿建立更直观的视觉印象，如欣赏《大树桩你有几岁》时，教师可以让幼儿观察大树年轮的照片。对于表现人、动物动作的音乐，教师可以播放相关视频，让幼儿模仿动作，增加幼儿的动作表现语汇，如欣赏《小鸭的舞》时，教师可以播放小鸭子走路的视频，让幼儿能根据旋律自由表现鸭子的舞步。

### （三）重复深入地欣赏音乐

在幼儿对欣赏材料有了初步的感受后，教师可以从音乐作品的主要内容和情绪性质等方面入手，帮助幼儿感受和理解作品表现手段的表情作用，完整、细致地感知音乐作品，并识记音乐作品的主要音调和风格特征。教师在设计反复感知音乐作品的环节时，应注重幼儿参与方式和要求的多样性，不能只是简单地重复倾听。常用的教学方法有：

① 明确具体欣赏要求，让幼儿在重复欣赏作品时有所侧重，如要求幼儿感知音乐速度和力度的变化，不同乐句表现的音乐形象等。

② 调动幼儿已有的知识和生活经验，使幼儿具体感受和理解音乐中各种表现手段的表情作用。

③ 采用对比欣赏的方法，使幼儿更好地理解音乐的不同情绪性质。这种方法既可用于欣赏相同类型的作品，也可用于欣赏同一首乐曲的不同部分，使幼儿能够掌握更多的乐曲细节。对于较长且有明显曲式结构、发展变化较多的音乐作品，可采取分段欣赏的方式；对于无明显曲式结构且较长的音乐作品来说，不便于截取欣赏，教师可以采用整段欣赏的方式，每次整段欣赏时应对幼儿提出不同的要求，帮助幼儿欣赏音乐；还可以让幼儿对相同体裁、风格的乐曲进行归类，逐渐掌握不同的音乐风格特点，从而培养幼儿独立、主动地欣赏音乐的能力，提高其音乐素质。

④ 引导幼儿自由地用动作表达对音乐的感受。对于形象鲜明、节奏性强的乐曲，教师可以引导幼儿做一些与音乐情绪性质相一致的动作，帮助幼儿通过自己的动作深刻地体验音乐的不同特点，让幼儿自主地、创造性地表现音乐。

⑤ 引导幼儿注意音乐的主要部分及整体，可以从幼儿对模拟性乐音的兴趣入手，引发幼儿的联想和想象，进一步引导幼儿感受音乐作品中各种表现手段的艺术表达作用。

### （四）复习、检验音乐欣赏的效果

对音乐作品的欣赏并不是一次短暂的活动就能完成的，为了检验幼儿音乐欣赏的效果，巩固和加深幼儿对音乐作品的印象，并对教师组织活动时使用的教学方法进行检验，在欣赏过作品一段时间以后，教师可以通过多种手段让幼儿复习和巩固欣赏过的音乐作品，以便及时纠正幼儿在感受、理解上存在的欠缺或偏差，弥补教师教育教学方法上的不足之处。

检查音乐欣赏的效果可以采用以下五种方法：

① 将欣赏过的音乐作品融入其他活动，观察幼儿再次听到时的反应。这种方法能够自然地唤起幼儿对音乐的面部表情、身体姿势、手脚的动作，以及他们不自觉的反应。教师可以据此了解幼儿对音乐的感受与理解情况。

② 欣赏熟悉的音乐作品时，与幼儿开展引导性谈话，鼓励幼儿用自己的方式表达对音乐作品的理解，如作品的名称、内容、最突出的音乐表情手段及其表情作用等。

③ 重复欣赏熟悉的音乐作品片段，让幼儿辨认歌曲片段来自哪首歌曲，以及表达

了什么样的内容和情感。

④ 播放不带歌词的旋律，让幼儿辨认歌曲。最好可以引导幼儿自然地随乐演唱。

⑤ 中大班幼儿可以欣赏题材风格类似但未听过的新作品，以检验幼儿是否具有欣赏音乐的迁移能力。如在幼儿已经欣赏过《娃哈哈》的基础上，让幼儿欣赏《有一个小姑娘》《库尔班大叔喜洋洋》《新疆是个好地方》等同风格的儿歌，看幼儿能否说出音乐共同的风格特点，对歌曲进行大致分类。

## 二、指导幼儿音乐欣赏活动应注意的问题

① 设计活动时，应详细划分活动的步骤、层次，在活动开展过程中根据幼儿的反应灵活地调整活动进程，避免单一、机械的活动形式降低幼儿参与活动的积极性。

② 范唱和演奏时，速度应符合幼儿的接受能力，在活动中应注重欣赏作品对幼儿音乐感知、体验、表达的暗示性和激励性。

③ 在强调幼儿的感受与欣赏的同时，更要注重给幼儿更多创造性表达的机会。

④ 要充分利用幼儿原有的经验，包括音乐及非音乐的感知和表达经验，帮助幼儿用多种形式表达自己的感受。

⑤ 在活动中应避免教师从头讲到尾，或打断、否定幼儿的表达，应使用提示性语言和体态更好地引起幼儿对细节的注意，提高幼儿的观察能力和表达能力。

⑥ 应注重整体审美效果，用幼儿可理解和喜爱的感性体验、想象、联想和艺术的表达活动代替对音乐知识的理性分析，如教师想让幼儿了解一首歌曲的旋律对内容表达的作用时，应结合歌词让幼儿通过做动作感受与理解，而不是一味地讲解歌曲的旋律、节奏、调式等专业知识。

⑦ 注重对幼儿倾听习惯的培养，特别强调养成注意倾听音乐、注意思考他人意见的习惯，培养幼儿对欣赏艺术作品的兴趣，使其乐于观看各种形式的表演。

### 精彩回放

**扫码学习**

1. 小班音乐欣赏活动“大树妈妈”
2. 中班音乐欣赏活动“春雨沙沙”
3. 大班音乐欣赏活动“赛马”

精彩回放

### 实践演练

**一、活动准备**

音乐欣赏活动开展用具、教学课件、剪辑好的音视频材料，按照教学组织需

要摆好桌椅、摄像设备，根据实际情况准备相关乐器。

**二、活动组织**

1. 学生6人一组，其中一名学生担任组长，负责组织组员在备课与模拟讲课过程中收集案例、研课、磨课、录像。

2. 每组选出一名代表进行模拟讲课，其余学生配合完成。

3. 每组完成后，组长需组织组员对其进行点评和补充，优化课程设计。

**三、活动实施**

以小组为单位选择以下任一情境设计和实施教学活动。

情境一：我国有很多非常有趣的戏剧形式，如皮影戏、木偶戏、布袋戏等，这些传统戏剧的音乐特点鲜明，形式感极强。请设计一次音乐欣赏活动，让幼儿感受我国传统戏剧的艺术魅力。

情境二：幼儿在欣赏音乐时对乐曲中形象的模拟性声音非常感兴趣，如小动物的叫声、交通工具的声音等，幼儿不仅会模仿乐曲中出现的声音，还会用动作表现自己感受到的形象。请以含有模拟性声音的音乐为材料设计一次音乐欣赏活动，发展幼儿的观察力、表现力和创造力。

情境三：音乐欣赏有时可以和美术活动巧妙结合，最近班级里的幼儿在学会了画打击乐演奏谱后，开始尝试用线条表现音乐的旋律与节奏。请设计一次音乐欣赏活动，引导幼儿用绘画表现自己对音乐的感受。

**四、活动评价**

请依据表9–3评价活动实施情况。

表9–3　活动评价表

| 评价项目 | 评价标准 | 等级 | | | | |
|---|---|---|---|---|---|---|
| | | 优秀 | 良好 | 中等 | 合格 | 不合格 |
| 活动设计 | 能根据幼儿的年龄发展特点设计音乐欣赏活动，活动形式新颖，内容有吸引力，能给幼儿带来浸润心灵的美感体验，注重幼儿艺术素养的培养 | | | | | |
| 难度界定 | 活动难度符合幼儿年龄发展水平，欣赏的音乐作品符合幼儿认知水平 | | | | | |
| 教学语言 | 教学语言规范，有语言组织能力，能清晰表达自己的想法和对幼儿的要求 | | | | | |

续　表

| 评价项目 | 评价标准 | 等级 | | | | |
|---|---|---|---|---|---|---|
| | | 优秀 | 良好 | 中等 | 合格 | 不合格 |
| 教学技术 | 会使用一种或多种教学技术，能够将课件、图片等形式引入教学中，恰当地运用乐器开展活动 | | | | | |
| 教育意义 | 活动主题对幼儿的艺术修养发展具有教育意义，并与其他领域有一定的联系 | | | | | |
| 优化建议 | | | | | | |

## 思考与练习

**一、简答题**

1. 大班幼儿的音乐欣赏能力的发展特点是什么？
2. 学前儿童音乐欣赏活动中需要掌握的简单知识技能有哪些？
3. 学前儿童音乐欣赏活动的音乐材料如何选择？

思考与练习

**二、实践题**

举办赛歌会，交流积累学前儿童音乐欣赏活动可以使用的歌唱材料。

活动要求：

（1）4～6人一组，学生准备自己把握比较准确的儿歌，演唱形式自选。

（2）参赛选手充分练习，展示自己准备的儿歌，不能与其他小组重复，坚持到最后一组的即为胜利。

（3）班内交流自己收集的儿童歌曲素材，赛后每人写一份赛歌会的交流心得，并扩充自己的素材清单。

## 篇章学习指导

**一、学习建议**

想要掌握学前儿童音乐教育活动的设计与指导方法，除了能够理解和运用学前儿童音乐教育的基本知识与基本原理，对幼儿音乐活动能力的发展有基本的认识，熟记

《纲要》和《指南》中的相关论述外，更要学习利用各类资源积累大量音乐素材。平时应多听优美的音乐，积极利用网络资源和实践观摩的机会，接触更多音乐教育活动教学实例，认真观察一线教师在实践教学中的表现。教师丰富的音乐经验是为幼儿创设富有趣味的音乐活动的前提，教师应在带给幼儿众多优秀音乐作品的过程中开拓他们的音乐眼界，丰富他们的音乐经验，发展他们的想象、记忆和思维，培养他们听觉的敏感性和良好的倾听、表达习惯，使幼儿产生对音乐稳定而持久的兴趣，以及初步的审美情趣和审美能力。

**二、参考书目**

［1］ 宗文革.音乐之声：幼儿园音乐拓展特色课程［M］.北京：中国农业出版社，2021.

［2］ 金东波，罗清.幼儿园音乐活动设计案例［M］.武汉：武汉大学出版社，2018.

［3］ 许卓娅.幼儿园音乐教育资源［M］.北京：人民教育出版社，2018.

**三、其他资源**

1. 音视频编辑软件

剪映、Inshot、格式工厂

2. 音乐资源

（1）网易云音乐：各类音乐资源下载使用。

（2）QQ 音乐：大量儿歌资源，如宝宝巴士，还有适合开展奥尔夫音乐教育活动的资源，如 Shenanigans 的专辑 Dance Music for Children Level 1 等。

3. 学习 App

（1）学习强国

（2）云听

4. 在线资源

（1）国家教育资源公共服务平台：http://www.eduyun.cn/

（2）音教艺术网：http://www.yinjiaoart.com/

（3）乐谱网站：http://www.8notes.com/

（4）简谱网：http://www.jianpuw.com/

# 下篇

# 学前儿童综合艺术活动

## 内容导读

戏剧是集音乐、舞蹈、美术于一体的综合艺术形式。幼儿园的戏剧教育活动自然也是一种综合性的艺术教学活动。美国进步主义教育家杜威认为戏剧活动是一种“做中学”的教育方式。儿童的扮演即为“做”，在扮演过程中可以学习很多新的经验，即为“学”。学前儿童戏剧教育活动的目的在于促进幼儿人格的学习及成长，使幼儿了解戏剧艺术的内涵，发展语言沟通能力、问题解决能力和创造力。此外，学前儿童戏剧教育活动能提升幼儿的社会认知能力和同理心，在通过自发性的扮演方式表达自己对客观世界的理解与感觉的过程中，幼儿尝试运用逻辑推理与直接想象内化知识，产生愉悦的美感体验，促进身心发展。

## 精彩回放

# 第十章 学前儿童戏剧教育活动

## 学习情境描述

陈老师发现班级里的幼儿很喜欢玩“过家家”的游戏，几个幼儿聚在一起商定角色，讨论剧情，并用纸、黏土做各种道具。有的幼儿会想象娃娃生病了，抱着娃娃去看医生，扮演医生的幼儿会讲解如何治疗；有的幼儿会扮演超市的收银员，在小柜台前计算商品的金额；还有的幼儿会模仿动画片或绘本里的剧情。游戏的过程中，不断有新的幼儿加入，幼儿会按照自己的想象自由而投入地表演。陈老师很想抓住这个机会开展活动，发展幼儿的语言能力、动手制作能力、创编能力等。如何能够将各领域活动内容融合在一起？这种综合的艺术活动还有哪些表现形式？通过本章的学习你将得到答案。

## 核心知识地图

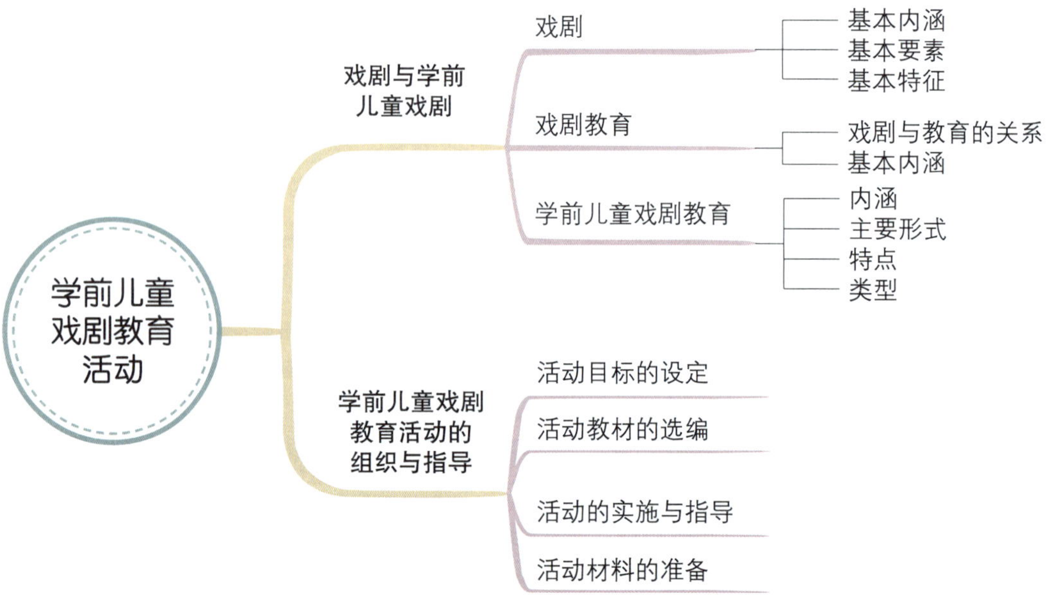

## 学习目标

1. 能够阐述戏剧广义与狭义的内涵，解释戏剧的基本要素，总结戏剧的基本特征；

2. 能够阐述学前儿童戏剧教育的内涵，列举学前儿童戏剧教育活动的特点、形式，掌握基本的戏剧教育活动组织与指导方法；

3. 能够综合运用所学知识，创设适宜幼儿观赏和表演的学前儿童戏剧活动。

## 基本知识

# 第一节　戏剧与学前儿童戏剧

### 一、戏剧

戏剧是一种具有悠久历史的独特艺术活动形态。目前，有两种比较主流的戏剧起源观点：一是戏剧源自原始巫术仪式，可能是对祈求战斗胜利的巫术活动的合称，是远古宗教仪式的参与者对神“行动的模仿”；二是戏剧源自古代先民狩猎、劳作或庆祝丰收时的即兴歌舞表演。

#### （一）基本内涵

戏剧的定义截至目前仍存在不少争议。狭义上的戏剧是指由演员扮演角色在舞台上当众表演故事或表现特定情境的综合艺术。按照社会冲突的性质及效果，戏剧可分为悲剧、喜剧和正剧（悲喜剧）；按照题材来源，可分为神话剧、历史剧、社会剧、家庭剧、科学幻想剧等；按照表现形式，可分为戏曲、话剧、歌剧、舞剧、诗剧、木偶剧等；按照容量大小，可分为多幕剧、独幕剧和小品等。广义上的戏剧是指通过参与者的想象与扮演再现人类经验的社会活动。广义戏剧内涵的拓展与近现代以来世界范围内体验派、表现派、本色派和表演派（技巧派）等多元电影表演艺术流派，特别是创造性戏剧、戏剧教学和剧场教育等现代教育戏剧流派的形成密切相关。

#### （二）基本要素

传统戏剧演出活动主要包括演员、剧本、观众和剧场等基本元素。演员扮演剧中人物和表演情节是一部戏剧的核心，这里的演员不专指职业演员，还泛指一切把自身变为剧中人、成为戏剧创造媒介的人，或是与此相当的他者（如木偶戏中的木偶）。剧本也称戏剧文学，一般是指以对话（台词）为主体，加上指定场景、规定人物上下场及人物动作（舞台提示）的文本。“剧场”一词源于希腊语的“theatron”，演员与观众共存的特定戏剧空间，即被戏剧创造的空间便是剧场。现代戏剧演出活动进一步拓展了灯光、音效、服装、化妆、视觉效果、导演和观演关系等元素，强调舞台上下所有演出元素统一表现并实现综合艺术效果。

#### （三）基本特征

狭义的戏剧强调演员扮演特定社会角色，采取对话、歌唱或动作等方式向观众表演某个故事或情境，通过塑造典型人物形象反映特定的生活冲突和社会意识形态。

首先，戏剧是一种“冲突”艺术。金文中的“戲”（戏）字由“虍”“豆”“戈”三部分组成，“虍”表示虎形的面具，“豆”是祭祀时盛放食物用的高脚器皿，“戈”就像两人各拿一件兵器在玩弄，好像是在持戈比武、假装相斗；“劇”（剧）字由“豦”和“刀”组成，意思是持刀与猛兽相斗，具有很强的冲突性。正如德国哲学家黑格尔所说，“充满冲突的情境特别适宜剧艺的对象，剧艺本是可以把美的最完满最深刻的发展表现出来的”。情境是戏剧的基础，戏剧的内容通常会反映人类社会的各种矛盾冲突，主要包括人与社会、人与自然和人与自我的冲突。

其次，戏剧是一种“表演”艺术。戏剧的英文“drama”一词源于希腊语“dran”，意为做或表演。从本源上说，戏剧就是对人或动物的动作行为的模仿再现，指向一种表演行为。从这个角度看，戏剧就是一种演员当众表演故事中的人物的艺术。

再次，戏剧是一种“剧场”艺术。戏剧在英文里还对应“theatre”一词，意为戏场或剧院。从这个角度看，戏剧被放到由表演的演员和观看的观众所构成的空间之中，不仅指向作为建筑物的剧场，还包括供演员表演的舞台以及供观众欣赏戏剧演出的观众席。演员希望自己的创造力被活生生的人群所确证，观众则希望看到一个与自己相同的人怎样当面创造一个奇异的世界。

最后，戏剧是一种“综合”艺术。戏剧具有以人的形体为媒介的本质特性，高度集成了文学的故事情节性，建筑、雕塑、绘画的空间视觉性，舞蹈的动态视觉性，音乐的时间听觉性及其表现手段，是最复杂的综合艺术形态，被公认为一个民族的最高艺术形态。

## 二、戏剧教育

### （一）戏剧与教育的关系

戏剧与生俱来的教育性使它在人类文明的发展历程中一直被用作一种教化的手段。在欧洲，戏剧教育有着悠久的历史传统。而在我国，以古典戏曲为例，其教化作用更为明显，古典戏曲的曲词典雅，意境优美，表情达意极具韵味，能够陶冶人的品性，程式化的特征使其能够代代流传，是百姓喜闻乐见的艺术形式。戏曲以赞美崇高的道德理想为内在的主题意蕴，既是一种具有独特审美风貌的艺术形式，又是一种寓教于乐的教化手段。

儿童戏剧教育的取向与艺术教育同属一个范畴。艺术教育价值取向之争始于视觉艺术教育，并影响到各个艺术门类。戏剧教育在发展的过程中逐渐出现了“教育工具论”与“艺术本质论”两种取向。“教育工具论”主张将戏剧作为一种教学媒介，把戏剧要素与戏剧形式融入教育中，充分尊重幼儿的艺术天性，围绕幼儿的兴趣激发其自我表现，并着眼于社会、社区和幼儿的需求进行课程设计，课程的实施过程必须顺应幼儿自然的发展，不能以成人的标准来看待幼儿，教师亦不应以任何的因素干扰幼儿的发展。18世纪，法国思想家卢梭曾提出“做中学”和“从戏剧实践中学习”的教育理念。20世纪20年代，美国实用主义教育思想家杜威发现将戏剧应用于教学活动，可以使学生在戏剧角色的扮演及模仿过程中，获得学习的经验。现代英国的戏剧教学流派主张教师将戏剧运用到课堂教学情境中，可以帮助幼儿扩展对生活经验的理解、反思，并深入认识周围世界，因此应关注戏剧对人发展的作用，而不仅仅是教育的或审美的意义。“艺术本质论”强调艺术是人类文化活动及日常经验中最为特殊的经验，幼儿艺术能力是经由后天的适当学习得来的，有赖于良好的艺术课程和教师，主张将戏剧作为一种艺术活动，追求审美的和本质的教育目的。所谓“审美的”是指戏剧作品的舞台表演性；“本质的”意味着参与者是戏剧工作者，即他们从参与者发展为演员、观众、导演、剧作家、舞台设计师和评论家等，并通过戏剧的方式表达自身的想法。

#### （二）基本内涵

狭义的戏剧教育是指专业戏剧教育，通常由专业艺术院校承担，负责培养专门的戏剧从业人员。广义的戏剧教育是指非专业的戏剧教育，它面向社会全体，旨在培养全面发展的人，是戏剧融入教育的一种方式。非专业戏剧教育又可分为学校戏剧教育和社群戏剧教育。前者由学校承担，属于学校艺术教育范畴；后者由社区或社会机构承担，面向一般社会群体。西方社会的非专业戏剧教育经过近百年的发展，形成了创造性戏剧（creative drama）、戏剧教学、剧场教育（theatre in education）等多种形式，从不同的角度和层次将戏剧应用于教育活动，并取得了相应的效果。本书所说的学前儿童戏剧教育，是指学校戏剧教育，主要是在幼儿园集体教学活动中以立德树人为宗旨的戏剧教育实践活动，其基本内容有动作和韵律、哑剧和偶剧表演、即兴扮演、角色体验、语言表达等。开展学前儿童戏剧教育活动时，教师首先要为幼儿营造自由、宽松的戏剧创作氛围，帮助幼儿创造戏剧情境，培养他们对表演的敏感性，通过体验探究戏剧的结构、组织、单元、情节、角色的关系，鼓励他们在集体表演中大胆地表达自己的观点，使每个表演者都能主动与其他表演者合作表演，从而促进幼儿的全面发展。

### 三、学前儿童戏剧教育

#### （一）学前儿童戏剧教育的内涵

学前儿童戏剧教育从广义上说，强调支持幼儿通过想象与扮演再现生活经验，具体表现为设计与实施戏剧游戏和主题活动，重在促进幼儿整体全面发展；从狭义上说，强调由幼儿扮演角色在舞台上当众表演故事或表现特定情境行为，具体表现为设计与实施剧场表演活动，重在培养幼儿形成初步的戏剧表演能力。学前儿童戏剧教育主要包括儿童剧场教育（包括节庆演出）、社区儿童戏剧教育和学前教育机构戏剧教育等基本类型。本书的学前儿童戏剧教育特指学前教育机构实施的集体性戏剧教育，着眼于促进幼儿的整体全面发展，坚持有目的、有计划地开发和利用特定区域社会生活资源，努力为幼儿创设一定的虚构情境，支持与引导其主动激活本体感觉，乐于并善于运用身体语言和戏剧语言（符号）重现生活经验、表达自我和认识周围世界，初步形成一定的综合艺术审美能力。

#### （二）学前儿童戏剧教育活动的主要形式

1. 学前儿童戏剧游戏活动

学前儿童戏剧游戏活动是指基于幼儿身心特点并凸显戏剧特性的游戏，是幼儿非常喜爱的探索性学习方式。学前儿童戏剧游戏既包括幼儿自发自主的戏剧游戏，也包括教师设计与组织的用于戏剧活动规则建构、团队合作、活动导入等环节的戏剧游戏。教师在设计与指导戏剧游戏时，应注意对故事情境的创设，有效激发幼儿参与戏剧游戏的内在动机，使幼儿在转换适应动作、情境、角色等方面的过程中，逐步实现自我控制、团队建构和戏剧表演，在戏剧游戏中感受、探索和体验戏剧元素的魅力。教师可以带领幼儿模仿小动物走路；一同把两臂搭在一起连成小火车；教师用动物的名字点名，幼儿模仿；利用椅子，每数3个数就变换一个动作等，锻炼幼儿的想象力和表现力。

2. 学前儿童戏剧主题活动

学前儿童戏剧主题活动是指教师引导幼儿围绕某一戏剧主题，通过戏剧创作和表达，最终形成完整戏剧表演的一系列戏剧活动，能够较为系统地培育、整合和提升幼儿的戏剧经验。学前儿童戏剧主题活动是学前儿童戏剧教育最重要的组织形式，它将语言、社会和艺术等领域的教育活动内容有机融合，并相互促进。在活动过程中，幼儿对语言的组织、对剧本的记忆、对道具的设计和制作，以及表演时获得的成就感与情感体验，能够有效促进幼儿的全面发展。

3. 学前儿童剧场表演活动

学前儿童剧场表演活动是指教师带领幼儿（有时还包括家长）创编剧本、选择角色、排练作品、设计与布置舞台、宣传和组织演出等一系列活动。一部完整的学前儿童戏剧作品会在剧场舞台上呈现出来，不仅涉及专业的服装和道具，还会运用到灯光、声效、布景，具有很强的教育性和观赏性。学前儿童剧场表演活动是学前儿童戏剧游戏活动和主题活动的整体延续和提升。

### （三）学前儿童戏剧教育的特点

1. 游戏性和表演性

幼儿正处在身体、智力快速发展的时期，酷爱身体"假装"活动。在语言表达还不够丰富时，幼儿会通过有目的、有意识的模仿、想象，运用身体"假装"反映现实世界。而学前儿童戏剧的剧本多取材于幼儿的角色游戏和表演游戏，剧情的游戏色彩浓厚，它和表演游戏、结构游戏、角色游戏、木偶戏、皮影戏等一样，都是幼儿的一种游戏。

学前儿童戏剧的表演既可以由教师扮演角色，为幼儿演出，也可以是幼儿在教师的指导下扮演角色，因此表演性也是学前儿童戏剧教育的一个主要特点。

2. 戏剧冲突单纯、有趣

受身体和心理发展程度的制约，幼儿开展的戏剧表演活动一般故事情节较为简单、紧凑、极富童趣，且时长较短，一般没有非常尖锐的矛盾冲突，多通过一些单纯而有趣的故事让幼儿能够学到一些易懂的道理。如戏剧《狼来了》，剧中的小羊倌撒谎说"狼来了"，想让村民们陪自己玩耍，而狼真的来了后，没有人相信他，关键时刻村民们出现赶走大灰狼，最后小羊倌认识到了自己不该撒谎。整部戏剧剧情节奏紧凑，浅显易懂，充满娱乐性和教育性，深受幼儿喜爱。

3. 语言动作化、形象化

学前儿童戏剧语言具有动作化、形象化的特点，台词一般短小活泼、有韵律、易诵易记。幼儿的言语表达需要大量非言语手段作为辅助，因此，学前儿童戏剧富有动作性的语言和歌舞伴随的表演形式，能充分启发幼儿的语言表达，给幼儿动作表演的空间。

### （四）学前儿童戏剧的主要类型

1. 歌舞剧

歌舞剧综合了音乐、诗歌、舞蹈等艺术，一般以幼儿自己演唱、舞蹈为主要表现手段。和成人歌舞剧相比，其音乐语言和舞蹈动作更加儿童化，戏剧表演突出音乐性和动作性，具有非常强烈的童话般的浪漫色彩。如《小小画家》《麻雀与小孩》等。

2. 童话剧

童话剧是以童话故事为题材的戏剧，即通过幻想的艺术手段创造童话人物和童话境界，曲折地反映幼儿生活。剧本包括原创和改编两种，通过舞台加工和歌舞设计，由教师或幼儿呈现给观众。如中国童话剧《三个和尚》《小蝌蚪找妈妈》《魔方大厦》等，西方童话故事改编的《白雪公主》《小红帽》《丑小鸭》等，伊索寓言改编的童话剧《狼来了》《龟兔赛跑》等。

3. 儿童话剧

儿童话剧表现的内容多为幼儿的生活故事，以对话、表情和动作为主要表现手段。其结构短小、内容浅显，剧情单纯中有妙趣，明快中有曲折，故事中往往蕴含着情绪情感的表达、生活和学习习惯的养成等，如表达对妈妈的爱、对友谊的珍视、如何调整自己的情绪、如何养成良好的卫生习惯等。

4. 偶剧

偶剧是由教师或幼儿操作各种偶来表演故事的一种艺术。幼儿能操作的偶有提线类（木偶、毛线偶等）、杆操纵类（皮影、黑幕偶戏等）、手偶等。偶剧具有非常独特的趣味，造型生动夸张的偶具有稚拙、滑稽的表现效果，其童话般的造型深受幼儿喜爱。偶剧表演使用的道具可以在美工活动中制作，教师还可以利用废旧纸箱和硫酸纸制作皮影戏舞台（图10–1、图10–2、图10–3）。

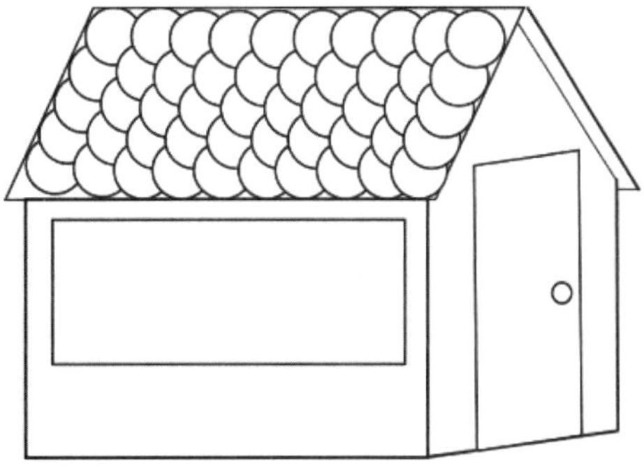

图10–1　皮影戏演出小屋示意图

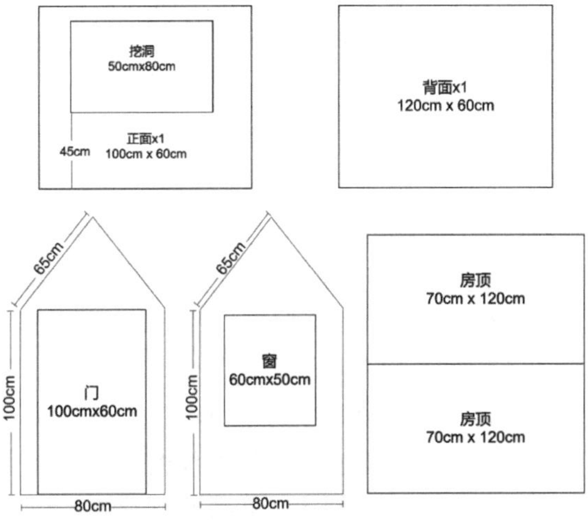


图10–2　皮影戏演出小屋图纸

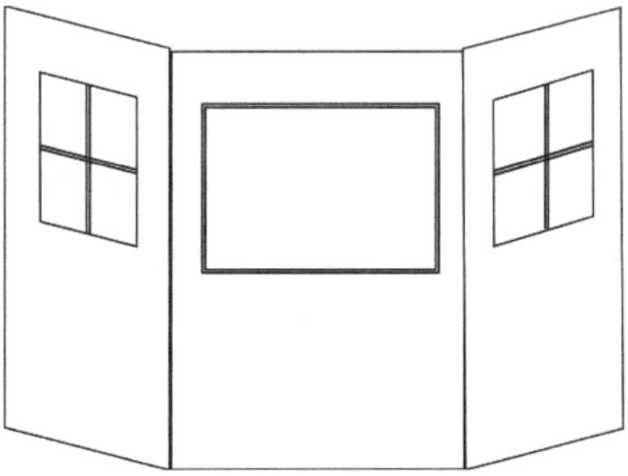

图10–3　手偶舞台示意图

5. 故事表演

故事表演是一种文学和游戏相结合的综合艺术活动。幼儿在学会复述故事后，运用动作、表情、变换音色辅助演绎和讲述故事。故事表演能有效加深幼儿对故事的记忆与理解，提高幼儿的语言表达能力和记忆力。如《猴吃西瓜》《两只小老鼠》《狐狸和乌鸦》等。

6. 哑剧

哑剧是一种用肢体动作、表情表现的戏剧形式。哑剧没有语言台词，表演时需要配合音乐、声效、道具，通过演员的表演表现故事情节，对幼儿想象力、观察力、模仿能力和节奏感的发展有很大作用。表演哑剧时，幼儿充分调动自己的生活经验，尝试模仿和再现生活中的场景，观看哑剧的幼儿也会进行积极的联想与思考，乐在其中。

精彩回放

**扫码学习**

幼儿童话剧剧本《狼来了》

精彩回放

## 第二节　学前儿童戏剧教育活动的组织与指导

### 一、学前儿童戏剧教育活动目标的设定

学前儿童戏剧教育活动的目标可以从认知、技能（能力）和情感态度三个维度来设定。戏剧教育活动的目标综合性更强，如认知维度，主要包括掌握各种有关知识和理解与戏剧话题相关的知识两个方面；技能（能力）维度，主要包括提高思考能力、表达能力、表演能力和合作能力四个方面；情感态度维度，主要包括乐于参与活动和体验角色情感两个方面。

#### （一）学前儿童戏剧教育活动的总目标

1. 认知

① 角色——能够理解角色的典型特征，通过角色的轮廓图联想到角色的性格特点。

② 情节——知道戏剧是有情节的，且理解情节是由开端、发展、高潮和结局构成的。

③ 场景——知道戏剧是在一定的场景中发生的。

④ 装扮——知道运用道具、服装等进行装扮，带领观众进入特定情境。

⑤ 剧本——知道表演需要的剧情是由剧本呈现的，而剧本由若干幕组成。

⑥ 剧场——知道剧场有表演区、观众区和后台，知道舞台有不同的位置。

⑦ 戏剧样式——知道戏剧有音乐剧、话剧、偶剧、哑剧、皮影戏等戏剧样式。

⑧ 戏剧话题——了解与戏剧话题相关的知识。

2. 技能（能力）

（1）思考能力

① 想象与描画——想象与描画角色的外貌、行为特征、心理活动等的各种可能。

② 情节创编——大胆创编戏剧情节，合理解决戏剧冲突，在教师的帮助下创编剧本。

③ 价值判断——尝试对戏剧主题作出自己的价值判断和思考。

（2）表达能力

① 媒介——能够运用肢体动作、表情、言语和声音进行戏剧表达。

② 要素——能够运用模仿、造型、控制的方式进行戏剧表达，并融入恰当的情感。

③ 延伸性——能够运用美术、音乐等材料进行装扮、音效等方面的延伸性表达。

（3）表演能力

① 意义交流——动作鲜明、声音清楚，能够让其他角色或观众理解。

② 舞台行动——能够根据情节发展明确角色上下场的顺序，在教师的帮助下知道自己所扮演角色的站位，不背台、不偏台。

（4）合作能力

① 想法协商——能够与其他角色协商各种表现想法。

② 角色配合——能够两人或多人进行合作性表达或表演。

③ 分工与合作——在剧场活动中，能够根据自己的任务与同伴分工合作。

3. 情感态度

① 兴趣——对戏剧活动感兴趣。

② 开放性——在活动中大胆表现自己。

③ 责任感——有一定的角色意识，能专注于戏剧活动。

④ 习惯——养成遵守剧场规则的良好习惯。

⑤ 角色情感——体验与表现角色特有的情感。

### （二）学前儿童戏剧教育的年龄阶段目标

1. 认知

在角色认知方面，小班幼儿应知道戏剧是有角色的；中班幼儿应知道戏剧中角色可以有很多个；大班幼儿应知道戏剧中的多个角色及其性格，能理解角色与故事情节的关联。

在情节认知方面，小班幼儿应知道戏剧是有故事情节的；中班幼儿应知道戏剧有开端、发展和结局；大班幼儿应知道戏剧有开端、发展、高潮和结局，且高潮是围绕戏剧冲突展开的。

在场景认知方面，小班幼儿应知道戏剧是在一定的场景中发生的；中班幼儿应了解不同场景的空间位置；大班幼儿应理解故事发生的多个场景，知道不同场景的空间位置和内容。

在装扮认知方面，小班幼儿应知道能用多种材料进行装扮；中班幼儿应知道可以用服装道具等进行简单的装扮；大班幼儿应知道使用服装道具可以使角色的形象更生动，并选择合适的材料进行创造性装扮。

在剧场认知方面，小班幼儿应知道戏剧表演是在一定场域内进行的；中班幼儿应知道剧场是有表演区和观众区的，知道剧场有一定的规则和礼仪，初步了解上下场的位置；大班幼儿应知道剧场有表演区、后台区和观众区，知道剧场规划和礼仪制定的缘由，了解舞台的不同位置和功能。

在戏剧样式认知方面，小班幼儿应广泛欣赏各种形式的戏剧，初步了解戏剧样式的名称；中班幼儿应了解几种常见戏剧样式的名称，并能根据戏剧的类别有侧重地欣赏和表现；大班幼儿应认识更多不同样式的戏剧，知道各种戏剧样式的名称及其艺术特点。

在戏剧话题认知方面，小班幼儿应初步了解自己较熟悉的戏剧话题的相关知识；中班幼儿应初步了解戏剧话题的相关知识；大班幼儿应更深入地了解戏剧话题的相关知识。

2. 技能（能力）

（1）思考能力

在角色想象方面，小班幼儿应在教师的提示下简单想象与描画角色的外貌和行为特征；中班幼儿应在教师的提示下想象与描画角色的典型外貌和行为特征，能够选择服装、道具等材料辅助表演；大班幼儿应大胆想象与描画角色的外貌、行为特征、心理活动等的各种可能，能够选择和制作服装、道具、布景等材料辅助表演。

在情节创编方面，小班幼儿应在教师的提示下尝试创编简单的情节；中班幼儿应能想象情节的发生与发展，理解戏剧冲突，并尝试思考解决戏剧冲突的办法，创编情节的高潮和结局，在教师的帮助下创编部分剧本；大班幼儿应能想象情节的发生、发展、高潮与结局，创编完整的情节，积极参与戏剧冲突的讨论，寻求戏剧冲突的解决办法，在教师的帮助下创编完整的剧本。

在价值判断方面，小班幼儿应在教师的引导下对戏剧主题作出初步的价值判断；中班幼儿应能对戏剧主题作出自己的判断，并有初步的解释；大班幼儿应能够对戏剧主题作出合理的判断，并有较为积极正确的价值判断和解释。

（2）表达能力

在模仿方面，小班幼儿应尝试用肢体和声音模仿熟悉的人和动物的典型形态或行为；中班幼儿应尝试用肢体和表情、语言和声音模仿常见的人和动物的形态或行为；大班幼儿应能够用肢体和表情、语言和声音模仿事物的动态，较细腻地把握动作、表情的细节。

在造型方面，小班幼儿应能用简单的肢体动作做出简单的造型；中班幼儿应能用较为丰富的肢体动作，单人或两两合作做出造型；大班幼儿应能用肢体、表情及辅助材料进行多人合作造型。

3. 情感态度

在兴趣培养方面，小班幼儿应喜欢观看和表演简单的戏剧，对戏剧活动产生兴趣；中班幼儿应喜欢并且比较专心地观看自己喜欢的戏剧表演，有模仿和参与的愿望；大班幼儿应对各种戏剧样式感兴趣，并乐于参与表演。

在责任感建立方面，小班幼儿应初步建立角色意识，尝试表现各种角色；中班幼儿应进一步强化角色意识，愿意表演各种角色，并能比较专注于戏剧活动；大班幼儿应确立更为强烈的角色意识，能够在戏剧活动中与他人分工配合，认真完成自己的工作。

在习惯养成方面，小班幼儿应养成乐于在剧场中观看戏剧的习惯；中班幼儿应养成准时入场，不喧哗、不乱跑的习惯；大班幼儿应养成安静且专注地观看戏剧表演，并能对演员的表演适时地报以掌声的好习惯。

在角色情感方面，小班幼儿应能根据自己的生活经验初步体验和表现角色特有的情感；中班幼儿应在欣赏或表演戏剧时产生相应的联想和情感共鸣；大班幼儿应在对角色特有的情感体验与理解上产生更丰富和细腻的情感共鸣，体会戏剧表演的快乐。

## 二、学前儿童戏剧教育活动教材的选编

幼儿戏剧表演的教材，很多是由教师根据成语故事、著名童话、幼儿亲身经历的事件等改编而成的。在内容的选编上，教师应注意幼儿言语发展的连续性、顺序性和阶段性，根据幼儿的身心发展程度选择适合幼儿表演的素材。第一，选取的素材内容应积极向上，情节简单紧凑、生动有趣，并有一定的起伏和重复；第二，故事应有特定的场景，角色的性格鲜明，易于幼儿模仿，能让幼儿共情；第三，情节对话应明确，语句要优美，语言简短且形象生动，并有较强的动作性；第四，场景应集中生动，发生时间应明确，语言和动作比较形象，且适合幼儿进行仿编、扩编。下面介绍具体要求。

1. 语言

① 语言应规范精练、通俗易懂、具有童趣，尽量采用对话形式，可配简短的旁白。

② 重复句要多，便于幼儿记忆。

③ 可将重复句适当改编成带有韵律的儿歌，幼儿在表演时边拍手边朗诵，不仅能提高兴趣，还能加速记忆。

④ 语言应符合幼儿的语言习惯，不宜太书面化或大量使用其他地区方言，不易于幼儿诵读。

2. 音乐

① 在幼儿戏剧表演中，音乐通常和舞蹈相结合，节奏感强烈，从而增加艺术渲染的气氛，使角色演得更逼真、形象。幼儿在表演时边说、边唱、边跳，身体各方面会得到比较全面的发展。

② 选编音乐时要短小、好听，重复句多，节奏感要强，结构方整，便于幼儿边唱边跳和激起幼儿表现的欲望。教师应根据剧情发展的需要编辑音乐，截取需要的片段使用。

③ 音乐的性质要和台词相结合，词曲一致，多重复，便于表现。

④ 音乐应旋律优美、形象鲜明，容易引起幼儿的兴趣和喜爱之情，促进他们参加活动的愿望。

3. 角色塑造

应注重形象外貌轮廓的描绘，引导幼儿在脑海中建立“轮廓图”。幼儿通过对角色面部特征、服装、携带的工具等的描述、绘画和扮演，实现对角色形象外表以及行为方式的深度理解和表达。

4. 动作

动作要符合台词的内容，明确且简单，幅度要大，便于幼儿表现，并根据歌曲的内容配上符合音乐和台词的节奏乐，增加音乐的表现力。

5. 场景设计

场景设计要简单、具体，场景和道具操作简便，便于幼儿自己游戏时表演。

6. 选编戏剧内容

应将幼儿行为习惯的培养和品德教育自然渗透于戏剧之中，让幼儿自然而然地参与戏剧活动，遵守戏剧中的规则，即双方协商构建的“戏剧教学契约”。

## 三、学前儿童戏剧教育活动的实施与指导

### （一）导入环节

在学前儿童戏剧教育活动的导入环节，教师应创设情境，激发幼儿参与戏剧活动的兴趣，使其集中注意力，增强团队的凝聚力。设计时，教师可以利用提问、道具和音乐等导入，也可以利用戏剧游戏导入，或通过讲述故事的形式导入。

1. 利用提问、道具和音乐等导入

教师可以通过提问的方式引发幼儿讨论，引起幼儿的兴趣，引导幼儿关注接下来的戏剧活动内容，如“故事中的人物都有谁？”“故事发生在什么时候？”“故事发生在什么地方？”“你觉得它会做出什么样的动作？”等。教师也可以用道具、图片、视频等引导幼儿关注和探究即将开展的活动内容，还可以通过播放音乐或对节奏、声音进行探索等方式引导幼儿更快进入对戏剧主题活动的探究。

2. 利用戏剧游戏导入

教师可以利用简短的戏剧游戏来集中幼儿的注意力，建立游戏规则，培养团队成员的默契。通过“放松游戏”，教师可以稳定集体教育活动的气氛，如引导幼儿将自己想象成一只水母、一条鱼、一片羽毛或是即将融化的冰，体会轻盈慵懒的感觉；通过“感知游戏”，幼儿可以感受、体验世界，如根据教师的口令触摸自己身体的某些部位，或是在纸箱中放入某些物品，让幼儿触摸并猜测是什么，引导幼儿结合自身经验完成想象与表现；通过“模仿游戏”，幼儿可以更好地理解与想象故事中的事物，从而用身体、声部表达再现，如模仿动物、狂风、人物或物体外观的变化；通过“造型游戏”，幼儿可以发展想象以及大、小肌肉的协调，如运用肢体动作表现字母、形状或是雕塑家（用语言指挥同伴做出动作并保持不动）；通过“控制游戏”，幼儿可以在虚构的情景中，通过控制身体表现声音的高低、空间的方位和运动的快慢；通过“想象游戏”，幼儿可以借由外显的动作表达内心世界，创造新的动作、故事、情境，如给幼儿一根木棍，让幼儿想象手中的木棍变成何物，或闭上双眼边听音乐边想象相应情境，或根据教师的念白想象动作，如种子在发芽，它伸伸懒腰，想看看外面的世界等；通过“专注游戏”，幼儿可以将抽象的专注能力转化为自己可以完成的行为，调动感知觉并做出反应，如“萝卜蹲完白菜蹲”游戏。另外，教师可以利用镜子、球、彩带等道具以及合唱、演奏等游戏加强幼儿肢体和声音的表达，为后续戏剧活动积累必要经验。

3. 讲述故事导入

教师可以绘声绘色地把即将进行的戏剧活动故事讲述出来，在讲述前可以有针对性地提出几个问题，并提醒幼儿在听故事时思考问题的答案，引导幼儿更快地融入活动的氛围中。例如在讲述《三只小猪》的故事前，教师可以提醒幼儿：“小朋友们仔细

听，小猪一共有几兄弟？”“他们分别盖了什么样的房子？”“大灰狼轻易地摧毁了谁的家？”“大灰狼费了一番工夫地进入了谁的家？”“谁的家最牢固？”故事讲完后，教师可以请幼儿再现大灰狼进入不同房子时的动作，引导幼儿展开想象，大胆表现。

### （二）戏剧主题活动环节

戏剧主题活动环节是学前儿童戏剧教育活动的核心部分。教师可以利用发问技巧引导幼儿发展故事情节，分析人物性格特性，选择适宜的肢体动作或口语表达进行戏剧表演练习，并尝试呈现表演讨论的结果。

1. 讨论故事发展

在导入环节讲述完故事后，教师可以利用发问技巧引导幼儿探究故事发生的情节，挖掘分析角色的特性，在讨论过程中重点鼓励幼儿分享表达自己的想法。在发展故事情节和挖掘角色特性的过程中，教师可以围绕“剧中都有哪些角色”“发生在什么地方”“什么时间发生的”“发生了什么事”等内容来提问，并通过不断追问引导幼儿思考。如在《狼来了》的故事中，教师可以追问：“为什么村民不再相信羊倌了？”“为什么村民又来帮助羊倌了？”“如果你是羊倌，你会怎么做？”“如果你是大灰狼你会怎么做？”从而引导幼儿从更多角度思考戏剧故事内容，激发幼儿的创新思维和不同想法的表达。

2. 组织口语和肢体练习

在讨论过程中，教师可以组织幼儿进行口语、肢体练习。教师可以引导幼儿提出自己对角色的看法，探索角色人物时可围绕角色的年龄、行动特征、语言、表情等方面加以练习，如模仿老鸟年迈的神态和肢体动作，小鸟年轻的神态和矫健的身体动作，以及老鸟沙哑缓慢的说话方式和小鸟清脆动听的歌喉等。讨论和练习时，教师应注重幼儿对戏剧故事的理解和感受，激发幼儿积极自主地表达。幼儿对角色、场景、情节理解得越深入，在真正表演时就越自信，并能够理解自己所要扮演的角色、上场时间和如何进行口语表达。

3. 制订戏剧表演计划

经过充分的讨论与练习，幼儿对故事情节和角色人物会有所理解。在此基础上，教师可带领幼儿围绕表演流程（如何开始、结束等）、角色分配（每个角色有多少人，谁来扮演等）、位置分配（出场、退场、走位）、服装道具等方面展开细致讨论，明确戏剧表演的准备工作，初步制订戏剧表演计划。教师可将幼儿的想法记录下来，或引导幼儿用图谱记录自己的计划，帮助幼儿更好地表达自己的想法。

4. 确定表演呈现方式

常见的戏剧故事表演呈现方式有三种：第一种是由教师担任旁白，叙述故事，全体幼儿担任同一种角色的“单角口述哑剧”方式；第二种是由教师扮演的角色与全体幼儿扮演的另一种角色进行角色互动的“双角互动”方式；第三种是由教师扮演一种角色与多组幼儿扮演的角色互动，或教师担任旁白、多组幼儿扮演不同角色自行互动的“多角互动”方式。教师可以根据故事表演的实际需要来选择适宜的呈现方式。一般来说，初次表演时，教师可以扮演主角并决定表演的流程和角色定位，或由教师担任旁白引导和控制表演的流程，一组幼儿先进行示范性的表演。在幼儿熟悉后，教师可逐步“退位”，引导幼儿自主选择分配角色，确定表演流程顺序。在做好表演计划、演出准备后，幼儿就可以在教师指导下开始演出活动了。

### （三）总结反思环节

总结反思环节是幼儿走出戏剧情境回到现实场景的环节，也是反思自己和他人戏剧活动表现的环节。教师应在演出结束后或戏剧活动的结束部分，引导幼儿对自己的行为和创作内容进行回顾、反思和分享。例如，教师可以与幼儿讨论："你从刚才的戏剧中明白了什么道理？""大家觉得表演精彩吗？""你们最喜欢哪个角色？""最喜欢谁的表演？为什么？""对自己的表现满意吗？""如果再表演一次，你觉得还有哪些地方可以有所创新呢？"教师也可以将戏剧故事改编成童谣，在音乐的节奏下边说童谣边律动离开教室，如："三只小猪盖新房，三个兄弟都挺忙，老大堆了个茅草垛，老狼一吹塌了方，老二钉了个木板屋，老狼一撞变了样，只有老三的砖瓦屋，收拾了淘气的坏老狼。"

## 四、学前儿童戏剧教育活动材料的准备

### （一）道具与布景的制作

学前儿童戏剧教育活动中经常使用的道具材料主要包括成型、半成型的实物或不成型的替代物，例如丝巾、积木、手偶、头饰、假发套、胡子、各种乐器等。表演者可以利用道具，代表"进入"和"退出"角色，如教师要进入科学家的角色时可以戴上粗框的眼镜，在扮演医生时可以戴上听诊器，要退出角色时摘掉道具即可。

戏剧的表演离不开情景的创设与意境的营造，教师应有效利用各种材料为幼儿创造适合他们自由表演和有利于更快融入戏剧情节的环境。在表演场地上，幼儿的戏剧活动主要在活动室、表演区或舞台上进行，教师需根据故事内容和活动形式选择适宜的场地开展活动。如一般较短的不需要灯光和音响效果的短剧、偶剧、故事演绎等戏剧游戏和主题活动，可以在活动室或表演区进行；剧场表演活动由于人数较多或需要大屏幕、布景、较复杂的配乐和灯光，可以在专业的舞台、礼堂进行。

在布景的制作上，教师应注意选择价格低廉、材质美感较好、安全无害、易于造型的材料。常用的面状材料有挤塑板、旧报纸、瓦楞纸板、塑料布、旧壁纸等；常用的骨架材料有铁丝、树枝、竹片、木方、铁架等；常用的粘接材料有热熔胶、UHU胶、乳白胶等；常用的装饰材料有雪纺纱、欧根纱、皱纹纸、镭射纸、锡纸、铝箔管、气球、闪光拉花、纸灯等。各式各样的材料都能用于表演道具和布景的制作，下面以具体的物象和场景为例进行介绍。

*1. 瀑布、小河*

白色和蓝色欧根纱叠加垂下或平放，可用泡沫砖或书包围成岸边，也可以将牛皮纸揉皱包裹在支撑材料的外面做成岩石（图10-4）。

*2. 大树*

树干可以用胶带将若干个5 L的矿泉水水桶粘接起来，外面包裹棕色皱纹纸，树冠用气球扎成。这种方法非常便捷，且道具易于搬运，教师可以给最下面的水桶装满水，以加强稳定性（图10-5）。

*3. 房子*

戏剧表演用的房子一般有正面即可，教师可使用废旧的纸板、KT板等材料作为面

板，用矿泉水瓶装满水作为底座，有条件的可以用木方或PVC管搭建支架，但必须处理好木方表面的木刺和钉子，保障幼儿的安全。也可以用帐篷、雨伞或玩具房子作为道具。

4. 火焰

火焰可以用无纺布或彩纸制作，将橡塑保温管涂上深褐色作为柴堆，也可以用火焰灯代替（图10-6）。

5. 太空

制作太空场景多采用银白色的材料，如锡纸、铝箔管、PVC管、镭射纸、白色欧根纱等。星球可以用球形纸灯笼制作，配合小串灯，会营造出非常具有科幻色彩的场景。

6. 海底世界

营造海底的情景时，可以使用蓝色雪纺纱作为海水，将海洋动物的剪影衬在纱的后面，配合灯光营造出海水的效果。海中的各种珊瑚可以用泡沫、塑胶瓶、橡塑保温管等材料制作，还可点缀一些毛绒玩具，营造丰富的场景效果。

7. 森林

森林有很多高大的树，对于成人，树的高度可能要在2 m以上才有真实感，但对于幼儿，高度在1.6～1.8 m就可以让他们感觉置身于森林之中。教师可以利用墙面或有屏幕的活动场地，在墙面上展示森林背景，用KT板涂绘制作中景。为了体现森林的层次，前景可以做成低矮的灌木丛，用蘑菇点缀。

8. 沙漠

沙漠中一望无际的黄沙可以用深黄色雪纺纱或欧根纱罩在地上，用装满水的瓶子作为支撑，表现沙丘。注意要将两侧沙丘的部分和中间的表演区分开，防止幼儿踩到布料滑倒或拉散沙丘。

9. 雪景

一片银白的雪景可以用泡沫、棉花片、白色欧根纱、塑料瓶等材料营造，表现雪地时可以用白布铺于地上，用胶带固定好边缘，防止滑倒。为了表现雪的晶莹质感，可以在地上撒些闪粉。房檐下的冰锥可以将塑料瓶剪开，用砂纸打磨后卷成圆锥筒来表现。

图10-4　欧根纱做成的瀑布

图10-5　气球做成的树冠

图10-6　橡塑保温管做成的木柴

以上介绍的是幼儿园戏剧活动中较为常用的材料。教师在日常生活中应注意观察各种场景中最具代表性的景观，善于发现各种材料的用途，为幼儿创造合适的戏剧表演环境。

### （二）音乐的使用

恰当运用音乐是营造和烘托戏剧氛围的重要手段，有的活动甚至主要用音乐来控制各环节的时间安排和刻画人物形象。例如，在“大灰狼”要出现时，可以用极不和谐的音程构成夸张的音乐营造紧张、不安的气氛；在哑剧、偶剧等戏剧表演中，故事的发展和变化主要靠音乐来表现。教师一般需要提前剪辑和处理音乐，做好使用音乐的准备，在活动方案中要详细注明音乐播放的时机和需要烘托的氛围。除了播放现成的音乐作品音频外，教师应鼓励幼儿自己演奏小乐器，创造即兴的音乐作品，尝试为表演伴奏，如让幼儿使用沙槌表现雨的大小，用碰铃表现小鹿、小兔上场时的动作幅度，用蛙鸣筒表现小青蛙的叫声等。在表现戏剧的场景时，可以使用紧张喧闹的音乐表现嘈杂的建筑工地，用平静舒缓的音乐营造静谧的森林等，让观众清楚角色所处的环境。在最后的总结与反思环节，可以播放舒缓、柔和的钢琴曲稳定幼儿的情绪，使其安静下来。

### （三）灯光的运用

灯光具有烘托戏剧氛围的重要作用。在活动室内进行戏剧表演时，教师可以通过开关灯、拉窗帘等来表示昼夜、晴雨、情境的转换和变化；可以安装射灯营造追光的效果；通过各色塑料袋、薄纱和灯光的配合营造各种氛围，或通过灯具的“水晶”配件，折射出梦幻璀璨的光斑；也可使用台灯、摄影补光灯（图10-7）等，通过灯光的明暗、光色的冷暖和强弱变化来烘托戏剧气氛；还可以通过抖动摄影用的反光板（图10-8）表现电闪雷鸣的效果。表演皮影戏和偶戏时，可以把灯光和小舞台上的幕帘结合起来，通过舞台幕帘的开闭和灯光的变化让幼儿感受舞台的效果和灯光对舞台表演的作用。

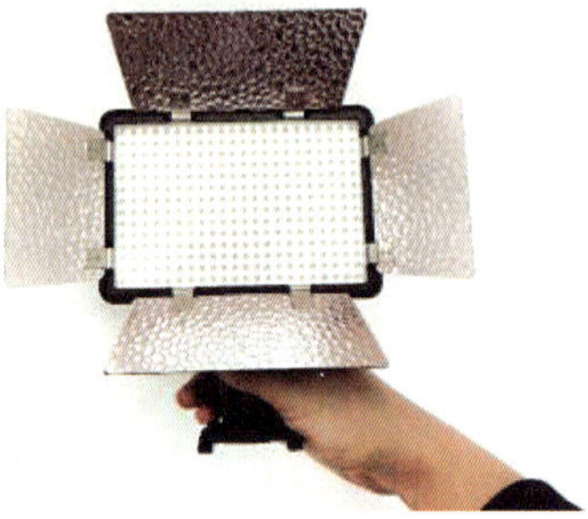

图10-7　摄影用小型补光灯

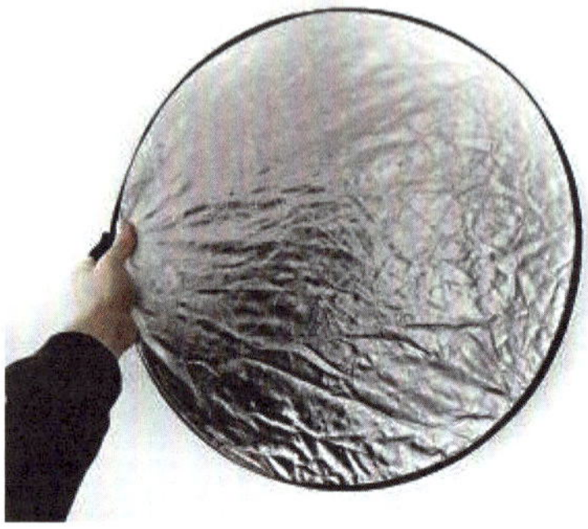

图10-8　反光板

在剧场表演时，舞台灯光对舞台道具、服装和化妆效果都会产生较大的影响。在学前儿童剧场表演活动中，教师需要承担灯光师的职责，了解基本的舞台灯光常识，具备灯光设计的能力。舞台灯光主要由光区、光影、光色、光比等因素组成。光源方向主要有顺光、逆光、侧光、顶光、底光。正面光会使演员显得年轻，顶光会让演员显得苍老，底光会让人显得狰狞，背光会加强人物的轮廓。灯光较强时妆容应相对较浓。设定布景、服装时应选择与物体的颜色接近或一致的光色。根据剧情发展和造型需要，舞台上会用到主光、辅光和追光。根据演员的动作场景，用灯光突出需要呈现给观众的东西，从而有效地带动观众进入剧情。舞台上的灯光可以刻画渲染戏剧情境，营造特定的戏剧氛围，为观众带来不同的心理感受。

### （四）舞台化妆

进行舞台表演或集体演出时，幼儿需要化妆以提升面部的视觉张力，这有利于幼儿感受角色，更好地理解和表现角色。而幼儿的皮肤娇嫩，因此应掌握一定的化妆方法，既能达到演出效果，又能保证幼儿的肌肤少受刺激。

1. 化妆的步骤与方法

（1）洁肤

化妆前，幼儿须清洁皮肤。使用温水即可，轻轻擦干，使皮肤清洁并起到一定的润肤作用。

（2）护肤隔离

上妆前，教师应先为幼儿在面部涂抹适量的护肤乳液或润肤霜，做好隔离工作，保证上妆效果。

（3）打底

在幼儿面部上粉底，为妆容定下基本色调。一般化妆时均匀施上与肤色相近的乳液型粉底，特殊角色化妆可根据角色特点选择粉底颜色。上好粉底后可用粉饼抑制油光。

（4）腮红

由于粉底会使幼儿面部雪白，因此要用腮红润色。教师可用腮红刷先将腮红在手上轻涂几下，让粉均匀，再沿幼儿颧骨由鬓角处向前自然涂抹，不宜涂得太红。

（5）描眉

用黑色或咖啡色眉笔画眉，眉形随幼儿自身眉形即可，不宜画得又黑又粗，特殊角色可画得夸张一些。眉头和眉梢可以用深棕色眼影晕染，使效果更自然。眉毛比较浓的幼儿可用睫毛膏轻涂，效果更自然美观。

（6）画眼

教师必须注意眼部化妆品的质量，若选择劣质的化妆品，会导致幼儿眼睛红肿发炎。可选择防水眼线笔、眉笔，质量合格的眼线液为幼儿画眼线，再根据需要选择适宜的眼影润色或强调阴影。眼线画好后可以用睫毛夹卷好睫毛并涂上睫毛膏，有需要可以为幼儿贴上假睫毛，注意采用更温和的专用胶水粘贴。

（7）涂唇

为幼儿选择的唇色应朝气活泼，色调偏暖，橘红色、西柚色等暖色更适合幼儿。一般不用唇线笔勾勒轮廓，特殊角色可以根据需求先勾唇线再上唇彩。

2. 化妆的注意事项

① 舞台表演时面光和侧光很强，不宜在眼眶、鼻根、颧骨处化妆。

② 面部化妆时一定要涂抹均匀，腮红与唇彩颜色和谐，不能浓妆艳抹。

③ 化妆时手要轻巧，避免弄痛幼儿，同时注意整个妆面和谐。

④ 粉底液不可涂抹太厚，应轻薄自然。

⑤ 幼儿喜欢闪亮的质感，教师可适当在幼儿眼部使用闪粉、亮片等，也可在额头、鼻梁、颧骨等骨点处涂一些珠光粉，涂的范围不要过大。

⑥ 幼儿演出一旦结束，应立即用温水和卸妆用品洗去化妆品并彻底清洁面部。做

好清洁工作后应为幼儿涂抹润肤霜，防止幼儿皮肤不适。

## 精彩回放

**扫码学习**

1. 中班戏剧主题活动“不爱洗手的小公主”
2. 幼儿童话剧剧本《小青虫的梦》

精彩回放

## 实践演练

**一、活动准备**

戏剧活动开展用具、教学课件、剪辑好的音视频材料，按照教学组织需要摆好桌椅、摄像设备，根据实际情况准备相关乐器、布景、服装和道具等。

**二、活动组织**

1. 将班级同学分为2组，每组选出1名组长，1名场记、4名道具师、2名音乐师、2名编剧、1名导演，或根据自己选择的情境设定人物分工。

2. 每组完成后，组长需组织组员进行点评和补充，优化活动设计。

**三、活动实施**

以小组为单位选择以下任一情境设计和实施教学活动。

情境一：请以“森林里的小怪兽”为主题，创设一次戏剧游戏活动。

情境二：选择一部绘本，将其改编为儿童剧，尝试组织儿童剧场表演活动，并进行舞台美术设计。

**四、活动观察**

请根据汇报者选择的情境选择填写表10-1或表10-2。

表10-1　学前儿童戏剧游戏观察要点分析

| 学前儿童戏剧游戏观察要点 | 具体内容解释 |
| --- | --- |
| 游戏主题的选择 | |
| 幼儿知识经验水平 | |
| 游戏规则的制定 | |
| 游戏场地的大小 | |
| 游戏材料的投放 | |
| 游戏中教师的指导与评价 | |
| 幼儿在游戏中的表现 | |

表 10-2　主题戏剧活动观察记录表

| 维　度 | 观　察　内　容 | 是/否 |
|---|---|---|
| 目标内容 | 1. 活动目标的制定是否符合幼儿年龄特点？ | |
| | 2. 戏剧策略选择是否合理？ | |
| | 3. 在教学设计中，是否呈现戏剧策略的运用？ | |
| 教师 | 1. 活动是否有效激发幼儿兴趣？ | |
| | 2. 戏剧策略的运用是否熟练、自然？（时间分配、活动分配等） | |
| | 3. 戏剧活动是否符合幼儿认知和心理发展规律？ | |
| | 4. 教师在戏剧活动中是否恰当运用“进入”“退出”角色的方法？ | |
| 幼儿 | 1. 能否在教师的引导下参与戏剧活动？ | |
| | 2. 能否通过戏剧活动理解主题内容？ | |
| | 3. 在创编剧本、动作等环节中是否体现出想象力和创造力？ | |
| | 4. 是否具备责任心和戏剧的契约精神？ | |
| 教学效果 | 1. 能否将戏剧活动和五大领域（健康、语言、社会、科学、艺术）有效结合？ | |
| | 2. 活动目标是否达成？ | |
| | 3. 活动是否促进幼儿多元能力的发展？ | |
| | 4. 幼儿对活动是否感兴趣并表现得意犹未尽？ | |

## 思考与练习

### 一、简答题

1. 简述学前儿童戏剧教育的内涵。
2. 列举学前儿童戏剧活动的主要形式。

### 二、实践题

1. 尝试为一次戏剧活动设计并制作道具。
2. 尝试为一部儿童剧的剧本配乐。

思考与练习

## 篇章学习指导

**一、学习建议**

学前儿童戏剧表演活动近年来越来越受到学前教育领域的重视。戏剧表演活动对幼儿的综合能力有很高要求，对教师的综合素质要求更高。若没有一定的艺术修养和文学功底，很难组织情节既有趣味又引人思考、情景引人入胜的儿童戏剧活动。教师在平时应多欣赏经典的儿童剧和儿童文学作品，扩大绘本阅读量，尝试建立素材库，按照类别整理音乐素材清单，尝试设计演出妆容，善于思考，能用多种手段还原生活中的场景，能在主题活动的统领下设计出符合幼儿年龄特点的戏剧活动。教师应多带领幼儿观察生活中形形色色的人物形象，琢磨绘本中情节和故事的发展，多尝试表演、配乐配器、舞台设计、灯光布控等活动，树立良好的契约精神和加强责任心，提高幼儿各方面能力的综合发展。

**二、参考书目**

[1] 李强.学前儿童教育戏剧实践指导[M].北京：电子工业出版社，2021.

[2] 肖素芬，熊伟.学前儿童戏剧教育活动指导[M].北京：中国人民大学出版社，2021.

[3] 陈淑琴.幼儿戏剧表演教案集：拓展幼儿多元智能[M].上海：上海社会科学院出版社，2021.

**三、常用软件**

1. 音视频编辑软件

剪映、格式工厂

2. 多媒体资源

戏剧表演活动所需音乐可以到网易云音乐、汽水音乐、QQ音乐等软件搜索下载；视频资料可以在抖音等视频平台搜索，微信公众号、小红书、美篇等也有非常丰富的案例和资源可以借鉴和使用。

3. 学习 App

（1）学习强国

（2）云听

4. 在线资源

（1）中国儿童艺术剧院：https://m.cntc.org.cn/default.aspx

（2）风车剧场（CCTV 节目官网）：https://tv.cctv.cn/lm/fcjc/index.shtml

# 参考文献


[ 1 ] 中华人民共和国教育部.3 ～ 6岁儿童学习与发展指南［M］.北京：首都师范大学出版社，2012.

[ 2 ] 幸福童年编写组.《幼儿园教育指导纲要（试行）》及相关法规汇编［M］.北京：首都师范大学出版社，2017.

[ 3 ] 王惠然.学前儿童艺术教育［M］.北京：北京师范大学出版社，2014.

[ 4 ] 王懿颖.学前儿童音乐教育［M］.2版.北京：北京师范大学出版社，2010.

[ 5 ] 王麒，李飞飞.学前儿童艺术教育活动指导［M］.4版.上海：复旦大学出版社，2021.

[ 6 ] 许卓娅.学前儿童艺术教育［M］.3版.上海：华东师范大学出版社，2020.

[ 7 ] 张念芸.学前儿童美术教育［M］.4版.北京：北京师范大学出版社，2020.

[ 8 ] 人民教育出版社美术室.幼儿师范学校教科书幼儿美术教学论［M］.北京：人民教育出版社，2007.

[ 9 ] 米征.色彩［M］.2版.成都：四川美术出版社，2012.

[10] 陈小珩.美术基础：造型与鉴赏［M］.上海：华东师范大学出版社，2009.

[11] 陈小珩.美术基础：设计与应用［M］.上海：华东师范大学出版社，2010.

[12] 黄瑾，阮婷.学前儿童音乐教育与活动指导［M］.3版.上海：华东师范大学出版社，2014.

[13] 林琳，朱家雄.学前儿童美术教育与活动指导［M］.3版.上海：华东师范大学出版社，2014.

[14] 贺梁，周玉梅，黄细英.学前儿童艺术教育与活动指导［M］.长沙：湖南师范大学出版社，2019.

[15] 肖素芬，熊伟.学前儿童戏剧教育活动指导［M］.北京：中国人民大学出版社，2021.

[16] 陈淑琴.幼儿戏剧表演教案集：拓展幼儿多元智能［M］.上海：上海社会科学院出版社，2021.

[17] 宗文革.音乐之声：幼儿园音乐拓展特色课程.小班［M］.北京：中国农业出版社，2021.

[18] 宗文革.音乐之声：幼儿园音乐拓展特色课程.中班［M］.北京：中国农业出版社，2021.

[19] 宗文革.音乐之声：幼儿园音乐拓展特色课程.大班［M］.北京：中国农业出版社，2021.

［20］教育部教育管理信息中心组.全国优秀幼儿艺术教育活动课例评析［M］.重庆：西南师范大学出版社，2011.
［21］金东波，罗清.幼儿园音乐活动设计案例［M］.武汉：武汉大学出版社，2018.
［22］中国教育科学研究院早期教育研究中心组织.幼儿园领域课程资源.艺术.音乐［M］.北京：教育科学出版社，2014.
［23］徐晶.幼儿教育活动精彩案例解读［M］.2版.北京：首都师范大学出版社，2012.
［24］李漫.幼儿园音乐教育活动新设计［M］.南京：南京师范大学出版社，2007.
［25］许卓娅.学前儿童音乐教育［M］.3版.北京：人民教育出版社，2017.
［26］李强.学前儿童教育戏剧实践指导［M］.北京：电子工业出版社，2021.